KB267332

하

하나 둘 셋 … 열의 뜻

진본 천부경

최치원 81자는 진본 천부경 예찬시

구길수 지음

참글 펴는 가림다

하나 둘 셋 … 열의 뜻

진본 천부경 (하)

초판 1쇄 인쇄 2011년 3월 30일
초판 1쇄 발행 2011년 4월 5일

지은이 구길수 | **펴낸이** 김복자

펴낸곳 참글펴는 가람다 | **출판신고** 제 302-2009-00005 호 (2009. 1. 29)
주소 서울시 용산구 원효로3가 171-6호
전화 02) 712-5665

ISBN 978-89-966059-2-8 04150
        978-89-966059-0-4(세트)

ⓒ구길수, 2011

값 18,000원

잘못 만들어진 책은 바꾸어 드립니다.

진본 천부경 : 하나 둘 셋 … 열의 뜻 : 최치원 81자는 진본 천부경 예찬시 (하)

구길수 지음. - - 서울 : 참글펴는 가람다, 2011
    p. ;   cm

ISBN 978-89-966059-2-8 04150 : ₩ 18000
ISBN 978-89-966059-0-4(세트)

천부경 [天符經]

259.3-KDC5
299.57-DDC21   CIP2011001244

　하느님의 교훈이며 민족의 경전이라는 [천부경]의 뜻을 풀기 위해 그간 많은 사람들이 이두로 쓰여진 최치원의 81자를 가지고 씨름해 왔다. 그러나 천부경과 더불어 한 쌍이 되는 [천부인 ㅇ ㅁ ㅿ]의 풀이는 도외시한 채, 소위 천부경이라고 쓰여진 최치원 81자도 당시 유행하던 이두로 썼으니 이두로 풀지 않고 오직 한자 뜻대로만 풀다보니 그 결과는 자신이 생각해 봐도 말이 되지 않았다. 그러자 하느님 당시에는 있지도 않았던 괴상한 숫자 나열이나 이상한 도표, 그리고 음양오행설 등으로 풀어 놓고 자신이 쓴 것이 가장 옳다고 백 사람이 다 주장하고 있다. 따라서 읽는이들은 글쓴이들이 도대체 무슨 말을 하는지 알 수 없는 것이 현실이다.

　천부경을 읽어 보려는 사람들은 다 우리의 뿌리를 알고자 하는 사람들이다. 그런 사람들이 이와 같은 천부경을 읽어보고 무슨 뜻인지 알지 못한다면 우리 뿌리를 찾고자 하는 노력도 포기할 테니 큰 문제가 아닐 수 없다.

　신지녹도문 [진본 천부경] 하나 둘 셋 … 열은 글자가 없었을 당시에 하느님의 말씀을 보관하기 위해 환숫의 신하 신지가 처음 글자를 만든 것이고 이를 4천 년 후 최치원이 81자의 이두로 적은 것인데 81자가 한자로 써 있다 하여 한자 뜻으로 풀려하면 말이 되겠는가?

　우리는 지금 하나 둘 셋 … 열을 숫자로만 알고 있지만 이 소리가 나온 후 천 년이 지나서야 그것이 숫자가 되었다는 근거가 은허 갑골문에 나온다.

그렇다면 당시 하나 둘 셋 … 열은 무엇인가?

우리 애국가에 나오는 하느님은 새 나라를 세우려는 그 무리아들(庶子) 환숫(桓雄)에게 당시는 글자나 숫자가 없었으므로 말씀으로 내리셨고, 그 때문에 구전지서(口傳之書)라는 말이 우리 사서 여러 곳에 쓰여 있다.

따라서 이 하나 둘 셋 … 열은 사람들이 만들어진 원인과 그 백성들이 피의 전쟁을 끝내고 부자 되어 잘살다가 다시 왔던 하늘로 되돌아가라는 우리 민족에게 주신 교훈이며, 이 땅덩이 위에서 사는 모든 사람들이 반드시 지키고 살아야 할 교훈이다.

글쓴이는 전에 [천부인과 천부경의 비밀]이란 제목으로 졸저를 낸 바 있으나 절판되었다. 구판에서는 한울 글자 [천부인 ㅇ ㅁ △]은 그런대로 설명이 되었으나 이 [한울소리 진본 천부경] 신지녹도문 하나 둘 셋 … 열은 자세히 설명되지 않았으므로 새 판을 낼 필요성을 느껴 왔다. 당시 선조들이 글자가 없던 시절 그림을 간편화시켜 쓰던 금문(金文)과 이 금문과 신지녹도문과 원시한글 가림토가 혼재해 있는, 남한에서는 유일한 명마산 글씨바위, 그리고 고구려, 백제, 신라인들이 쓰던 하나 둘 셋 … 열이 숫자 이외에 하느님 교훈으로 쓰고 있었다는 김부식의 [삼국사기]의 이두 등을 풀어 [진본 천부경]은 신지녹도문 하나 둘 셋 … 열이라는 것을 증명하며 새로운 책을 쓴다.

또 글쓴이는 이 해독문이 틀리지 않았는가를 보기 위해서 역시 북한 영변지 신지녹도문으로 쓰여진 기천문(祈天文), 그리고 지금 우리가 언제든 볼 수 있는 역시 신지녹도문으로 쓰여진 중국 섬서성 백수현의 창성조적서 비, 그리고 중국의 국보가 아닌 우리의 국보인 코뿔소 술두르미 등의 해독을 통해서 여기 글쓴이의 신지녹도문 하나 둘 셋 … 열과 그 신지녹도문 해독문이 다 읽는 법이 같은지를 읽는 이들이 검정할 수 있게 해놓아 하나 둘 셋 … 열이 진본 천부경임을 입증할 것이다.

그리고 소위 천부경이라는 최치원의 一始無始一 … 一終無終一로 쓰여진 81자를 한자의 뜻이 아닌 이두로 풀어 여기에 쓰여지는 신지녹도문 해독문 하나 둘 셋 … 열의 뜻과 같은지를 보게 하였으며 또 우리 한글의 모태가 되는 [천부인 ㅇㅁㅿ] 과 이 신지녹도문 [진본 천부경] 하나 둘 셋 … 열은 씨줄과 날줄 같은 한 쌍이라 했는데 과연 이 신지녹도문 풀이가 우리 한글 ㄱ ㄴ ㄷ … ㅎ의 뜻으로 무엇을 말하는지 알게 해놓았다.

그러나 읽는 이들께서 보기에 말이 되지 않는 부분이 있다면 편달해 주시고, 혹시 의심이 가거나 질문 사항이 있으면 글쓴이 카페 게시판 중 독자 토론마당에 질문해 주시기 바란다.

2011년 2월
글쓴이

<h1 style="text-align:center">제3부 참고자료</h1>

제9장 | '아홉'의 그림과 뜻풀이

위 그림은 그 모양을 보더라도 큰 업구렁이이고 이는 사내 숫의 상징
이며 이 글자는 명마산 글씨바위에도 있는 그림이다.

따라서 사내의 '숫'은 '씨'이고 '씨'가 모이면 씨족이 된다.

이는 위 신지녹도문 '셋' 의 위 부분 같으니 역시 사내이고 아홉의 업 구렁이가 씨라고 보강 설명한 그림이다.

03 [천부인 ㅇ ㅁ ㅿ]으로 본 아홉의 뜻과 증거

우선 아홉의 '아' 는 하늘 천부인인데 왜 아홉에 쓰일까?

아홉은 '아옵' 과 같은 말이다. 여기서 '아홉' 이나 '아옵' 이 같다는 것은 우리말 '안녕히 가세요' 나 '안녕이 가세요' 의 '이' 와 '히' 가 같은 말이듯, 하늘 천부인 'ㅇ' 에서 위에 몇 획 덧붙인 것이 'ㅎ' 이므로 자주 넘나들고, 따라서 큰 의미의 차이는 없다.

또 아래아점 발음을 주로 쓰던 원시 한글에서 모음이 혼동되어 '감둥이, 검둥이' 가 같은 말이듯, '압' 은 '업' 과 같은 말이므로 '업' 도 된다.

따라서 아래아점으로 보면 아옵〉압〉아비이고 아비는 바로 일하는 사내이니 농부(農夫)는 농사짓는 사내이고 어부(漁夫)는 고기 잡는 사내이며 광부(鑛夫) 쇠 캐는 사내들이고 그 사내들 숫의 상징물이 바로 업구렁이다.

이 '압' 이란 앞쪽을 말하기도 한다. 말이라곤 불과 20여 단어밖에 되지 않던 시절 '숫' 인 남근을 '압(앞)' 이라 하다 보니 '앞쪽에 있는 것' 은 모두 '압' 이 되었다고 본다.

또 'ㅇ' 은 하늘 천부인으로 생명을 'ㅂ' 으로 받는 것이므로 '압' 은 다음과 같은 뜻이 있다.

1) 남근을 의미하는 '아비'

'아' 가 하늘 천부인 'ㅇ' 의 첫 소리라는 것은 누차 설명했고, 이 '아' 에 붙은 'ㅂ' 역시 땅 천부인 'ㅁ' 으로 만든 글자인데, 원시한글인 가림토에서는 ㄷ을 세워놓은 글자, 즉 현재의 ㅂ에서 가운데 '―'가 빠진 글자이거나, 그렇지 않으면 그 '―' 이 물결 모양, 즉 어떤 통에 물이 차 있는 것을 그린 그림일 것이다.

따라서 이것은 '빈 그릇' 모양을 하고 있어서 무엇인가 '받는 형상', 즉 빈 물통에 빗물을 받는다거나, 수컷의 씨를 받는 '암컷 성기' 의 모양을 의미하고 있다. 즉 여음을 ㅂ지라 하는데 여기서 이 ㅂ지는 씨ㅂ과 그 의미가 좀 다르다. 즉 '씨ㅂ' 은 씨를 받을 때 사용하니 젊은 성인 여음만을 '씨ㅂ' 이라 하고, 어린애나 할머니는 그냥 'ㅂ지' 이다

또 이 ㅂ으로 된 말에는 '보세기, 보조개' 등이 있고 씨를 싸는 역할을 하는 '보자기' 등의 뜻도 있다. 그러니까 하늘인 'ㅇ' 에 이 'ㅂ' 이 붙은 '압' 은, '하늘의 정수인 생명을 받아 씨를 만들어 가지고 있는 사내' 를 말하는데 [훈몽자회]에 '산 丁' 이라 했듯이 사내는 '장정' 이고 그렇다면 늙은이는 사내 축에 못 든다.

따라서 사내는 모두 '압' 이 아니라 그 중에 그 "성기인 '숫' 이 발기할 수 있는 젊은 사내" 이어야 한다.

한편 '압' 은 우리말에 약방의 감초와 같은 '이' 가 붙어 '압이〉아비' 가 되는데, '아비' 는 '아버지' 로서 '부친(父親)' 을 뜻하는 것만 같으나 한편 '남편' 이라는 '지아비(夫)' 가 있다. 즉, 부친이라는 아버지는 이 '아비' 로부터 나온 말이라 했다.

또 '오라비' (오빠)란 '올압이' 인데, '올' 이란 '알' 의 변형으로 '이르다' (올버 등)는 뜻이 있기 때문에 '이른 압이' 가 된다.

2) 아기가 울 때 '어비(에비)'의 어원

그러면 왜 '압'이 사내의 '숫'과 '뱀'이 되는지, 이것도 다시 한 번 보자.

먼저도 말했지만 지금도 애기들이 울고 떼를 쓰면, "어-비(에비) 온다. 울음 뚝 그쳐!"라고 한다.

그렇다면 '어비'의 뜻은 무엇일까? 위에서 '압이〉아비'가 모음의 혼동으로 '어비', '에비'가 될 수도 있어서 '허수아비'가 '허수에비'도 될 수 있고, '중신아비'가 '중신에비'가 될 수도 있으니 '아비', 즉 '어비'(아버지)가 온다는 말인가? 하기는 자모엄부(慈母嚴父)라 하여 아버지는 예나 지금이나(?) 엄했을 터이니 엄한 아버지가 오니까 울음을 뚝 그치란 말인가?

전에는 '아비'를 '어비'라고도 해서 [용비어천가]에 "…아니 마치시면 어비 아드리 사시리잇가…"라고 하여 '아비와 아들'을 '어비 아들'이라고 표현하고 있으며, 따라서 '어비딸'은 '아비와 딸'이다. 그러니까 '어비'는 분명 '아비'이다.

그러나 아기가 위험하거나 더러운 것, 또는 징그러운 것을 만지려고 할 때, "어비(에비)야 만지지 마!"라고 하는데 그렇다면 '어비'란 무섭거나 징그러운 것이다. 즉 우리말의 '에비', '어비'란 '업'으로서 '업(業)구렁이'를 말하기 때문이다.

또 예전 오래 묵은 초가지붕 속에 자연 쥐들이 들끓으면 구렁이가 따라 들어와 그 구렁이가 진을 치고 사는데, 우리 조상님들은 거대한 구렁이가 들어오면 '업'이 들어와서 부자가 된다고 했고, 이 구렁이가 나가면 '업'이 나갔다 하여 집이 망한다고 하여 구렁이까지 보호를 했다.

그렇다면 왜 작은 뱀은 '업'이라고 하질 않는데 굵고 긴 거대한 구렁이만을 '업' 이라고 했을까? 이 '업' 이라는 말은 한자가 아니라 한자가 들어오기 전부터 있었던 우리말이다.

다음 글을 보자.

[고려팔관잡기]에 또한 말하되 삼랑(三郞)은 배달의 신하이다. 씨를 뿌리고 재물을 관리하는 자를 업(業)이라 하고, 교화와 복에 대한 위엄을 주관하는 자를 랑(郞)이라 하고, 무리를 지어 공 이름을 주관하는 자를 백(伯)이라 하니, 즉 옛날 하느님 시대에 발달된 풍습이다(高麗八觀雜記亦曰三郞倍達臣也主稼種財理者爲業主敎化威福者爲郞主聚衆願功者爲伯卽古發神道也).

그러니까 '업' 이란 말은 한자가 만들어지기 전 하느님 때나, 환숫 때부터 있다는 이야기이고, 이는 한자가 아닌 우리말을 한자로 기록한 것뿐이다.

이렇게 하늘을 받는 그릇 'ㅇ+ㅂ', 즉 '업' 은 '압＞아비＞어비＞에비＞애비(夫)' 와 같으므로 결혼제도조차 없어 특정된 내 남편, 네 마누라 없이 그저 사내와 겨집이 뒤엉켜 살았을 원시 산야에서, 맹수와 싸워 이기며 또한 씨놀음(씨름)의 장사도 되는 사내는 따라서 먹을 것, 걸칠 것을 잘 구해오고 또 즐길 것(?)도 잘 제공했을 것인데 이 '완성된 아비(이비, 大)' 가 바로 '복(福)' 일 것이며, 그 힘세고 거대한 '아비' 의 상징물(숫)이 바로 '굵고 긴 거대한 뱀' 이 되는 것이다.

그러니까 만약 작거나 힘없는 압(업)이 그 집단에 들어온다면 '압' 이 왜소하여 힘이 없는 사내가 될 테니 이는 만족하게 가득 찬 것, 즉 완성된 것이 못 되고 자연 복을 의미하는 '업' 으로도 볼 수 없다.

따라서 어린 아기에게 겁주는 '어비' 란 바로 '거대한 아비의 숫' 이고, 이를 상징한 '거대한 뱀' 은 분명 하느님 시대의 '복' 을 의미하는 토템이었던 것이다.

또 우리 풍속에 살기가 곤궁하여 아기를 키울 수 없을 때 아이가 없는 집 문전에 아기를 버리는 풍습이 있었는데, 이 아이를 '업둥이' 즉 '복덩어리' 라 하여 자기네 문전에 버려진 아이는 결코 버릴 수 없게 한 것도 이 '업' 이 바로 '복' 을 의미했기 때문이다. 어떤 사람들은 우리는 남의 자식은 키우지 않는 냉정한 종족이라고 하는데 그들은 이런 말을 모르기 때문이다.

04 업구렁이를 남근으로 본 동기

애초 '남근' 을 우리말로 '업구렁이' 라 했고, 동물인 뱀이 남근인 뱀과 같이 생겼으므로 따라서 뱀이라 했는지, 아니면 애초 동물인 뱀을 뱀이라 이름 짓고 남근이 그 뱀과 같이 생겼으므로 남근도 뱀이라 했는지 또 '자지'나 '좆' 이라는 말은 어디서 나왔는지?

다시 글쓴이 졸저 [천부인 ㅇ ㅁ ㅿ]을 인용한다.

'ㅅ' 은 천부인상 '솟다' 라는 뜻이 있으니 그 '남근이 솟았다' 는 뜻일 것이고, 이 'ㅅ' 이 잠을 자도록 이불(ㅡ)을 덮어놓으면 'ㅈ' 이 되며, 이 'ㅈ' 에서 무엇인가가 다시 솟아나면 'ㅊ' 이 된다. 즉, 숫은 항상 서 있어야 되나, 평소의 남근은 변강쇠가 아닌 다음에는 잠을 자고 있으니 'ㅈ' 이다.

또 위대한 환숫의 '숫' 은 서 있지만 보통 사람인 우리에게는 아직 솟지 못했으므로 '좆' 이나 '잦' 도 되며, 여기에 우리의 약방의 감초격 접미사 '이' 가 붙어 '잦이〉자지' 가 된다.

　그러니까 애초 숫이었던 압〉아비는 그 모양이 업뱀과 같은데 여기서 뱀을 뱀이라한 이유는 뱀은 배로 땅 위(ㅁ)를 기어다니는 동물이므로 ㅂㅁ이라 한 것이 뱀이 된 것으로 본다.

05 처녀는 시집가 아기를 낳을 준비가 다 된 여자

　아홉은 완성을 뜻한다. 섯다나 짓구땡 등 노름을 할 때 아홉수는 가장 큰 수로 더 이상의 큰 수가 없다. 물론 땡 등 더 큰 끗발이 있다 하나 이것은 뒤에 만들어진 약정이고 숫자 중에 아홉은 완성의 수이기 때문에 더 이상 큰 수가 없다. 또 이 완성은 모든 것을 말하기 때문에 "앞길이 구만리 같은 놈이…." 한다면 끝이 없이 긴 앞날을 말하며 "구만리장천에 울고 가는 외기러기" 한다면 끝이 없는 넓은 하늘을 말한다. 또 "구천에 떠도는 원혼" 한다면 역시 모든 차원의 하늘을 말한다. 또 우리 풍속에 정월 대보름날 전일에는 사내는 나무를 아홉 짐 해오고 겨집은 나물 아홉 가지의 반찬을 한다는 등 아홉을 완성의 뜻으로 쓴다.

　또 예문유취(藝文類聚)에 '九는 處라' 했으므로 처는 완성된 곳을 뜻하기 때문에 處女라면 완성된 여자, 즉 시집가서 아이를 낳을 준비가 된 여자를 말한다.

　그러면 여기서 잠시 일연 스님의 삼국유사 가락국기 중에 이 대목의 단서가 될 듯한 말이 있기에 검토한다.

　"일로부터 삼이 이루어지고 삼으로부터 칠이 이루어지는데 칠성(七聖)이 머무를 곳이라. 여기에 정착해서 강토를 일구어 마침내 만족하게 됨에서랴 (自一成三自三成七七聖住也 固合于是托土開彊終然允臧歟 三國遺事駕洛國記).

　이 말이 [삼국유사] 가락국기 중에 있고 그 가락국기가 전 환웅이나 단군의 전통을 받아 이런 말을 했다면 여시서 三은 숫자 三이 아니라 사내가 짝을 지어 대삼(大三), 즉 합육(合六)하는 三을 말하며 칠성은 일곱 성인이 아니라 [신지녹도문 진본 천부경]의 사내의 대표인 환숫의 서자부를 말하는 것이 아닌가 한다.

　그 증거는 바로 "칠성이 머무르고 여기에 정착해 강토를 일구어 마침내 만족하게 된다"는 것인데 이 말은 일연이 창작한 말이 아니라 전에부터 전래되는 말, 즉 하나는 둘과 셋을 낳고 이 셋은 결국 큰 셋을 합한 (大三合六) 여섯은 일곱과 여덟을 낳아 아홉으로 완성하여 만족한다는 진작부터 있었던 이 [신지녹도문 진본 천부경] 말을 인용하고 있는 것이 아닌가 한다.

06 우리말 압(앞), 뒤의 의미

1) 앞(압)의 의미

* 압, 뒤가 아닌 앞쪽(前)
* 하늘
* 생명

* 사내
* 남근(男根)
* 남쪽
* 전진
* 복(福)

2) 뒤의 의미

압(앞)을 말했으니 상대인 뒤에 대해서도 알아보자 'ㄷ'은 땅 천부인
으로 하늘 천부인인 'ㅇ'의 반대 의미를 가지고 있다.

* 땅
* 죽음
* 뒤지다(죽다, 뒤에 지다)
* 여자
* 여음(女陰)
* 후퇴
* 북쪽

어떤 동물이든 생리구조상 '암'이 뒤에 붙어 있지만 '여섯'에도 말했
듯이 사내의 '숫'은 '앞'에 붙어 있고, 또 사내와 겨집이 얼룰 때(성교)
겨집은 뒤를 제공하고 사내는 앞을 사용하기 때문이다.

또 얼마 전까지 집에 목욕탕이 없던 때 여자들은 부엌에 큰 통이나 그
릇을 놓고 어딘가 씻는 목욕을 하는데, 이것을 '뒷물한다'라고 한다. 그
러므로 이 반대인 사내의 숫은 당연히 '압'이 되는데 이 '압'이 맞춤법
잘못으로 '앞'이 되었다고 본다.

07 어머니의 어원

신라 때 국어사전인 [계림유사]에 '어미' 는 '아미' 라 했는데(母曰Y彌), '아미' 를 붙이면 '암' 이 되니, 이 '암' 이 지금 '어머니' 의 어근이 된다.

즉 주로 아래아점 발음을 쓰던 선조들을 감둥이, 검둥이가 같은 말이듯 아미, 어미가 같은 말이고 母는 어미 모이며 이 어미가 어머니가 되었다.

이 '암' 은 여음의 질구(膣口)인 'ㅂ지' 와 혼동하기 쉬운데 질구(膣口)는 그저 사내의 숫이 들어갈 구멍이지만 하늘 천부인으로 만들어진 '암' 은 아비의 씨방인 자궁이 되어 그 씨를 길러내는 곳이다.

08 명마산 글씨바위의 업구렁이 그림과 九자 신지녹도문

명마산 글씨바위의 글자 그림들은 먼저 말했듯이 고조선이 망하고 신한 유민들이 신라 땅에 흘러들어와 그린 그림글자이기 때문에 그림과 금문과 신지녹도문과 가림토가 혼재해 있으며 그들이 업뱀을 그린 이유는 아들이나 다산을 빌었기 때문으로 본다.

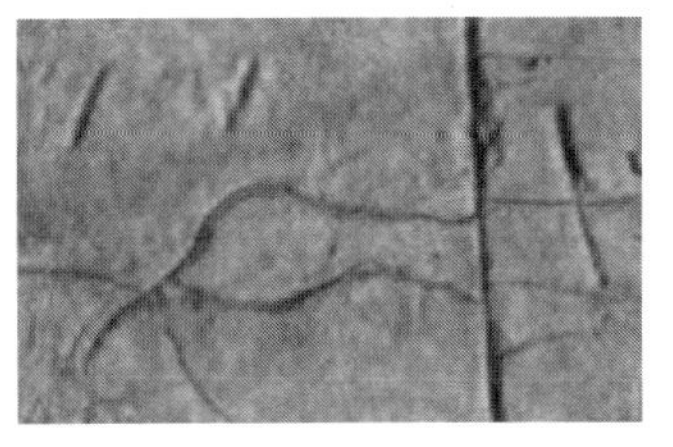

명마산 업구렁이 그림

[신지녹도문 천부경]
아홉의 '아'

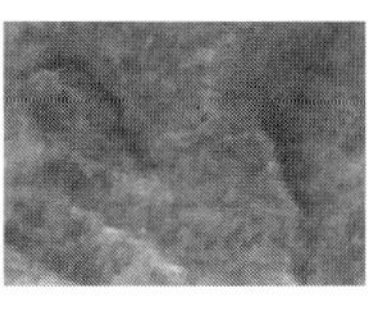

명마산 석각의 아홉의
'아' 그림

09 금문, 갑골문으로 본 九가 업구렁이라는 증거

[甲金篆隸大字典]

위 九의 글자모양은 이 [신지녹도문 천부경] 사내의 대표인 환숫을 상징하는 '셋'의 위 부분 삼지창과 같은 모습이고 몸뚱이는 위 '아비'에서 설명한 업구렁이 모양이니 이는 사내의 숫이고 이 숫은 씨, 씨족을 뜻한다.

하버드대 미술관 소장 첫조선 유적지에서 출토된 청동기 안의 금문(원방각님 제공)

위 그림에서 창은 戈와 같은 사내의 숫인데 그 숫이 사내의 대표인 환숫을 표시하기 위해 이 [신지녹도문 천부경] 셋처럼 위아래 두 개의 삼지창이 붙었고 그 아래는 정액 같은 남근을 잡은 겨집의 손인데 여기서 재미난 것은 금문에서는 사람의 손가락을 반드시 세 개만 그려 놓았다는 것이다.

다음 그 아래는 그 사내는 사방으로 어디든지 갈 수 있다는 十자로가 있다.

이 그림 역시 미국 고고학자나 중국인들은 무슨 그림인지 전연 해독을 하지 못하고 있으나 이 [신지녹도문 천부경] 하나 둘 셋 … 열을 아는 사람은 쉽게 풀 수 있다.

또 먼저 제시했던 이 그림은 고조선 유적지에서 발굴된 청동기 안의 그림으로 미 보스턴 박물관에 있는 것인데, 그 해독 역시 우리 상식, 우리말과 우리 상고사를 전혀 모르는 미국학자들은 물론 소위 내로라하는 중국의 금문학자들도 이것이 무슨 그림인지 전연 몰라 지금까지 의문으로 남겨 놓고 있다는 것을 다시 올린다.

　위 그림은 뱀 두 마리가 서로 노려보는데, 뱀에게 세로 줄이 있어 뱀의 행동을 제한하고 있다. 즉, '뱀'은 '남근'을 상징하고, '제한된 뱀'이란 씨노름(씨름)같이 어떤 '규약'이 있다는 말이며, 둘이 겨루듯 노려보는 것은 '씨놀음'을 하겠다는 것이고. 그 아래 몽둥이 같은 것은 '남근'이며, 그 남근을 잡은 손은 겨집의 손이고, 그 아래 반달 같은 것은 바로 씨름에 이긴 사내의 씨를 받겠다는 '여음'이다.

　아래 사진도 하버드대 미술관에서 청동기에 새겨진 그림의 사진만을 따로 전시한 것이다.

위 그림은 사내를 말하고 가운데는 '알이 나오는 남근을 받드는 계집의 손'이며, 우측은 '유방까지 있는 계집'이다.

따라서 맨 좌측 그림은 나중에 父 자가 된다. 즉, 지금의 父 자와 夫 자는 원래 같은 글자였다.

이 아비는 '싸울아비(武夫), 거칠아비(거칠부: 터프가이), 농부(農夫), 어부(漁夫), 광부(鑛夫)' 등도 모두 '아비 부(夫)'이므로 사실상 여기서도 성인 남자를 말한다.

다음 그림도 먼저 올렸던 청동기 유물 을미고에 새겨진 명문인데, 남근을 둘이서 받들고 있다.

다음 그림도 먼저 남근을 받드는 청동기의 금문이다.

이 외에도 수많은 증거 사진들이 있지만 생략한다.

　육생칠팔구(六生七八九)는 어슷인 어미가 일구(七)는 사내와, 열매 열리(子)는 여덟(八)을 낳고 압(九)이 완성되면 씨족의 울타리가 된다.

　즉 大三合六生七八九는 사내와 겨집이 합해진 어미(변성)는 일구는 사내와 처자식의 집과 씨족의 울타리를 낳는다는 말인데 이것도 후미에서 한꺼번에 설명한다.

제10장 | '열'의 그림과 뜻풀이

열!

이 지상에서 미움과 질투와 욕심과 전쟁을 없애고 그야말로 모두 부자가 되어 지상천국을 이루어가며 개인적으로는 영생 불사할 수 있는 홍익인간의 정수! 그리고 물질의 노예가 된 인류를 해방시키는 마지막 하느님(桓因)의 교훈 열!

이는 이 세상 어느 언어보다도 가장 위대한 하느님 말씀이며 우리의 숫자인 바로 '열'이다. 이 위대한 '열'의 비밀과 의미에 대하여 상세히 알아보자.

우선 이 '열'의 신비한 신지녹도문자 그림부터 보자.

01 [진본 천부경] 하나 둘 셋 … 열 중 열의 그림

이 그림은 무엇인가?

[천부인 ㅇ ㅁ ㅿ]으로 본 열의 뜻과 증거

열의 ㅇ은 하늘 천부인이니 하늘처럼 걸림이 없다 .

열은 먼저 말했듯이 숫자 열이 아니라 문을 열고 나가다의 '열'이다.

또 우리말 "여리다"라는 말이 있는데 이는 강하거나 질기지 않고 연하다는 뜻의 '여리다'로 "싹이 여리다", "마음이 여리다" 등에 쓰인다.

즉 땅거죽을 뚫고 갓 나온 새 싹이나 나뭇가지 껍질을 뚫고나온 새 순도 여린 것이며 사람의 자애로는 마음도 여린 마음이다. 따라서 정신면이나 물질적, 무엇으로 보나 곰족보다 우월했던 환숫께서는 그 여린 마음, 즉 자애로운 마음으로 같이 왔던 하늘나라 백성 대략 3천명과 함께 짐승같이 미개한 곰족을 마늘과 쑥으로 치료하고 하늘과 땅과 사람은 하나라는 하느님의 교훈까지 가르쳐 그들과 피를 섞고 밝달임금(檀君)을 낳아 우리 민족을 세웠으니 그래서 이 마늘과 쑥을 상식하는 나라는 우리뿐이며 그래서 전에 풍토병인 조류독감이나 싸스, 또는 신종풀루에 이 마늘과 쑥을 상식하는 우리 민족만이 강하다 했고 이렇게 이 환숫께서 곰족과 피를 섞어 동화한 것이 제1차 홍익인간의 위대한 사업이 이 땅에 펼쳐진 것이라 했다.

따라서 지금 교육법 제1조에까지 쓰여 있는 홍익인간(弘益人間)이란 바로 이 같은 뜻이다.

그러나 곰족 추장의 딸 곰네와 같이 이 사람 되는 훈련에 참여했던 호랑이족 추장의 딸 호녀, 즉 지금 러시아계로 보이는 백인처녀는 참지 못하고 도망가 서쪽 유럽의 바이킹의 선조가 되니 그들은 먹고 나면 싸움질이고 그래서 사람 죽이는 무기만 발달했으며 그들 후예 일부가 미국에 건너가 이미 먼저 정착해 있던 인디언들을 모조리 학살하고 세운 나라가 바로 미국이라 했고 그래서 그들은 근대에도 베트남에 들어가 쓸데없이 많은 사람을 죽였고 지금도 아프카니스탄, 이라크에서 별 명분도 없이 많은 사람을 죽인다.

따라서 당시 미국인은 위 환숫님의 홍익인간 정신과 완전 반대의 짓을 한 것이고 그래서 지금 미국은 살인무기 최강국이 되고 이 전쟁무기는 결국 과학문명이 되었으나 사람은 정신을 몸으로 둘러싸 이루어졌으므로 형이상(形而上)을 형이하(形而下)가 둘러싸 이루어진 것이다.

그러나 지금 서양 과학문명만 따르는 현대인은 자신의 몸만이 자신인 줄 알며 또 자신의 걸친 옷이나 거기에 붙은 계급장(권력, 명예) 등이 자신인 줄 아니 정신은 기하급수적으로 메말라 점점 더 황폐화되어 마약이나 묻지 마 사살을 하는 등 미쳐 간다 했다.

03 金文으로 본 十의 증거

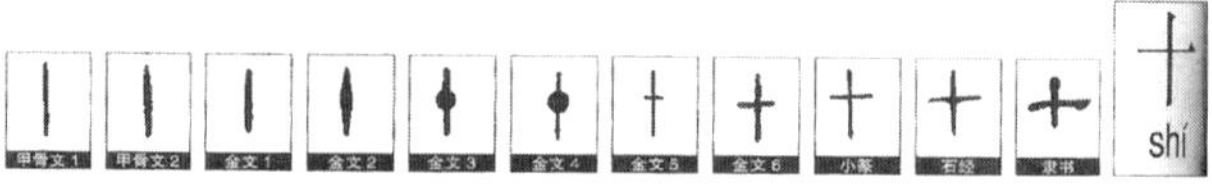

출처: [圖釋古漢字](能國榮 著, 濟魯書社刊)

위 그림글자에서 甲骨文도 그렇지만 金文 1은 그냥 작대기인데 金文 2~3은 그 작대기에 알, 씨가 생기더니 金文 5~6에 가서는 완전 十자가 된다. 이는 사내의 씨가 차면, 즉 씨족이 완성되면 十의 방향처럼 사방으로 열고나가 다른 씨족과 동화하란 말이다.

이 글자를 小篆이나 石經, 그리고 隷書 등 다른 글에서는 十자로 표시했으니 이도 중국학자들은 그 十의 제자 원리를 모른다는 말이고 따라서 甲骨文, 小篆, 篆, 隷書는 물론 지금 한자의 제자 원리도 모두 金文을 기준해야 할 것이고 따라서 중국학자는 金文 해독을 할 수 없다는 것이다.

行

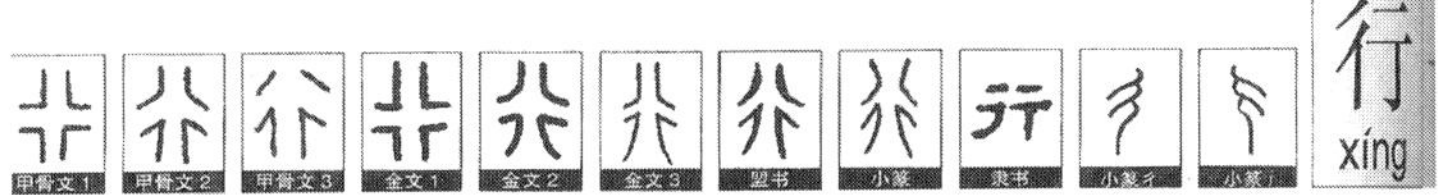

출처: [圖釋古漢字](能國榮 著, 濟魯書社刊)

위 行 자는 그저 사방으로 뚫린 十자로이다.

道

출처: [圖釋古漢字](能國榮 著, 濟魯書社刊)

그러나 위 道 자는 '십자로를 머리로 가는 것' 인데, 다시 생각해보니 우리의 '일곱, 여덟, 아홉' 은 정신적으로뿐 아니라 물질적으로도 부자가 되는 것이다.

최치원 81자에서는 이것을 一積十鉅無匱化三의 十으로 표시했는데 이는 먼저 누차 말했듯이 아홉으로 완성된 씨족의 울타리는 좋을 것 같지만 근친상간이 되고 이를 막자면 다른 부족의 겨집을 빼앗아와야 하므로 이는 전쟁의 씨앗이 되어 열고 나가 다른 부족과 동화해야 한다고 했다.

이 아홉의 말씀은 처음에는 잘 전해지다가 후에는 일곱, 여덟, 아홉, 즉 자기완성도 못한 선비들이 중국이나 사모하는 사람들이 많아져 중국인이 땅을 빼앗으려 하면 제대로 싸워 보지도 못하고 그대로 내준 것이 바로 그 넓던 중국대륙에서 이 손바닥만한 한반도로 밀려온 이유이기도 하다.

또 무소유나 주장하는 어떤 중이나 또는 어떤 도사가 처자식은 버려 둔 채 혼자 산속에 들어가 죽을 치고 앉아 道를 닦는다는 것은 그들 나름대로의 생각일지는 모르나 이는 우리 하느님의 교훈도 아니고 자연섭리를 따르는 것도 아닌데 여기에는 세 가지 큰 뜻이 있다고 했다.

첫째는, ‘씨족, 또는 국가를 어떻게 경영하면 이 지구상 온 누리가 지상 천국이 될 것인가’ 하는 교훈이고,

둘째는 자아(自我)의 울타리를 열어 개인이나 국가가 부자가 되는 것이며.

셋째는 때가 되면 물질의 옷을 벗고 우화등선(羽化登仙)하여 영생불사 하는 것이다.

씨족과 자신의 울타리를 열라!

‘아홉’ 에서 말했듯이 ‘하나’ 부터 ‘아홉’ 까지 쌓아올리면 이는 바로 ‘부자’ 인데, 이 ‘아홉’ 으로 씨족의 무리들은 부족함이 없이 ‘완성’ 되었다. 이는 원시 부족사회에서 한 부족이 한 동아리가 되어 네 것, 내 것이 없이, 모두 우리 것이었으며 심지어 그 마누라와 자식조차 마찬가지라고 했다.

그러나 이런 동아리들은 그 부족 사이 울타리(鉅) 안에만 통하던 이야기였지, 다른 씨족 다른 인종은 언제나 적이어서 싸움의 대상일 뿐이다. 그러니까 이 아홉이라는 동아리는 그 씨족사회를 열고 다른 부족과 화합하는 데 엄청난 장애였고 걸림돌이었다.

그리고 모든 인간을 넓게 이롭게 한다는 홍익인간의 철학, 시쳇말로 하면 우리의 88올림픽에서 세계인이 외치던 ‘We are the world’ 의 걸림돌이 바로 ‘아홉’ 이었으므로, “이 걸림돌을 열고 나가 모든 인류가 하나, 즉 ‘우리’ 가 되라”는 천부경 가르침이 바로 ‘열’ 속에 들어 있는 것이다.

누차 말하지만 애초부터 원래 그 자리에 있던 지구 땅덩어리에 인간들이 쓸데없는 금을 그어놓고 이것은 내 땅, 저것은 네 땅 하다 보니 그간 이 땅의 주인인 사람을 많이 죽이는 전쟁이 있었던 것이다.

이 부족의 울타리를 열고 나가려면 一積十鉅無匱化三에서 말했듯이 빛인 사내의 씨를 누리인 겨집에 쌓아 사내와 겨집이 합한 大三으로 일구는, 사내와 처자식의 집인 여덟과 씨족의 울타리인 아홉을 완성한 다음 열고 나가야 한다는 말인데 이를 다른 말로 하면 먼저 말했듯이 수신제가치국평천하(修身齊家治國平天下)와 같고 또 자연계 동물이나 아기가 자기 입에 먼저 먹거리를 넣고 다음에 남에게 양보하는 것과 같은데 단 동물이나 아기는 제가 배가 부르면 절대로 먹거리를 더 쌓아 두지 않는다는 점이다.

(1) 자아(自我)의 울타리를 열라

글쓴이는 '하나, 둘, 셋 … 열' 이라는 하느님 교훈 천부경을 해석하면서, '열' 을 처음에는 위에 말한 '부족의 울타리만을 열라' 는 것으로 착각했다. 그러나 최치원의 一積十鉅無 匱化三, 즉 빛이며 씨인 '하나' 를 쌓고 씨족의 울타리인 아홉을 열면 궤짝이 없는 사람, 즉 신선으로 승화한다. 즉 '대 자유인이 된다' 라는 말을 곰곰이 생각해보니, 역시 최치원의 그 말대로 아홉을 열라는 말은 '씨족뿐 아니라 개체, 자아도 열어야 대 자유인, 즉 불가 용어로 해탈을 할 수 있다' 는 뜻이 포함되어 있었으니, 최치원은 역시 하느님의 심성을 꿰뚫은 대 성자였다.

이것은 현대 우리가 사는 세상에 어떤 고민, 어떤 불행이 있더라도 이는 모두 원래 있지도 않은 자아(自我)의 문, 즉 내 것이라는 문을 열지 못해 일어나는 현상이고 부자도 될 수 없는 원인이니 이 문부터 열어 대 자유인이 되라는 말이다.

(2) 물질의 옷을 벗고 우화등선(羽化登仙)하여 영생하라

내 몸은 하늘인 정신, 즉 혼을 물질이 둘러서 세워진 존재이기 때문에 때가 되면 그 물질의 옷을 미련 없이 벗고 물질의 감옥의 문을 열어 우화등선(羽化登仙), 즉 우리가 왔던 하늘로 올라가 신선이 되는 것이다.

이것은 돈이나 권력 등으로 보더라도 어차피 그것을 펴짊어지고 갈 수는 없다. 그러니까 아무리 부자나 진시황이라 하더라도 하나, 둘, 셋에서 보듯, 사람은 정신이 물질에 둘리어 싸여진 존재임을 알라는 말이고, 이것은 '때가 되면 그 늙고 병든 부자연스러운 헌 옷, 즉 땅에서 온 몸은 땅으로 돌려보내고 하늘에서 온 정신은 하늘로 돌아간다' 는 말이니 이는 '인간이 영생 불사한다' 는 말이다.

[진본 천부경] 하나 둘 셋 … 열 중 '열' 로 본 대 자유인

위 그림을 보강하면 다음과 같다.

지금껏 자신을 구속하고 있던 새장을 열고 날아오르는 새

이상을 보면 이 [신지녹도문 천부경]이 왜 다른 종교의 경전보다 현실적이고 우월하며 인간을 위한 경전인지 알 것이다.

즉, '하나, 둘, 셋, 넷, 다섯, 여섯' 까지는 신의 섭리이니 인간이 어쩔 수 없다. 그러나 '일곱' 부터 '아홉' 까지는 인간이 일구어 완성하는 부자 되는 길이며 천부경의 수행 방법이고, 인간이 살아가야 할 길이며, '열' 은 인간이 그 씨족의 울타리를 열고 다른 부족과 '우리' 가 되는 동시에 몸과 마음이 해탈하여 영생하는 길이다.

이것을 다시 [신진녹도문 천부경]과 최치원 81자 중 '一積十鉅無匱化三' 으로 보면

* 씨족(국가)의 울타리를 열고 타 종족과 하나가 되면 종족도 우수해지고 피의 전쟁을 막을 수 있다.
* 현대 우리가 사는 세상에 어떤 고민, 어떤 불행이 있더라도 이는 모두 원래 있지도 않은 자아(自我)의 문, 즉 내 것이라는 문을 열지 못해 일어나는 현상이니, 이 문부터 열고 부자가 되어 행복한 삶을 살라.
* 내 몸은 하늘인 정신, 즉 혼을 물질이 둘러서 세워진 존재이기 때문에 때가 되면 그 물질의 옷을 미련 없이 벗고 물질의 감옥의 문을 열어 우화등선(羽化登仙), 즉 우리가 왔던 하늘로 올라가 신선이 되는 것이다.

06 홍익인간이란 뜻

홍익인간(弘益人間)이란 一積十鉅와 無匱化三인데 이는 "아홉을 열고 나가면 대 자유인이 된다"이다.

이는 자기부터 완성한 다음 열고 나간다는 수신제가평천하(修身齊家平天下)와 같은 말인데 밝달임금 이후 선조들은 자기도 완성을 못하고 열고 나가다 보니 그 넓던 중국대륙을 다 지나인들한테 내주었던 것이다.

이는 자연세계의 동물이나 아기만 보아도 알 수 있다. 동물이나 아기는 일단 제 입이 차야만 다른 것들한테 먹이를 양보하는데 여기서 인간과 다른 것은 인간은 제가 배가 부른 다음에도 돈을 계속 싸두려 하지만 사자나 호랑이는 제가 배가 부른 다음에는 그 앞에 토끼가 까불어도 그대로 둔다는 것이다.

따라서 一積十鉅 無匱化三이란 말은 우선 제 씨족은 튼튼히 한 다음 열고 나간다는 뜻이다.

 [진본 천부경] 하나 둘 셋 … 열 요약정리

(1) 하나: 하늘이며 하늘의 주인인 햇빛이

(2) 둘: 누리에 둘리워

(3) 셋: 사람이며 사내이며 사내의 '숫' 을 세우고

(4) 넷: 사내의 너인 겨집을 만들어

(5) 다섯: 땅위에 세우니

(6) 여섯: '어미' 되어 번성하여라.

(7) 일곱: 사내는 일구어

(8) 여덟: 처자식의 집을 만들고

(9) 아홉: 씨족의 울타리가 완성되면

(10) 열고 나가라.

우리가 무심코 세는 하나 둘 셋 … 열 속에는 이렇게 사람의 본질이 무엇이며 어떻게 하면 피의 전쟁을 막고 부자가 되어 잘살다가 때가 되면 다시 하늘나라로 돌아가 영생 불사할 수 있는가 하는 진리가 담겨져 있다.

이 보물을 우리는 아직껏 묻어놓고 살아 있는 사람의 길이 아닌 외래 종교에 미처 돌고 있었던 것이니 동감하시는 독지는 이 천부경 사상을 우리는 물론 전 세계로 전파시키자!

제3부
참고자료

[참고자료 I] **최치원 81자와 그 해독**

이 글도 먼저 쓴 글에서 이미 부분적으로 말했으나 여기서는 최치원 81자의 전문을 다시 보자.

최치원의 81자는 이두로 갱부작첩(更復作帖)했다. 즉 다시 시첩으로 지었고, 그 내용도 一始無始一로 시작해서 一終無終一로 끝이 나니 이는 시의 대구가 기가 막히게 잘 맞는 시이다. 여기서 이 최치원의 81자가 왜 이 우리 숫자 하나, 둘, 셋 … 열의 설명문이고 '한' 의 예찬문인지 해석해보자.

01 一始無始一

一始無始一

'하나' 인 빛은 시작이 없는 데서 '빛' 이 시작되고

먼저 '하나' 에서 일(一)은 숫자 '하나' 뿐 아니라 '밝고 크고 흰 해' 이며, 햇빛인 '하느님' 이고 우리 한민족이라는 우리말 '한' 을 표현한 것이라 하였다. 이 '한' 은 언제 시작된 일이 없다는 말이다. 이 한 속에 먼저 제시한 무려 20여 개의 긍정적 뜻이 들어 있다 했다.

02 析三極無盡本

析三極無盡本

분석하면 삼극인데 근본은 다함은 없다.

여기 이 三은 숫자 '셋' 이고 이는 최치원 당시는 이 [신지녹도문 천부경]이 이미 숫자가 되었으니 최치원은 설명상 여기 三만은 숫자로 쓴 것 같으나 한편 三이 사람, 사내이므로 인본적인 '사내' 로 분석해도 좋고 다음부터 숫자로 나오는 것도 이 [신지녹도문 진본 천부경]인 우리 뿌리말이고 숫자가 아니다.

이는 '한' 속에는 天地人 삼극이 들어 있는데 분석한다고 또는 사내로 분석해 봐도 한의 실체가 없어지는 것은 아니란 말이다. 한 가지 추가한다면 "하나는 빛이며 하느님이며 태양이고, 그 태양빛은 흰색이나 그 색을 분해하면 빨강, 노랑, 파란색이지만, 그 색을 다시 합하면 다시 흰 빛이 된다."는 말과 같다.

03 天一一 地一二 人一三

天一一

하늘의 핵심은 '빛' 이고

이것을 한자 뜻대로 '하늘 하나는 하나이고' 한다면 말이 되지 않으니 각종 음양오생설, 이상한 도표가 나온다. 그러나 여기서 天一은 天神인 하늘의 첫째, 핵심으로 보고, 다음 일(一)은 숫자 '하나' 가 아니라 우리말 '크고 희고 밝다' 는 빛으로 무려 20여 개의 긍정적 뜻이 들어 있는 우리 한민족의 '한' 이며 햇빛이다.

地一二
땅의 첫째는 '둘, 두름(周)' 이며

여기서도 地一은 '땅 하나' 가 아니고, '땅의 첫째, 핵심' 이며, 다음 이(二)는 숫자 아니라 우리말 '땅' 이면서 '두르다(周, 함께하다)' 로 본다.

人一三
사람의 핵심은 '사내' 이다.

여기서도 人一은 '사람 하나' 가 아니라 '사람의 첫째, 핵심' 으로 보고, 다음 三은 역시 숫자가 아니라 우리말 '사람' 인데, 사람 중에 '사내' 이다. 고대에는 사람이란 모두 사내로 보았기 때문에 영어 man도 사람이며 사내인데 더 언밀히 말하면 사내의 '숫' 이다.

一積十鉅

빛을 쌓고 씨족의 울타리(鉅, 아홉)를 열면

특히 여기부터는 이두 형식으로 써진 문장을 한자 해석대로 '하나를 쌓아 열로 커지면 궤짝이 없는 三으로 변한다.' 라고 풀면 말이 안 되어 각종 음양오행설이 나오는 부분이다.

여기의 '一' 역시 숫자가 아니라 우리말 햇빛인 '한' 이고, 십(十)은 숫자 '열' 이 아니라 우리말 '열다(開)' 이며, 鉅는 '크다' 가 아니고 우리말 '울타리 안의 씨족' 인데 '아홉' 과 같은 뜻이 있다.

이 鉅 자에 대하여 오해가 많으니 다시 알아본다. 항상 한 말이지만 이를 만약 다른 사람들처럼 클 거 자이니 '크다' 라고 해독하면 그야말로 천 길 낭떠러지에 떨어진다.

한자는 그 변이 그 글자의 뜻을 말해 주므로 삼수 변(氵)이 붙으면 반드시 물과 관계가 있고, 木자 변이 붙으면 나무와 관련이 있는 등 그 변과 밀접한 관계가 있다. 그렇다면 최치원이 鉅 자를 '크다' 라는 뜻으로 쓰고 싶었다면 간단하게 巨 자만 써도 되는데 굳이 쇠金 변이 붙은 '鉅' 자를 택했을 리가 없다. 이 鉅는 큰 옥편을 찾아보면 鉤鉅也라 했으니 이는 '걸림쇠', 즉 '낚시의 미늘' 과 같은 것이고, 지금 '철조망' 과 같은 '울타리' 이며, 이 말은 〈통감 12권 한기(通鑑12券漢記)〉에 "도적들이 일어나지 못하게 더욱 잡아 막기(鉤鉅)를 잘하고 사정을 알아내어 마을에

서 돈 만드는 간교함을 모두 알아내었다(盜賊不得發尤善爲鉤鉅以得事情
閭里鈇兩之姦皆知之)"라고 나와 있으니, 이는 분명 '씨족의 울타리'이며,
또 요즘말로 '국경'도 된다.

無匱化三
궤가 없는 사람으로 승화한다(대 자유인이 된다).

無匱는 다른 사람들의 해석처럼 '궤짝이 없으니 자유'이고, 化三은
한자 해석대로 '숫자 셋으로 화한다.'가 아니라, 우리 글자 ㅅ이 '서다,
사람' 등의 뜻이 있으며 최치원도 人一三이라 했으니 '사람, 사내로 승
화한다'이다.
그런데 여기 無匱化三에는 두 가지 뜻이 있다. 즉, 글쓴이는 처음에
'자기 씨족의 울타리를 열고 타 씨족과 동화하는 것'으로만 생각했었
다. 그러나 최치원은 역시 성자이다. 우선 자기 씨족의 울타리뿐 아니라
이 [신지녹도문 진본 천부경] 하나, 둘, 셋에서 보듯 '사람은 정신인 하
늘을 물질인 몸으로 둘러서 태어난 존재이니 자신의 몸뚱이는 물론 돈
이나 권력까지도 匱라는 감옥이고, 그래서 그 감옥을 열고 나가면 내
것이 우리 것이 되어 보다 행복한 자유인이 될 수 있고, 때가 되면 그 몸
뚱이의 옷을 벗고 우화등선(羽化登仙)하여 신선이 된다'는 말도 된다.
이는 또 천부경의 핵심인 '한'은 天地人으로 분화되지만, 결론은 다
시 '한'으로 회귀하고 또 순환한다. '한'인 天은 地와 함께 人을 만들지
만, 그 人은 이 지상에서 부자 되어 잘 먹고 잘살다가 결국은 十에서 다
시 '한'으로 회귀하고, 그 '한'은 다시 地와 합작하여 人을 만들고….
이것이 '천부경의 하나, 둘, 셋… 열'이고, 이를 최치원은 그의 81자

에서 一積十鉅無匱化三이라고 표현했다. 즉, 一析三極이지만 귀일회삼
(歸一會三)이 되고, 또 해의 색깔은 원래 흰색인데 이를 天地人으로 나누
면 빨강, 초록, 파랑 원 삼원색이 되나, 이를 합하면 다시 흰색이 되어
신선이 되는 것을 잘도 설명한 것이다.

이것은 우리 놀이 '가위, 바위, 보'와 비유할 수 있다. '보'인 天은 地
인 '주먹'을 감싸 쥐어 이기지만 결국 人인 '가위'에게 지고, 人은 地인
주먹, 즉 물질에 얽매어 있어 地가 人을 이기는 것 같으나 地는 天에 감
싸여 있고, 天은 人을 이길 수 없으니 이것은 상호 순환원리이고, 결국
天地人은 '한' 하나가 순환하는 것이다.

05 天二三 地二三 人二三

天二三
하늘은 둘(둘러서)로 세워지고

여기서 한자 뜻대로 '하늘 둘은 셋이고' 한다거나 '하나는 둘이 되고
셋이 된다' 한다면 말도 안 되고, 뒤에 오는 말 地二三과 연결도 안 된다.
　하늘은 짝인 땅이 있고 또 하늘 혼자만 본다 해도 낮과 밤 그리고 별
등 물질과 허공들로 이루어졌으니 둘로 볼 수도 있으나 그런 눈에 보이
는 것보다 눈에 보이지 않는 섭리, 생명, 정신 등까지도 봐야 한다.
　또 하나는 빛이고 빛은 생명이다. 그렇다면 그 빛은 그림자도 있으니

그 그림자는 죽음이 된다. 따라서 이런 것까지 포함한 天은 大天이라 할
수도 있고 그저 눈에 보이는 것만은 小天이라 할 수도 있다.

地二三

地에는 뭍과 물인 바다가 있고 또 눈에 보이는 이런 땅뿐 아니라 땅이
란 빛이나 정신을 두르는 원리까지 있으니 이 모든 것을 포함한 땅은 大
地이고 그저 눈에 보이는 땅은 小地가 될 것이다.

人二三

三은 사내이며 사내의 '숫' 이다. 그러나 이 사내만 가지고 생명의 목
적인 번식을 할 수 없으니 이는 반쪽 사람이지 완전한 사람은 못 된다.
따라서 그 '숫' 의 짝인 '암' 이 있어야 하는데 그 '암' 은 숫처럼 보이지
않으며 또 그 외부인 질구(膣口)처럼 보인다 해도 이는 생명의 목적이
아니다.
따라서 눈에 보이는 암, 수보다 그 암수의 작용으로 생명이 번식하는
원리까지가 바로 大三이 될 것이고 눈에 보이는 것은 小三에 불과한 것
이다.

06 大三合六生七八九

大三合六

사내와 겨집이 합한(大三) 어슷(六, 母)은

大三은 위에서 말한 대로 사내와 겨집이 결합해서 번식하는 것이고 거기서 자식이 나오니 어슷은 '어미' 또는 '번성' 이 된다.

이 어슷은 세종 100년 후에 나온 [訓蒙字會]만 보더라도 六은 어슷 육자인데, 이 어슷의 뜻은 '어미(母)' 이기 때문에 '思母曲' 이 '엇노리' 이다. 따라서 외부로 볼 때 어미가 자식을 낳으니 어미와 번식은 같은 말이다.

生七八九

일구는 사내(七)와, 여름 = 열매(열매, 豊 여름좋을 풍, 訓蒙)인 처자식의 집(八)과 씨족의 울타리인 압(九, 아홉, 씨족)을 낳는데

이것을 한자 뜻대로 '여섯이 일곱, 여덟, 아홉을 낳는다'고 해석하면 '여섯에서 다시 하나, 둘, 셋을 더하면 된다'는 등 초등학생 산수가 된다.

'일곱' 의 우리말은 '일(事), 일구다', 즉 '일구어나가는 진로' 이다. 그렇다면 일군다는 것은 무엇을 일구는가?

말이란 반드시 강력한 자극이 있어야 만들어지니 일곱의 일구는 것은 사내가 그 열매인 자식을 낳기 위한 계집의 집이고, '여덟' 은 그 사내가 일군 '처자식' 이 되며, '아홉' 은 '씨족(사회, 국가)' 이 된다.

따라서 사내와 겨집이 얼루어 다시 아들을 낳으면 그 사내는 반드시 일구어나가야 한다는 것인데, 이는 자기 자신을 위한 것이 아니라 새 가족과 그 씨족을 위한 것이므로 이는 '우리' 를 위하여 일구는 것이 바로 천부경 수행의 길이며 부자가 되는 길이다.

運三四

사내와 겨집을 운용하여

　運은 '운영' 또는 '운용'으로 보고, 三 즉 '셋'의 우리말은 먼저 말한 대로 '사람'이며 그 핵심인 '사내'이고, 四 즉 '넷'은 우리말로 '사내의 상대'인 너이니 '겨집'이라 했다.

　먼저도 말했지만 이 너가 겨집이라는 근거는 [논어], [서경]에도 너는 女자이며, 또 지금 너 汝 자는 삼수 변에 女, 즉 '개울에서 미역감는 겨집'으로 발가벗은 겨집을 말하니 언제건 사내의 상대가 될 수 있다는 말이다.

　이 너가 네가 된 것은 우리말에는 항상 약방의 감초처럼 접미사 '이'가 붙어 '너 + 이 = 네'가 된 것인데 그래서 '돌쇠네, 삼돌네'하면 이는 돌쇠나 삼돌이가 아니라 '그의 계집'이며, 또 배뱅이굿에서 '세월네, 네월네'가 다 '계집'이고 하회탈춤에서도 양반이나 중이 꾀는 '겨집'은 부네이며, 요즘 순례(順禮)니 슈여(順女)니 하는 이름의 禮, 女도 알고 보면 모두 이 '네'를 한자화한 것이다. 따라서 運 三四는 '사내와 계집을 운용하여'란 말이라 했다.

成環五七

(셋, 넷과) 다섯과 일곱(여덟, 아홉)으로 동아리는 이루니

이도 먼저 한 말이지만 이를 한자의 해석대로 ‘다섯과 일곱으로 고리, 즉 원을 만든다’ 하니까 5 +7=12라 하여 하느님이나 최치원 시대에 있지도 않았던 둥그런 시계와, 또 그 시간인 12시를 말하는 것이라 하는 이도 있으며, 그게 말이 안 되니까 음양오행설의 오행과 7요일, 즉 최치원 당시에도 없었던 요일을 말하고 있는데 참으로 뚱딴지 캐먹는 이야기이다.

다섯의 우리말은 ‘땅에 세우다’ 이다. 즉, 세종 전에는 격음이 아니었으니 [훈몽자회]만 보더라도 地는 따 地가 아니라 ‘다 地’ 였다. 따라서 ‘다’ 는 ‘땅’ 이고 ‘섯’ 은 ‘세우다’ 이므로 ‘땅에 세우다’ 이며, ‘일곱’ 은 ‘자식과 그 집과 씨족을 일구는 사내’ 라 했다.

成環은 고리, 또는 ‘동그라미’ 가 아니고 ‘동아리’, 학생들이 흔히 하는 말로 ‘서클을 만든다’ 는 이야기이니 바로 동아리이고 동아리는 ‘덩어리’ 란 말이다. 그러니까 成環五七은 三四五(六)七八九에서 三四와 八九를 생략하고, ‘五七로 처자식과 씨족의 한 동아리를 만든다’ 는 말이다. 다시 말하면 成環五七은 어슷(六)이 먼저 三四는 말했고, 나중 八九는 말하지 않아도 다 아니 생략한 말이다.

이 ‘六生七八九運三四成環五七’ 은 가장 난해한 문장이니 다시 상세히 풀어보면 六의 뜻은 ‘번성’ 이다. 그래서 ‘어미’ 로도 통한다.

‘어슷’은, 하늘과 땅이 세운 사내 셋과, 그 짝인 넷을 땅 위에 세우는 다섯과 그 섭리를 運用하여, 인간의 진로를 말하는 일곱, 여덟, 아홉의 중앙에 있다. 그러니까 ‘어슷은 그 무리를 한 동아리를 만든다’는 뜻이다.

또 ‘셋, 넷, 다섯, 여섯’ 에는 각자 ㅅ이 4개 붙고, ‘여섯, 일곱, 여덟, 아홉(업)’ 에는 각자 ㅇ 4개와 ㅂ 3개가 붙는다. 여기서 열까지 한다면 ㅇ

이 5개가 되나 '열' 은 '하늘과 같이 자유롭다' 는 뜻이고 '열고 나가라' 는 뜻이기 때문에 인간사를 말할 때는 제외된다.

또 고대 우리말에서 '검둥이' 와 '감둥이' 에서 보듯이 모음은 중요하지 않으니 자음만으로 분석해본다.

여기서 ㅇ은 하늘 천부인이니 '하늘' 과 같은 뜻이 있고, ㅅ은 사람 천부인이니 '사람, 세우다' 등의 뜻이 있으며, ㅂ은 땅 천부인 ㅁ에 덧붙여 만든 글자로 '받는다, 보전한다' 는 뜻이 있으니, '어슷' 이 '일곱, 여덟, 아홉을 만들어 그걸 보관하는 데나 쓰이기 때문에 이 어슷에만 ㅇ과 ㅅ이 다 붙은 것' 이고 셋, 넷, 다섯과 같이 세우는 데 쓰이지는 않았다. 또 ㄹ은 특별한 뜻이 없는 유동적인 말에만 쓰인다. 즉 '하나, 둘, 셋, 넷, 다섯' 은 신의 섭리이고, 어슷은 그것을 運用하여 번성시키는 원리이기 때문이다.

그러니까 '어슷은 셋, 넷, 다섯, (어슷) 일곱, 여덟, 아홉 중간' 에 서서 'ㅅ과 ㅇ을 양쪽으로 잡고 있는 형국' 이다.

이것이 바로 '어슷' 은 천지만물이 번성시키는 원리이기 때문이다. 이 六 자가 최치원의 8자 중앙에 있다는 것도 바로 이런 점 때문이라고 생각되기도 한다.

08　一妙衍萬往萬來

'빛인 하나' 는 신묘하기가 만 번 오가 쓰임새는 변해도 근본은 움직이지 않는다.

여기서부터가 '하나, 둘, 셋 … 열' 인 하느님의 교훈 천부경의 핵심인
'한' 의 예찬문이다.

최치원은 위에서 '하느님 교훈인 신지녹도 전자가 우리의 숫자 하나,
둘, 셋 … 열임' 을 알고 그것을 설명하여 대략적인 우리 숫자의 뜻을 말
하였고, 이제부터는 본격적인 하느님, 즉 '한' 을 예찬하는 것이다.

위에서 '빛인 하나는 신묘하기가…' 했는데 어떻게 신묘한가?

'아무리 많이 왔다 갔다 하여 쓰임새는 많아도 그 근본은 변하지 않는
다' 는 말인데, 이 부분부터는 다른 이들의 해석과 대동소이하다.

09 用變不動本

쓰임새는 변하나 근본은 움직이지 않는다.

그러나 여기에 중요한 것 하나는 위 빛의 원 삼원색과 색의 삼원색 설
명에서 '한' 인 빛을 분해하면, 천지인 삼극처럼 빛의 원 삼원색이 되지
만, 이를 다시 합하면 다시 원래 빛, '한' 인 흰색이 되고, 또 이 흰 '한'
에서 다른 물질에 반사되어, 즉 萬往萬來하여 만들어진 만물색도 그 뿌
리는 역시 '한' 인 흰색이라는 것이니 이 현대 과학이론은 바로 위 一妙
衍萬往萬來萬往萬來用變不動本을 잘도 설명한 것이고, 따라서 이 최치
원 81자 이론은 점술, 음양오행 이론이 아니라 이렇게 과학적 이론이라
는 것이다.

本心本太陽昂明

본심은 태양을 근본으로 밝음을 우러름에 있으며

글쓴이는 이 [신지녹도문 진본 천부경] '하나'에서 설명했듯이 '빛인 하나'는 '빛을 받는 나무'와 '빛을 받는 대지'를 보고 '빛, 즉 태양'을 '한'이라고 한 것이며, 이 '한'이 나중에 우리 숫자 '하나'가 되었다고 했다.

그리고 ㄱ, ㄴ, ㄷ … ㅎ 등 우리 글자 속에 들어 있는 뜻까지 찾아 '한'의 글자풀이를 하며 '한'이 '빛'이며 '태양'이고 '하느님'이라 했다. 그런데 그것을 증명해주는 대목이 바로 최치원이 81자 중 이 부분이다. 따라서 "우리는 항상 이 생명의 근원인 '한', 즉 '태양'의 광명을 우러러봐야 한다"는 말이다.

여기서 후학들의 오해를 풀기 위하여 또 밝히고 넘어가야 할 부분이 있어 다시 말한다.

임승국 박사는 [한단고기] 166쪽 해설에서, '朝代記曰古俗崇尙光明以日爲神以天爲祖…', 즉 "조대기에서 말하기를 우리의 옛 풍속은 광명을 숭상하였으니 해로써 신을 삼고 하늘로써 조상을 삼았다…"를 설명하면서 특별히 주를 단 것을 보면, 위 [조대기]의 기록이 틀렸다고 하고 있는 것이다.

즉, 그는 "어둠 속에서 광명을 향해 뻗는 것은 비단 광명족뿐 아니라 동식물 전반의 본능이요, 법칙이다. 向日性을 민족의 특성으로 본다면 우리 민족은 다만 동물마냥, 향일성 식물마냥 철학도 신앙도 없는 민족이 된다. 우리는 '하늘>하느>한' 의 음운법칙을 갖는 민족으로 '하늘님>하느님>한님' 을 조상으로 모시는…"이라고 자신의 주를 달고 있다.

그러나 이 글을 보면 모순이 보인다. 인간도, 우리 민족도 우선은 생물이고, 생물의 본성은 해를 지향하는 것이다. 생물이 자연 섭리인 해를 지향하는 것이 과연 철학도 신앙도 없다는 말인가? 도대체 철학은 자연 섭리를 떠나 존재할 수 있는가? 그러면 우리가 해를 지향하지 않고 귀신이나 지향한다는 말인가? 우리가 해를 지향했다는 위 [조대기] 기록은 '우리 민족이 너무나 자연의 섭리에 순응하며 살았다' 는 것을 보여주고 있다.

또 그의 말대로라면 우리가 白衣민족인 이유와, 우리 백의민족의 왕에게만 황제의 칭호를 붙여야 한다는 빗금(/) 아래 日자인 白자와 그 밑에 王자로 이루어진 皇자를 어떻게 해석할 것인가?

결국 그분의 번역은 잘된 것도 많지만, 잘못된 것도 많기에 후학들이 혼동할 것 같아 이에 바로 잡는다.

따라서 우리가 해, 햇빛 민족이라면 일본과 같은 민족이 아니냐고 반문할 수도 있는데, 이는 자존심 문제가 아니다. 사실 일본인 중에 제대로 된 사람은 다 우리와 같은 몽골반점이 있고, 지금 일본 순수한 말의 80% 이상이 우리 뿌리 말이며, 또 日本이라는 국호는 우리 선조가 일본으로 건너가 만들어주었다는 근거는 먼저도 말했다.

11 人中天地一

사람 가운데 천지의 '빛인 한' 이 있나니

위에서 '한' 을 분석하면 삼극이 되고, 이는 天一 地一 人一, 즉 '하늘과 땅과 사람' 이라 하였고, 또 天二三 地二三 人二三에서 '하늘은 두리하면 大天이 되고 땅도 두리하면 大地가 되며 三인 사내도 두리하면 완전한 사람인 大三이 된다고 했으니 원래 사람 속에는 天地가 다 들어 있고 그래서 人乃天이 아니라 원론적으로 말하면 인내천지(人乃天地)인 것이다.

12 一終無終 一

'한' 은 끝이 없는 데서 '한' 이 끝난다

참으로 위 시작한 一始無始一 글귀와 잘도 대응이 되는 詩구이다.

먼저 '한' 은 시작이 없는 데서 한이 시작되었으니 그 마침도 마침이 없는 데서 마쳐지는 것은 너무나 당연하다. 이것으로 보아 최치원의 81자는 이 [신지녹도문 본 천부경]을 그대로 번역한 번역문이 아니라 그 예찬한 예찬시라는 것이다.

또 최치원은 81자 중에서 분명 우리 숫자 '하나, 둘, 셋' 의 뜻을 설명했다. 이것은 최치원이 81자가 진본 천부경, 그러니까 [신지녹도 진본 천부경]을 해독하고 난 후의 그 예찬문과 설명문이라고 한 근거가 된다. 즉 최치원의 81자에는 一 二 三 … 十이 다 들어 있는데 이는 우리말 하나 둘 셋 … 열을 말하고 싶은 것이고 이것이 그대로 번역문이라면 그 순서가 一 二 三 … 十이었어야 한다. 그러나 81자 순서는 뒤죽박죽이고 또 '하나, 둘, 셋' 까지만 힌트를 주고 나머지 숫자는 설명을 하지 않은 이유는 무엇일까? 이는 먼저 설명했듯이 당시 선비들은 자기 글자는 버리고 한자에 미쳐 돌았고, 가림토가 남아 있다고 해도 순 상것들이나 주먹구구식으로 쓰고 있었으니 가림토로 설명해 봐야 선비들은 거들떠보지도 않을 것이니 할 수 없이 이두 형식으로 번역문이 아닌 설명문으로 썼던 것이다.

* 최치원 81자 요점 정리

1. 一始無始一
'하나' 인 빛은 시작이 없는 데서 '빛' 이 시작되고

2. 析三極無盡本
분석하면 삼극 ㅇ ㅁ ▵ 인데 근본은 다함은 없다.(삼극의 三을 사내로 보는 것은 생략.)

3. 天一一地一二人一三
하늘(ㅇ)의 첫째, 핵심인 '빛' 이 땅(ㅁ)의 핵심에 둘리어 사람의 핵심(▵)인 사내를 세웠나니

4. 一積十鉅無匱化三
빛이며 사내의 씨가 누리인 거집에 나리고 싸여 씨족의 울타리가 완성되면 이를 열고 걸림이 없는 사내(神)로 승화하라.

5. 天二三地二三人二三

하늘(ㅇ)은 두리서 세워지고 땅도 두리서 세워지며 사람도 두리서 세워지
니

6. 大 合六生七八九

大三인 사내와 겨집이 어울으면(合) '어슷' 이 되어 일구는 사내와 처자식
의 집과 씨족을 낳는다.

7. 運三四成環五七

사내와 계집을 운용하여 땅에 세우고 사내를 일구게 하여 한 동아리를 이
루니

8. 一妙衍萬往萬來

하늘인 빛은 신묘하게 만 번 오가도

9.用變不動本

쓰임새는 변하나 근본은 변하지 않는다.

10. 本心本太陽昂明

본심은 해오름을 근본으로 밝음을 우러름에 있나니

11. 人中天地一

사람 (△) 가운데 천(ㅇ) 지(ㅁ)의 '빛' 이 있으며

12. 一終無終一

하늘(ㅇ) '빛' 은 끝이 없는 데서 하늘의 '빛' 이 끝난다.

최치원은 이렇게 우리 글자가 없어 할 수 없이 한자를 빌려다가 절름
발이 이두로 81자를 써놓고 당시 세태에 피눈물을 흘리며 번 후세에 가
림토가 제대로 복원할 날만 기다리고 있었다는 것이 그의 시 秋夜雨中
에 나타나고 있다.

[참고자료II] 최치원이 81자를 쓴 다음 괴로운 심정을 표현한 시 秋夜雨中

* 秋風唯苦吟

가을바람에 오로지 괴로움을 읊어봐도

최치원은 성자다. 그런 이가 여자가 그리워 괴로워했을 리도 없고, 또 당시는 임금님이나 나라 때문에 걱정할 시기도 아니다. 그렇다면 그가 이 [신지녹도문 진본 천부경] 예찬시 81자를 쓰기 전 우리말과 우리 글자 가림토를 다 없애고 오직 한자에 미쳐 도는 당시 선비들에게 아무리 [신지녹도문 진본 천부경]이 바로 우리 하느님 교훈이며 그 내용이 '하나, 둘, 셋 … 열' 이라는 것을 설명해 봐도 아는 사람이 없어 괴로워한 것으로 보인다.

* 世路少知音

세상에는 그 소릴 아느니 적네

그러니까 세상에는 그 소리를 아는 이가 참으로 적다는 이야기이다. 만약 여자를 그리워했다면 世路라는 말이 들어가지 않는다.

* 窓外三更雨

창밖에는 밤늦도록 비만 오는데

역시 괴로운 마음을 가을비로 표현하고 있다.

* 燈前萬里心
등불 앞에는 머나먼 마음뿐

최치원의 천부경 81자, 그러니까 진본 천부경 신지녹도전자 16자가
하나, 둘, 셋 … 열인 것을 알고, 이것을 우리말이 아닌 한자로는 도저히
풀 수 없으니 다시 이두 형식의 시첩으로 갱부작첩(更復作帖)하여 놓고
만대 후의 알아줄 이를 기다리며 지은 시로 본다.
　여기서도 만약 최치원이 여자가 그리워 이따위 시를 썼다면 萬里心과
같은 말이 등장할 리 없다. 누가 만리, 먼 세대 후에 최치원이 여자가 그
리워 이런 시를 썼다고 동정할 것인가?

　이상 하느님께서 새 나라를 세우려는 환숫께 주신 한울소리 [신진녹
도문 천부경]의 그림과 뜻, 역시 함께 내려주신 한울글자 '천부인 ㅇ ㅁ
△', 그리고 우리 조상들이 당시 쓰던 그림글자 금문과 역시 선조들이
그려 놓은 명마산 글씨바위의 글자, 그리고 최치원의 이두로 써진 81자
풀이로 [신지녹도문 진본 천부경] 해독을 하였다.

[참고자료Ⅲ] **한울사람 참사람이 가는 길**

먼젓번에는 한울글자(天符印)란 무엇이고 한울소리(天符經)는 무엇인가를 천부인 ㅇ ㅁ △ 으로 만든 우리 뿌리말, 환숫(桓雄)이 하느님으로부터 말씀으로 전해오신(口傳之書)그 말씀을 신지에게 명하여 쓴 신지녹도문(神誌鹿圖文) 천부경, 대략 5천년 전 청동기에 새겨진 금문, 그리고 최치원의 81자를 통하여 육하원칙으로 분석해 봤다.

그렇다면 이번에는 그 한울글자와 한울소리를 이용하며 살아가는 우리 '한울사람' 에 대해 말한다.

한울사람이란 하느님 말씀대로 자연섭리대로 살아가는 사람이고 이는 참사람이다.

요즘 아무리 과학이 발달했다 하나 과학은 일단 형이하(形而下)의 학문이고 이는 어떻게 하면 몸이 좀 더 편할까 하는 학문인데 사람은 '몸이 정신을 둘러서 만들어진 존재' 이니 그 옷에 불과한 몸만을 위한 과학은 인간의 심성을 점점 더 황폐화시켜 결국은 마약이나 자살 또는 묻지마 총질을 하게 되며 그렇지 않다 해도 결국은 자실하고 싶은 심성으로 불행하게 살아간다. 이는 사람은 아무리 컴퓨터, 핸드폰, 또 인공위성을 타고 하늘을 난다 해도 인간이 자연 섭리를 벗어나 살 수는 없기 때문이다.

글쓴이는 '사람은 신(神)의 자기 표현체' 라 했고 이는 신의 분신이며 신의 자녀라고 말했다. 이 신의 자녀들은 신의 섭리대로 살아야 하는데 이 신의 섭리란 바로 자연의 섭리이고 따라서 이 땅덩이는 물론 이 우주에서 자연의 섭리대로 살지 않는 생명은 있을 수가 없다.

그렇다면 지금 우리는 어떻게 살아야 할 것인가? 지금 우리가 원시인 대로 살 수는 없다. 온고이지신(溫故而知新), 즉 옛것을 참고하여 현재를 새롭게 하고 또 공자님의 만맥지방(灣貊之邦)에 가면 그곳의 풍습을 따르란 말과 같이 현재의 풍습은 따르되 근본은 지켜야 '참사람' 이다.

01 하늘 사람이란 참사람이다

참사람이란 지금까지 말했던 신의 분신인 사람이다. 따라서 참사람은 우선 내가 숨 쉬고 내가 사는 이 땅의 주인이 되어 이 땅을 기쁨으로 밝혀야 하니, 이 땅의 주인은 행복하고 건강해야 하며 고뇌가 없고 부자이어야 한다.

따라서 글쓴이 나름대로 참사람 길의 회원 기준을 정한다면, 절대 돈이나 명예나 권력이나 학력, 경력이 아니라 바로 성실한 이 땅의 주인만을 이 [신지녹도문 진본 천부경] 이론이 인정하는 참사람 길 회원이라 할 수 있다.

02 참사람이 해야 할 일

자신부터 이 지구상에서 어떤 신이나 기타 어떤 여건의 노예 노릇을 할 것이 아니라 자신이 직접 이 땅의 주인이 되어야 이 땅을 기쁨으로 밝힐 수 있다. 이는 뭐 목적이 거대한 것 같아도 자기 자신의 일만 성실히 하고 그 대가를 보지 않는다면 결과는 하늘, 즉 자연섭리가 알아서 한다.

03 참사람이란 어떤 조건의 노예라도 이 땅 주인으로 해방시켜야 한다

지금 인간은 이 땅의 주인이 아닌 어떤 조건의 노예가 너무 많다. 즉 어떤 종교에 세뇌당하여 본성을 잃는 경우가 너무 많은데 이는 지능, 학력 지위고하와 상관없다. 아니 지능이 높고 학력이 높을수록 더 당한다.

이 세뇌하는 자들의 예를 들면, 불상이나 부처를 팔아먹는 어떤 중의 노예, 인간이 만든 신을 위해 재산, 목숨까지 바치게 하는 자들의 노예, 역시 자신의 권력을 위해 인간이 만든 신을 팔아 자살폭탄을 지게 하는 자들의 노예, 사형기구인 십자가나 그 예수를 팔아 배불리는 자들의 노예, 밝달임금(檀君)과 민족을 팔며 이두로 써진 최치원의 81자를 역시 이두로 풀지 않고 한자 뜻으로 풀며 一始無始一 一終無終一 하고 뜻도 모르는 채 외우게 하고 자신만 구세주 노릇을 하는 자의 노예 … 등등.

그 외 돈의 노예, 요즘 어느 정치인 같은 권력의 노예, 물질의 노예, 몸뚱이의 노예, 약물과 의사의 노예, 명예의 노예, 인기의 노예, 도박의 노예, 마약의 노예 등등 참으로 많다.

따라서 참사람 길 회원의 의무는 이들에게 자신의 성실함만을 보여주며, 그들 생각과 생활이 노예일 뿐 참사람이 아니라는 것만 자신의 행동을 통해서알려주면 된다. 이렇게 자기 할 일만 다 하면 그 결과는 하늘께 맡겨야 한다.

04 높은 산에 있는 나무가 더 높아지려고 더 자라면 벼락을 맞는다

참사람 길을 가는 사람은 누구를 가르친다 해도 가르치는 이는 가르침을 받는 이보다 절대 높은 자리에 앉으려 하면 안 된다. 즉 자연의 섭리조차 모르는 놈은 자신을 구세주니 교주니 잘난 체 존경을 받고 싶어 하지만 이는 자연의 섭리부터 모르는, 가르침을 받는 자보다 못한 놈이다.

나무가 높으면 바람타기가 쉽고 높은 산에 있는 나무가 더 높게 자라면 벼락을 맞는 것이 자연 섭리다. 따라서 나무나 사람은 키를 높이기보다 그 뿌리를 깊게 하고 또 넓혀야 한다.

노자는 상선약수(上善若水)라 했고 예수는 낮은 데로 임하라 했다. 따라서 참사람의 길을 가는 사람은 높은 체하는 자를 경계하란 말이다.

05 참사람의 자격

1) 우선 건강해야 한다

왜 이 땅의 주인이 어떤 병에 걸릴 수가 있는가? 전에 어떤 병이 있더라도 현재는 건강해야 하며, 만약 또 어떤 병에 걸리면 이는 자연섭리인 '진본 천부경 수행의 길' 을 걷지 않는다는 말이다. 현재 건강이 좋지 않은 분들이라도 항상 즐겁게 웃으며 '해오름관법' 과 '밝달춤' 을 추면 일생을 건강하게 살다 신선이 되어 하늘나라로 올라간다. 이 웃는 방법과 해오름관법, 밝달춤은 아래에서 상세히 설명한다.

2) 참사람 길 회원은 어떤 고뇌가 있어서도 안 된다

왜 이 땅의 주인이 행복해야 하지 불행하여 고뇌에 빠질 수가 있는가? 전에 어떤 고뇌가 있었더라도 현재는 아무런 고뇌가 없이 이 땅위에서 즐겁게 살아야 한다. 만약 어떤 고뇌가 생긴다면 이도 [신지녹도문 진본 천부경] 수행을 하지 않는 분이다. 그 고뇌가 있는 분은 6.25때 남편은 군에 끌려가고 임신한 몸으로 중풍 걸린 시어머니를 모시고 빈손으로 부산에 피난 가 6개월 만에 대재벌이 되는 [넘새누나의 부자 되는 길]이나 역시 빈손으로 갑부가 되는 [오륙도가 하나로 보일 때 원죄의 사슬이 풀리리라], 그리고 '참나' 란 무엇인가를 원론적으로 밝히는 [참나와의 만남], 등 글쓴이 카페에 공개되어 있는 글을 정독하고 해오름관법을 하면 된다.

3) 참사람 길 회원은 부자이어야 한다

왜 이 땅의 주인이 가난할 수가 있는가? 부자는 돈으로 계산할 수 없다. 이 [신지녹도문 진본 천부경]에서 보았듯이 자신부터 열심히 일해서 처자식 먹여 살리며 부족함이 없게 하고 다음 씨족, 부족, 사회, 국가를 부강하게 해야 한다. 즉 자신은 쪽박을 차고 다니는 주제에 남부터 돕는다는 것은 부처, 예수의 말은 될망정 하느님 교훈은 아니고 자연 섭리인 동물들도 그러지는 않는다.

부자란 대단한 것이 아니다. 처자식을 배불려 먹이면 탈세하는 모 재벌 회장보다 더 부자다. 탈세하는 회장은 모자라는 것이 많아 탈세하는 것이다. 따라서 가난한 사람은 자연섭리인 [신지녹도문 진본 천부경] 수행을 하지 않는다는 말이다. 만약 현재 부자가 아니면, 또는 부자가 되고 싶은 분은 [넘새누나의 부자 되는 길]이나 [오류도가 하나로 보일 때…] 등을 정독하고 해오름 관법을 해보시라.

4) 참사람 길 회원은 돈 안 들이고 남을 도울 줄 알아야 한다

돈 들여 남을 도우면 그는 자만심이 생기고, 자신의 노력 없이 돈이면 다 된다는 생각을 가진 돈의 노예를 만들 뿐이니 천부경 수행을 하지 않는다는 말이다.

5) 자신의 웃음과 즐거움을 이웃에게 전염시킬 줄 알아야 한다

'참 나는 바로 우리' 이다. 자신만 즐기고 있다면 이도 자연섭리인 [신지녹도문 진본 천부경] 수행을 하고 있지 않다는 말이다. 따라서 참사람 길에 동참하신 분은 될 수 있는 한 많은 분에게 이 참사람 길을 전파하여 그들도 행복하게 해줘야 한다. 이에 대해서는 [넘새 누나의 부자 되는 길] 등을 정독해보시라.

6) 돈으로 이웃의 환심을 사려 하는 것은 천부경 수행의 길이 아니다

행동으로만 보여야 한다. 돈은 아무리 많이 퍼주어도 이것이 자신의 우월감에서 나온 자선이라면 자신의 가오다시(우리말)일 뿐이다.

7) 참사람 길 회원은 가난한 자들에게 잡은 고기를 주지 말고 잡
는 법을 가르쳐야 한다

이도 다 [넘새누나의 부자 되는 길]이나 [오류도…]에 쓰여 있다.

8) 각자 개성이 있는 것은 좋은데 땅고집은 천부경 수행이 아니
고 참사람 길 회원도 아니다

이는 참나가 뭔지 모르니 [참나와의 만남]을 정독해 보시라.

9) 참사람 길 회원이 모르고 손가락 들면 손가락이 잘린다

"산은 산이요 물은 물"인 것은 원시 같으면 그대로 삶의 길인 도이나,
지금은 선악과 타락으로 말과 글자가 생겼으니 "산은 산이 아니고 물은
물이 아니며, 산은 물이고 물은 산인 것"을 안 다음에 "산은 산이요 물
은 물"이라 해야 하지 자연 섭리가 아닌 자신의 편파된 지식으로 아는
체하고 손가락을 들었다가는 자연 섭리는 그 손가락을 잘라 버린다.

10) 하느님과 핸드폰 통화 정도는 할 줄 알아야 한다

자기 운을 자신이 만들 줄 알아야 한다는 말인데. 이는 아래에 제시되
는 [해오름관법] 정도만 숙달하면 얼마든지 할 수 있다.

11) 절대 반골이어서는 안 된다

반골이란 자연 섭리에 벗어나 아무 대책도 세우지 못하면서 현 상황
을 짜증내고 부정하는 자들이다. 즉 날씨가 더우면 그저 짜증이나 내며
하느님만 원망하는 것은 반골이고, 부채라도 만들어 그 더위에 대처할
줄 아는 사람은 반골이 아닌데 이는 정치 싸움을 선동하는 자들에게 논

리도 따지지 않고 뇌화부동하는 자들도 마찬가지이다.

12) 참사람 길 회원은 누가 명하는 것도 아니고 카페회원 등업처럼 신청했다고 누가 받아주는 것도 아니다

자신이 나도 참사람이 되겠다고 자기 양심에 자기 선언을 하고 그 길만 걸어가면 된다.

13) 이 참사람 길 회원에 많이 동참하시라

남 눈치 보지 말고 우선 자기 선언부터 하는 용기쯤은 가지라! 자신의 블로그나 글쓴이 카페에라도 이 자기 선언을 하는 것이 바로 참사람 길에 동참하는 것인데 이는 생각만 하고 있는 것이 아니라 행동으로 옮겨야 자기 선언이 되며 이 자기 선언을 하면 자신이 자신의 양심을 속일 수 없으니 그 선언을 따라가지 않을 수 없다.

14) 참사람 길 회원의 징계

참사람 길 회원의 징계는 누가 하는 게 아니라 자신의 양심이 한다. 아무리 참사람 회원으로 자인한다 하더라도 위 사항에서 위배된다면 이는 천부경 수행하는 자가 아니며 이 땅의 주인도 아니니 그 참사람 길 회원 자격을 잃은 것이고, 이는 자신의 양심으로부터 자격을 박탈당하는 것이다.

참사람 수행의 세 가지 조건

위 긴 말들은 참사람의 기본 원리이고 글쓴이는 이를 수행하기 위하여 3가지만 말한다.

1) 믿음의 줄을 잘 서야 한다

우리가 어떤 줄을 설 때는 그 줄이 좋은지 나쁜지 우선 원리부터 잘 보아야 하는데 종교는 믿음이라 하여 그 교리의 옳고 그름은 알아보지도 않고 잘못 줄을 서다가는 그 교주에게 세뇌당하여 자신의 재산을 다 바치고도 나중엔 목숨까지 바쳐야 한다. 따라서 그 믿음의 원리가 이 땅의 자연섭리와 맞는지 따져보고 줄을 서야 한다.

2) 해오름 관법으로 자신의 복은 자신이 만든다

한자에서 見이나 示는 육안으로 보는 것이다. 그러나 마음속으로 보는 것은 관(觀) 자를 쓰므로 말의 복잡을 피하여 해오름 관법이라 하자.

하느님이 새로 나라를 세우려는 환숫께 새나라 백성인 우리가 써야 할 우리말과 글자가 되는 천부인 ㅇ ㅁ ㅿ 과 함께 내려주신 [진본 천부경]은 "하나 둘 셋 … 열"이고 여기서 처음 등장하는 '하나'는 바로 햇빛이었음은 이미 밝혔다.

이를 최치원은 本心本太陽昻明, 즉 본심은 햇숫음에 근본을 하고 또 그래서 人中天地一, 즉 사람 가운에 천지의 빛이 있다 했으므로 이 햇빛은 인간의 근본이 된다.

또 우리가 혹 음험한 곳에 가더라도 빛만 있으면 안심이니 이는 불안한 생각을 하다가도 밝은 해의 솟음만 생각한다면 그 불안한 마음은 순간적으로 사라진다.

즉 어둠은 백만년이 싸여 있다 해도 이는 실재가 아니고 단 "빛의 없음"이니 빛이 비치는 순간 그 어둠은 순간적으로 없어지기 때문에 글쓴이는 좌선 중 [해오름 관법]을 하자는 것이다.

부처 불상이나, 예수 십자가에는 아무리 큰돈을 바치고 울고불고 복을 기원해 봐야 그 존재는 복을 줄 실력도 없고 또 만약 준다면 그 존재는 자신한테 아첨이나 하는 자에게만 복을 주니 그런 神이 있다면 이는 하급 신에 불과하며 또 그분들은 그런 말을 한 적도 없으니 이는 그들을 팔아 돈을 버는 자들의 사기이고 그들 배만 불릴 뿐이다.

이 불상, 또는 예수님께 돈을 바치고 복을 받을 수도 있다 해도 이는 부처가 말했듯이 "일체는 유심소조(一切唯心所造), 즉 모든 존재는 마음먹기 나름"이고 또 예수님 말씀 "겨자씨알만한 믿음만 있다면 이 산을 뽑아 저기로 옮길 수 있다"는 말처럼 그 믿음대로 되는 것인데 이 믿음이란 우리의 표층의식(表層意識)이 아니라 잠재의식(潛在意識)이다.

즉 우리의 표층의식은 빙산이 바닷물 밖으로 나온 부분 같고 잠재의식은 그 바닷물에 잠긴 부분같이 거대한 것과 같다.

그러나 또한 표층의식은 기관사 같으니 운전을 할 줄 알고 잠재의식은 기관차같이 힘은 있으나 기사가 가자는 대로 갈 수밖에 없는 존재다.

따라서 참사람들은 복을 바랄 때 초월명상(超越冥想)처럼 표층의식을 다 잠재우지 말고 그 한끝은 남겨두어 바라는 바를 생각하고 그것이 성취된 영상까지 봐야 한다.

그러나 이때 생각을 하지 않으려면 더 잡생각이 들므로 정신일도(精神

一到) 하기 위해서는 '저 동해에서 해가 솟는 영상' 을 봐야 한다.

왜 하필 해인가 하면 해는 바로 위에서 말한 우리 생명의 근원이고 모든 어둠을 밝혀주기 때문에 아무리 어둡고 불안한 생각이 들더라도 이 해만 명상하면 순간에 그 어둡고 불안한 생각은 자취를 감추기 때문이다.

그러나 여기서 주의할 점은 이 명상을 하면 혹 어떤 사람은 마가 낀다. 즉 하느님, 용왕님 또는 어떤 신이 영상이나 소리로 나타나 자신에게 명령하는 수가 있다. 그러나 이 모든 것들은 모두 잡신이니 이 잡것을 따랐다가는 정신병원에 가야 하므로 이런 때는 즉시 깨어나야 하고 선배의 지도를 받아야 한다.

이 동해의 해가 솟는 것을 보며 명상에 드는 것을 글쓴이는 '해오름 관법' 이라 하는데 이 해오름 관법을 하고는 그대로 바라는 대로 된다고 감나무 밑에서 입만 벌리고 있어서는 안 된다. 즉 그 일이 성취될 일과 순서도 함께 생각하는 것이다.

이를 예로 들면 태권도 수련도 하지 않은 놈이 주먹으로 바위를 깬다고 바라면 잠재의식이 믿기 전 표층의식이 먼저 거짓말이라고 부정할 테니 먼저 표층의식부터 믿게 매일 주먹으로 돌 깨는 연습부터 해야 하고 만약 돈 10억을 모으고 싶다면 우선 무슨 일을 어떻게 해서 일 년에 천만원을 모을까부터 생각해 두어야 한다.

즉 돈은 돈을 버는 법이고 돈 버는 법은 인공위성을 쏘는 것과 같아 처음에 지상 몇백 미터 올라가는 데는 연료가 많이 소비되고 힘이 드나 얼마를 올라가면 작은 연료로도 궤도에 올라가듯 처음에 한 푼 없던 놈이 일 년에 천만원만 모을 수만 있다면 돈이 돈을 벌어 다음해에는 2천, 또 다음해에는 5천 또 다음해에는 1억 또 다음해에는 3억 또 다음해에는….

결국 10년 안으로 10억이 되니 해오름 관법을 할 때 그 순서대로 된다고 생각하고 평소에도 그 꿈대로 행동하란 말이다.

이것은 처음에는 잘 되지 않으나 숙달하면 잘 되고 불상처럼 수인(手印)까지 하면 심지어 버스를 타고 서서 가면서도 할 수 있다.

이렇게 해오름 관법을 하면 요즘 각종 난치병, 특히 암 같은 질병도 예방할 수가 있다. 즉 현대의학에서는 무엇을 먹으면 그것은 발암물질이라고 경계를 하는데 암 등 난치병은 음식에 발암물질이 있어서 일어나는 것보다 그 사람의 스트레스를 풀지 못하면 일어난다.

여기 지금 노망, 치매에 걸린 할머니가 있다고 하자. 그는 자식 손자가 누군지 모르며 닭처럼 잡아먹을 수 있는 동물로 보일 뿐 아니라 똥을 싸서 벽에 문지른다.

이런 할머니가 위생적 식사를 할 수가 있단 말인가? 주위에서는 빨리 돌아가셨으면 하나 밥은 더 먹고 건강할 뿐 아니라 그 흔한 암에 걸리는 것 보았는가? 이 치매에 걸리는 원인을 현대 의학에서는 풀지 못하고 있지만 자연섭리, 즉 神의 섭리로 보면 사람은 태어날 때 자신이 어디서 왔는지, 누구인 줄도 모르듯 갈 때도 누구인 줄 모르게 데려가려 할 것이다.

그렇다면 늙으면 자신의 모든 것을 버리고 망각할 줄 알아야 하는데 계속 자신의 베개 속에 감추어둔 몇만 원이나 자식에 집착하고 있으면 神은 치매라는 수단을 쓸 수밖에 없고 이는 神의 자비라고 볼 수도 있다.

이 세상에서 가장 스트레스가 없는 사람이 누구일까? 보나마나 노망 걸린 할머니이다. 그저 잘못된 판단이라도 자기가 하고 싶은 대로 하니 스트레스가 있을 수 없어 암에 걸리지 않는 것이다.

그러나 정상인은 이 세상에 살면서 자기 뜻대로 되는 것이 별로 없으니 스트레스가 걸리지 않을 수가 없는데 현명한 분들은 이 스트레스가 쌓이기 전에 풀어 버릴 줄 안다. 그리고 이는 밝달춤과 같이 하면 더 좋다.

3) 웃음과 밝달춤으로 자신의 영혼과 몸의 스트레스를 푼다

색심일여(色心一如), 즉 마음과 몸은 같다는 말인데 이는 마음이 아프면 몸도 아프고 몸이 아프면 마음도 아프며 마음이 즐거우면 몸도…. 몸이 즐거우면 마음도 즐겁다는 말이니 이 말이 의심이 가면 한번 우울할 때 화장실에라도 가서 미친놈처럼 한번 웃어보라. 그 웃는 순간만은 우울했던 마음까지 즐거워진다.

(1) 웃음의 효과

2010. 6. 11. KBS1 '무엇이든 물어보세요' 시간에 서울대 가정의학과 모 여교수가 웃음으로 치료한 사례를 들면서 웃음은 만병통치약이라는 강의를 한 시간 동안 했다.

그 교수는 우선 암 수술 후 방사선이나 각종 약 치료 등으로 침샘이 고갈되어 사경을 헤매든 사람을 웃음 요법으로 치료한 사례서부터 그 교수의 아버지가 과도한 비만에다 암까지 걸려 사경을 헤맬 때 웃음 요법으로 암도 완치, 현재는 청년 같은 생활을 한다는 말로 시작했다.

- 활력소가 생긴다.
- 암 등 난치병의 예방과 치료
- 동안(童顏)과 같이 피부가 아름다워진다.
- 웃음은 주위 사람을 행복하게 하는데 특히 가족의 행복 전파한다.
- 치매 환자는 웃음이 없는데 웃음 요법으로 치매를 예방할 수 있다.

- 비만 예방효과
- 즐거우면 안 먹어도 배고프지 않은데 예를 들면 손자를 봤을 때 등 즐거우면 끼니가 되도 배고픈 줄 모른다.
- 한번 웃음은 윗 몸 일으키기 25회 효과
- 잠시 웃음은 100m 뛴 효과.

(2) 웃음 효과 임상실험 결과

- 혈액이 빨라져 심장 박동이 좋아진다.
- 암세포를 죽이는 NK 세포 강화로 면역기능 강화
- 침샘 강화로 소화나 위장 건강
- 웃으면 스트레스 지수 현저하게 낮아진다.
- 싸울 때 교감신경 흥분으로 아드레날린이 분비되나 웃으면 엔돌핀 분비로 교감신경 이완되어 평온해지고 건강해진다.
- 통증완화작용. 웃으면 마약의 10배가 되는 엔돌핀 분비
- 55세 된 여성 환자는 폐암이 위장이나 내분비계까지 전이되어 수술 불능으로 육신의 고통은 물론 마음의 고통까지 더한 시한부 삶을 살고 있었으나 웃음 교실에서 거의 완치.

(3) 억지로라도 웃는 방법

- 마음이 즐겁지 않아도 억지로라도 웃으면 마음도 즐거워진다.
- 거울아 거울아 세상에서 누가 젤 이쁘니? 내가 백설공주보다 이쁘지? 하하하.
- 전신을 쓰다듬으며 자기 몸을 사랑하라는데 글쓴이가 주를 단다면 영혼인 정신을 날아가지 않게 두르고 있느라고 수고가 많다라고 하며 전신을 쓰다듬는다.

- 눈꼬리를 올리고 웃어본다(즐거운 표정).

- 눈꼬리를 내리고 웃어본다(바보 같은 표정).

- 입꼬리를 올리고 웃어본다(즐거운 표정).

- 입꼬리를 내리고 웃어본다(우울한 표정).

- 혀를 내밀고 냇 냇 냇 냇 등을 하다 보면 자기 꼴이 우스워 웃게 된다.

(4) 웃음의 여러 가지 방법

- 기마 자세로 손을 떨며 어르르르 어르르르 웃는다.

- 보통으로 박수를 치면서 웃는다.

- 박장대소로 크게 손뼉을 치면서 웃는다.

- 손가락 박수로 손가락을 마주치며

- 손등 박수로 손등을 마주치며

- 주먹박수로 주먹을 쥐고 주먹끼리…

- 오십견 예방 박수로 앞으로 박수 한 번 치고, 목뒤로 박수 한 번 연속
  하기

(5) 주의 사항

웃으면 활력이 생기므로 심한 우울증 환자를 가족이 웃음 교실에 데리고 강제로 웃게 시키다 보면 죽을 용기도 없어 죽지 못하던 우울증 환자가 용기가 생겨 자살할 수도 있다.

(6) 통증은 내 마음이 만들어 내니 웃으면 통증도 사라진다

이 통증은 마음이 만든다는 말은 위 서울대 교수도 간단하게 말했지만 글쓴이가 전에 썼던 글을 인용 구체적으로 말한다면,

간호사가 왼쪽 엉덩이에 주사를 놓을 때 바른쪽 엉덩이를 때리고 놓

는 것은 바른쪽 엉덩이를 얻어맞는 순간 감각이 오른쪽 엉덩이로 가기 때문이고 손가락 끝에 가시가 찔려 아플 경우 만약 몽둥이로 다른 부위를 때린다면 손가락 끝의 통증은 순간적으로 사라진다.

이는 마음의 아픔도 마찬가지인데 돈 만원을 잃어 버렸을 경우 속이 쓰리다가 아들이 교통사고를 당해 죽었다는 전화를 받으면 돈 만원 잃은 쓰린 감정은 사라지고 기절할 것 같은 마음으로 병원에 달려가게 된다.

그러나 막상병원에 당도해 확인해 보면 그 아이는 자기 자식이 아님을 알 때 그 기절할 것 같았던 마음의 아픔은 사라진다.

또 삼국지를 읽어 보면 관우가 팔에 화살을 맞고 수술을 할 때 살을 가르고 뼈까지 긁어내는 수술은 다른 사람 같으면 입에 나무토막이라도 물고 수술했을 것이나 관우는 그냥 여전히 바둑이나 두며 수술을 받았다고 하는데 이 이야기는 영웅을 위대하게 묘사한 소설이라기보다 그는 마음을 다른 곳으로 돌릴 줄 알았다고 볼 수 있다.

따라서 통증이란 것도 다 마음이 만들어 내는 것이라 볼 수 있으니 내가 어떤 병에 걸렸다고 노심초사하면 육신이나 말음의 아픔은 더할 뿐이니 억지로라도 웃어야 한다.

(7) 한국인이 잘 웃지 않는 이유

- 유교의 존엄해야 한다는 사상
- 웃는 사람은 가볍게 본다는 사상
- 웃을 일이 있어도 머리(생각)로 웃고 몸으로 웃지는 않으며 박장대소를 하는 사람은 경솔한 사람이라 보는 생각.

이 말에 글쓴이가 [신지녹도문 진본 천부경]을 인용하여 말한다면 위는 자연섭리를 모르는 중국의 유교 사상 때문으로 본다. 즉 인간의 병은 외상을 제외하고는 스트레스를 풀지 못하는 것이 그 원인이다.

즉 육신은 정신인 혼을 둘러싸 만들어진 존재로 신과 같이 즐겁던 정신은 그 육신 속에서 감옥살이를 하며 그 육신의 하는 일에 따라갈 수밖에 없고 그러자니 자연 스트레스에 걸릴 수밖에 없으며 이 스트레스를 푸는 방법은 그 정신이 가끔 외출을 해야 하는데 그 외출이란 신나게 웃고 밝달춤을 추는 일이다.

따라서 신나게 춤을 추거나 웃다 보면 스트레스는 자연 해소되니 만병을 예방 치료하는 방법은 웃고 뛰는 수밖에 없는데 유교 사상은 예의만 강조하다보니 인간의 본성을 왜곡하고 있다.

이 땅의 모든 생명은 자연 섭리로 살아가는데 중국인들은 그 자연섭리를 인위적으로 만든 도덕과 예의라는 것으로 억누르고 있다.

이는 또 이 땅이 만들어진 목적은 생명의 번식이고 사람도 예외는 아닌데 중국인들은 성을 가장 더러운 것으로 만들어 여음이라는 글자가 모두 주검 尸 아래에 있고 심지어 여성의 생리를 "더러운 이슬" 이라 하니 우리도 그 문화를 받아들여 동네 대동제나 심마니들이 산으로 산삼을 캐러 갈 때도 혹 그 부인이 생리를 할까봐 집에서 나와 남자들끼리 지낸다.

이렇게 자연 섭리를 무시하는 중국에서는 당연히 웃음을 천박한 것으로 여기고 우리도 그 문화를 본받아 웃는 사람을 천박하게 보는 것이다.

(8) 웃을 여유가 없다

웃을 여유가 없다는 말은 참으로 오만하고 미련한 생각이다. 우리가 일상생활에서 같은 일을 하면서 웃으면 남도 즐겁고 자신도 즐거워진다. 그렇다면 웃을 여유가 없다는 말은 남에게 즐거움도 줄 수 없고 자신에게도 즐거움을 줄 수 없다는 말이니 이 얼마나 자만이고 미련한 생각인가?

(9) 마음이 즐겁지 않은데 어떻게 웃을 수 있나?

왜 즐겁지 않은가? 사흘을 굶다가 죽 한 그릇을 먹어야 즐거운가? 물한 모금 없는 열사의 사막에서 헤매거나 영하 50도 이하에서 동사하기전 구출돼 봐야 즐거울 것인가?

이 모두 현재 너무 행복한 환경 속에 있으니 즐거움을 모른다. 즉 즐거워 웃는 게 아니라 웃다 보니 즐거워지는 것이다.

(10) 불행한 것은 순전히 남편이나 그 밖의 외부 원인 때문이다

이 세상 일어나는 모든 일은 자신의 탓 때문이다. 흔히 암 등 어떤 병에 걸려도 다 남편 탓이라는 사람은 당연히 이 자연계에서 살 수 없으니암 등에 걸려 일찍 죽게 한다.

(11) 현대인은 뛰지 않으니 불치병이 생긴다

2008. 2. 4. KBS1의 아침마당에 출연한 외과의 전홍준 박사는 국내 유명대학병원은 물론 외국 유명대학병원에서도 직접 집도를 했고 강의도30 년 이상 했는데 이제는 수술의 한계에 부딪쳐 대체의학으로 발길을돌렸고 그간 그 대체의학으로 양의 학이 따라갈 수 없는 너무나 많은신비한 일을 겪었기 때문에 KBS1 아침마당에 출연해 그 사실을 밝히려한다 했다.

즉 그 유명한 외과 의사가 그 수술이나 방사선, 또는 약으로 환자를치료하다가 죽인 예가 너무 많아 회의를 느끼다가 외국에 갔을 때 역시 유명 외과의사이었던 사람들이 수술을 때려치우고 대체의학을 하고 있다기에 찾아가 보았다고 했다.

그때 그 선배 대체의학 의사가 우선 묻는 말은 "당신 외과수술로 얼마나 많은 환자를 치료했는가?" 하는 질문이었단다. 그는 물론 초기 암 같은 것은 수술하면 그때는 낫는 것 같았다. 그러나 역시 재발률이 높은데 그러므로 그 환자에게 항상 무엇을 조심해서 먹어야 하는 등등 주의를 주었고 그 환자는 그래서 공포에 살 수밖에 없는데도 결국 암은 다시 그곳은 물론 다른 곳에서도 나타나고 결국은 죽는데 그는 처음에는 그 이유를 몰랐다고 이실직고 했단다.

그러자 그 선배 대체의학자는 자기가 대체의학으로 치료한 기록을 모두 보여 주는데 그들은 모두 현대의학으로는 더 이상 손을 쓸 수 없는 말기환자들뿐이라는 진단서와 이제는 완쾌했다는 진단서 등 증거까지 제시했다는 것이다.

그렇다면 왜 서양의술로는 치료되지 않던 병이 대체의학으로는 치료되는가? 그는 그 이유를 대체의학을 공부한 뒤로부터 알았는데 그의 말은 웅덩이에 썩은 물이 고여 있으면 그 물에는 각종 해충과 세균이 있으니 그 물에 독약 등을 쳐 그 해충이나 균을 죽이는 것이 바로 수술 등 서양의학이라는 것이다.

따라서 그 독약기가 사라지면 그 썩은 물에서는 당연히 다시 해충이나 세균이 발생하는 것이 바로 재발이라는 것이다. 그러나 대체의학은 그 썩은 물이 고여 있지 않게 물을 유통시켜 주는 것이니 병이 날 리도 없고 이미 낫던 병도 그 대체의학 치료로는 재발할 수 없다는 것이다.

결국 그도 그간 대체 의학을 공부하여 치료한 말기 환자를 예를 드는데 간암, 유방암 등 하나같이 더 이상 손을 댈 수 없는 말기 환자뿐이었고 이제는 완쾌되었다는 것인데 이 대체의학 교실은 놀랍게도 어떤 특별한 치료가 아니라 그저 웃고 떠들고 디스코 같은 춤을 추는 것이라 했다.

또 요금 SBS에서 방영한 "산에서 암을 고친 사람들"을 보면 그들은 하나같이 서울 좋은 직장 좋은 자리에서 잘 살았으나 암 말기에 걸려 전기불도 들어오지 않는 산으로 들어온 사람들이니 무소유 무집착에 즐겁게 땀 흘리며 등산, 장작 패기 등을 하다 보니 암이 완치되었다는 사람도 많았다는 것이다.

(12) 암 등 불치병은 왜 일어나는가?

글쓴이가 전에부터 수없이 하던 말이다.

인간이 이 지구상에 태어난 지가 15만년, 30만년, 50만년 학자들 말은 다 다르지만 분명한 것은 인간은 두뇌 이외에 다른 동물에 비해 아무런 무기도 없다. 따라서 원시 인간은 사자, 호랑이 등이 나타나면 걸음아 나 살려라 하고 뛰었을 것이며 사슴이나 토끼를 보면 잡아먹으려고 또 뛰면서 살았을 것이다. 따라서 인간의 유전자는 뛰어야 살 수 있게 설계된 것이고 이 유전자는 그대로 우리에게 전수되었다고 본다.

그렇다면 현재 과학이 발달, 자동차가 생기고 집집마다 자가용이 있으니 현대인은 불과 500미터도 걷지 못하고 자가용을 타는데 이를 예로 들면 글쓴이 사는 집은 일단 빌딩이고 아래층에는 이발소, 미장원이 세 들어 있다. 그런데 불과 500미터도 떨어지지 않은 곳에 아파트 단지가 있고 그 부인들이 미장원에 오려면 자가용을 끌고 와 주차 전쟁을 벌인다.

그렇다면 그 부인들은 그만큼 편하니 건강한가? 말을 들어보면 멀쩡한 사람은 하나도 없이 여기저기가 다 아프며 심지어 암등 난치병에 걸린 사람도 많단다.

난치병의 원인은 바로 스트레스다. 스트레스는 정신의 문제이나 이 정신이 문제가 있으면 그 세포까지 영향을 받는다. 즉 우리 몸은 수조 개의 세포로 구성되어 있으나 그 세포가 우리 몸의 특수 기관에서 감수분열(減數分裂)하면 난자, 정자가 되어 새 생명이 태어나니 그 세포 하나하나도 엄연한 생명체이고 그 세포 속에도 천지를 창조하고 파괴시킬 수 있는 지능이 들어 있는 하나의 개체 생명체이기도 하다.

이 세포들은 나이 등 여건에 따라 약간씩 다르지만 보통 피부세포는 수명이 3개월 정도이나 뼈의 세포는 5년이나 가는 수도 있는데 그 세포 하나가 수명이 다해 죽어 소변 등으로 빠져 나가면 옆에 있던 세포가 분열하여 빈자리를 메워 주고 더 이상 분열 증식을 하지는 않는단다.

그러나 정신에 스트레스가 쌓이고 이를 풀어주지 못하여 우리 전체 몸을 총괄하는 곳과 통신이 두절되면 지방에서 반란이 일어나듯 이 개체세포도 제멋대로 분열 증식하여 자신들의 세력을 넓히니 이것이 바로 암 세포란다.

이 암 세포는 건강한 사람이라도 하루에 수만 개씩 생성한단다. 그러나 스트레스가 없는 사람은 이 제멋대로 증식하는 암 세포를 죽여 없애는 유전자도 활발하게 작용하여 우리는 건강하나 스트레스를 풀지 못하면 암 등 난치병에 걸릴 수밖에 없는 것이다.

따라서 우리는 생활을 하면서 스트레스를 받지 않을 수가 없는데 이 스트레스를 풀어 암 세포번식을 막자면 많이 웃고 많이 뛰면서 땀 흘리고 욕심과 집착은 버려야 하는데 이 스트레스를 해소하고 땀 흘리는 방법 중 가장 좋은 것이 바로 웃음과 밝달춤이라고 글쓴이는 단언한다.

밝달 춤이란 무엇인가? 밝달임금 때는 악기도 그저 징, 북, 꽹과리 등 단순한 것들뿐이었을 것이고 이것의 연주자도 삼국유사에 쓰여 있듯이

환웅이 데리고 와 인간의 모든 일과 병을 고쳤다는 징잡이 풍백(風伯), 북
잡이 운사(雲師), 꽹가리 잡이 우사(雨師)로 이어졌을 것인데(이 부분의 자
세한 이론은 글쓴이 카페 '한겨레 산하' 나 명마산 글씨바위 등의 흔적 해독, 자
유토론방 등에 많이 올려져 있음) 여기서 글쓴이가 말하고자 하는 것은 그
원시 음악과 단순한 춤이 바로 인간의 모든 질병을 치료했다는 말이다.

또 밝달임금의 앗선(첫조선)이 한나라에 망하자 당시 유식하다는 선비
들은 다 한나라에 붙어 그 한나라를 섬겼을 것이나 밝달임금의 도를 지
키던 자들은 그 한나라보다 오히려 한나라에 빌붙은 선비들에 의해 배
척을 당했고 그래서 그들은 밝달임금의 도를 이어받은 세습무나 또는
음악과 춤으로 병을 고쳐주는 풍각쟁이, 남사당패로 전락했는데 이 풍
각쟁이는 우리 역사를 통하여 그렇게 괄시를 받았어도 면면히 이어져
지금도 대체의학으로 쓰이고 있는 단체가 있다.

또 남사당패도 그렇지만 각설이패도 그냥 밥이나 빌어먹는 것이 아니
라 장타령 등 음악과 춤을 추어주고 밥을 얻어먹었으니 이 증거는 6.25
전후, 글쓴이가 어렸을 때만 해도 누가 아프면 우선 무당이나 풍각쟁이,
하다못해 각설이 패라도 찾았고 그들과 한나절 춤을 추다 보면 그 병이
다 낫는 것이었다. 따라서 인간은 파장의 진동으로 만들어진 존재이니
어떤 병이 나도 그 파장의 리듬으로 고칠 수 있다는 것이다.

또 이 말은 창세기에도 나온다, 즉 창세기 일장 천지창조에 "하나님이
빛이 있으라 하심에 빛이 있었고…"

여기서 빛은 현재 태양빛이 아니다. 태양은 넷째 날에나 만들어지기
때문이다. 그렇다면 처음 빛이란 생명의 빛이며 또 그 하나님 말씀이란
한국어나 영어나 히브리어가 아니라 일종의 파장, 파동이란 말이다.

따라서 옛 성인들이 영감으로 쓴 창세기만 보더라도 사람의 정신이나

몸 등은 파동으로 만들어졌다는 말이니 그 파동 리듬에 따라 춤을 춰야 하는 것이 인간의 본능이다.

이렇게 사람이 웃고 뛰면 스트레스가 풀린다는 이론은 한편 최첨단 과학이기도 하다. 즉 우리 몸은 원자로 이루어졌고 이 원자를 분해하면 전자나 원자핵 등 소립자가 나오는데 이 소립자를 더 분해하면 6개의 쿼크가 된다는 것이 현재까지의 물질과학이다. 그런데 이 쿼크란 엄밀히 말해서 물질이라기보다는 일종의 파장이며 진동이다. 그렇다면 이 세상만물은 다 이 파장과 진동으로 이루어졌다. 그러나 이 파장은 제멋대로 불규칙한 것이 아니라 일정한 리듬과 조화가 있는데 이는 눈이나 얼음의 결빙 상태의 아름다움만 봐도 안다. 따라서 이 세상 만물은 바로 아름다운 리듬의 파장, 즉 율려로 이루어진 것이니 이 리듬을 따라 춤을 추는 것이 바로 자연섭리인 밝달춤이 된다.

밝달춤이란 뭐 어려운 것도 아니다. 밝달춤이란 요즘 고급 사교춤이 아니라 우리 농악과 같이 치뛰고 내리뛰는 막춤이었을 것이니 요즘말로 디스코면 된다. 이 밝달춤을 추다보면 평소 쓰지 않던 근육도 쓰니 신체 건강도 좋고 또 신나게 추다보면 우리 농악 춤을 볼 때 신이나 어깨가 들썩거리듯 신이 오르는데 이 "신난다", "신이 오른다"는 말을 유의해 볼 필요가 있다.

먼저 이 한울소리 신지녹도문 [진본 천부경]에서 보았듯이 우리는 하늘의 정기를 물질인 몸으로 둘러싸서 만들어진 존재이다.

따라서 이 하늘인 정신은 물질인 육신에 물질의 섭리대로 따를 수밖에 없는 감옥살이를 하고 있고 이 감옥살이는 스트레스가 될 수밖에 없다.

이 정신을 외출시키려면 신나는 짓, 또는 신 오르는 짓을 하지 않으면 안 되는데 이 신나고 신 오르는 짓의 최상급이 바로 밝달춤이란 말이다.

따라서 참사람은 이 밝달춤으로 정신과 육신 등 모든 병을 고치고 건강을 지키는 것이 바로 자연의 섭리를 따르는 길이고 신의 섭리를 따르는 길이다.

그렇다면 혹 짐승도 춤을 춰야 건강하지 않느냐는 질문이 있을 수 있는데 실은 짐승도 어떤 형태로든 춤을 추며 더구나 저녁때 하늘을 새까맣게 수를 놓는 수백만 마리의 새떼나, 또 바닷속 멸치, 꽁치, 고등어, 연어 떼 등이 서로 부딪히는 일이 없이 일사불란하게 춤을 추고 있는 것은 요즘 생물학자들 말과 같이 외적을 피하기 위함이 아니다. 그들이 그렇게 집단으로 춤을 춘다고 외적이 그들의 집단이 무서워 공격을 하지 못한다는 것은 생물학자들의 생각일 뿐이다. 그들은 어떤 통신수단도 없는데도 그렇게 일사불란하게 군무(群舞)를 춘다는 것은 그들은 원래 한 몸이었으니 서로 본능적인 감각이 통하며 그 군무로 그들의 스트레스를 푸는 것으로 본다.

따라서 사람도 신나는, 신이 오르는 춤을 춰야 한다는 말인데 요즘 직장인들은 그 밝달춤을 출 시간이 없단다.

그러나 이는 만들면 된다. 즉 MP3에 자기가 좋아하는 디스코 음악을 입력시켜 놓고는 조금 일찍 일어나 이어폰을 끼고 그놈의 나 홀로 자가용 끌고 가지 말고 춤을 추듯 직장에 걸어간다. 너무 멀다고? 그럼 버스나 지하철로 가다가 한 두어 정거장 일찍 내려 춤을 추며 가면 직장에서 일도 더 잘된다. 또 집에 올 때도 같은 식이면 된다. 뭐라? 남들이 보고 미친놈이라 할 것 같다고? 아니 자신의 건강 자신이 지키는데 남이 눈치 볼 것 있나?

단 단점이 하나가 있다면 전 국민이 이 밝달춤을 춘다면 모든 의사나 약사들은 다 밥 굶어 죽는다는 점이다.

[참고자료Ⅳ] 참 나와의 만남

다음 글은 글쓴이 카페에 공개한 [참나와의 만남]에서 요점만 뽑아 쓴 것이다.

01 '나(我)'란 무엇인가?

요즘 TV 광고에서 '나만의 개성!, 나만의 공간!, 나만의 패션!' 을 선전하고 있고, 또 연속극에서는 '나만의 사랑, 나만을 위하여!' 등의 주제로 철없는 극작가들이 시청자를 이끌다 보니 이 세상 모든 사람들이, 특히 청소년들이 저만을 알고 저만을 위해 주기를 바라게 되었으며 생명마저도 제 것인 줄 아니 제 맘대로 자살을 한다.

그러나 생명이란 자연섭리인 신이 준 것이고 따라서 거둘 때도 신만이 거둬야 한다는 고차원적 말을 쓰지 않더라고 우선 생명이 제 것인 줄 알고 제 맘대로 끊으면 우선 저를 낳아 길러준 부모님 가슴에 대못을 박는 것이다.

따라서 생명이란 제 것이 아니라 가족의 것이며 사회, 국가의 것인 우리의 것이니 제 맘대로 한다는 것은 마치 우리 몸속의 세포 하나가 나는 나라고 마음대로 분열하는 암 세포와 같은 것으로 전체인 몸도 죽이고 자신도 죽는 것과 같다.

이와 같이 나는 '나뿐'이라는 생각은 서양의 개인주의적, 개인 우월주의적 사상의 독소로서, 그러다 보니 요즘 결혼하는 젊은이들은 서로 자신은 상대를 필요에 의해 결혼한 채 상대가 저만을 사랑해주고 저만의 개성을 맞춰주기를 바라니, 그러고도 이혼이 안 되면 오히려 이상한 것!

현재 우리의 이혼율은 결혼 대비 48%로, OECD 국가 중 최1위, 완전 선진국(?)이 되었다.

02 현대인의 나란?

나란 도대체 무엇인가? 내 이름이 나인가? 아니다. 내 이름을 홍길동에서 제임스 본드로 바꾸었다 해도 나는 나이다.

그럼 내가 입고 있는 옷이 나인가? 이도 물론 아니다. 옷을 날마다 갈아입어도 나는 나니까….

그럼 내 직위와 내 명예가 나인가? 이도 물론 아니다. 내 직위는 요즘 정치인들처럼 하늘의 나는 새까지도 떨어뜨리다가도 하루아침에 쇠고랑을 차고 따라서 하늘 같던 명예도 개떡이 되니까….

그럼 내 몸뚱이가 나구나….

그러나 내 몸뚱이의 세포는 시시각각으로 변한다. 즉, 피부의 세포는 대략 3개월쯤밖에 못 가고, 가장 오래 간다는 뼈의 세포도 길어야 5년…. 그러니까 5년 전의 나는 이미 죽고 다시 태어났단 말인가? 또 몸이 있다 해도 그 몸은 일단 물질인데, 이것을 분해하고 또 분해하면 결국 원자가 되고, 이것을 또 분해하면 쿼크가 되어 진공 속의 에너지에 불과해지는데….

그럼 나의 마음이구나…. 그러나 살인강도짓 하고 감옥살이 하던 놈이 어떤 종교에 귀의하여 아주 착한 사람으로 마음이 180도 바뀌었다. 그러니까 마음은 딴 사람이 되었다. 그래도 나는 나다.

그렇다면 이 모든 것을 합친 것이 나인가? 물론 아니다. 아닌 것은 수백만 개 합쳐봐야 아닌 것은 아닌 것이다.

그렇다면 도대체 나는 무엇인가?

03 우주의 생김새

우주를 논할 때 '아인슈타인의 마이너스 곡률에 의한 말 안장형 우주'와 '허블의 적색편이(赤色便易)에 의한 팽창하는 우주론'이 있는데, 지금은 허블의 팽창하는 우주가 정론으로 허블의 우주는 태초, 그러니까 아주 오래 전에 하나의 점에서 폭발하여 고무풍선 커지듯 자꾸 커지고 있다는 것을 적색편이로 증명하였다.

그러나 원리상 우주는 커지기만 할 수 없다. 그 에너지가 다하면 다시 축소하여 언젠가는 다시 하나의 점으로 돌아가 우주가 없어지게 된다는 것이다. 여기까지가 현대 천문학이다.

그러나 불경에는 이것을 '성주괴공(成住壞空)' 즉 '만들어지고, 머물고, 허물어지고, 허공이 된다'는 우주로 보며, 이것이 반복한다는 것이다. 그러나 이 문제는 설명이 길며, 또 이곳의 주제가 아니므로 '천부경의 우주관과 현대 천문학이 본 우주관', 또는 '참나와의 만남'을 참고하기로 하고, 여기서는 우리 태양 이야기나 잠시 하자.

우리 태양은 대략 150억년 전에 태어나 아시다시피 태양을 중심으로 수성, 금성, 지구, 그리고 깨진 별 소행성 띠, 화성, 목성, 토성, 해왕성 등이 있어 우리 지구는 태양의 은혜를 받으며 생명들이 살고 있고, 달은 엉뚱한 데를 떠돌던 별이 지구의 인력에 이끌려 지구를 돌며 태양이 잠자는 사이에 지구를 비추어 시인들이 시를 쓰게 하고 연인들이 그 달빛 아래에서 사랑을 속삭이게 한다. 그러나 그건 아무 것도 아니고 이 달이 있으므로 바다가 숨 쉬어 바다 속의 생물을 살리고 산소를 만들어 인간이 숨을 쉬게 한다.

또 우리 태양과 같은 별들이 수백억 개 모여 우리의 은하계가 되었고, 이 은하계들이 모여 섬우주, 즉 성운이 되는데, 우리가 지금 망원경으로 보는 성운의 수만 해도 수백억 개라니 그 별들의 수를 생각하느니 차라리 사막 모래의 수를 세는 게 빠를 것이다.

우리 태양계에서 가장 가까운 성운이 안드로메다 성운이고, 여기에 가려면 1초에 30만km, 즉 일초에 지구를 일곱 바퀴 반이나 도는 광속으로 5만년이 걸리는 거리란다. 이 거대한 우주 어느 별엔 가엔 우리와 같은 인간이, 아니 더 과학이 발달한 인간이 살지도 모른다고 인간들은 끊임없이 우주를 향하여 특정 전파를 보내고 있는데 아직은….

또 모든 별들은 끊임없는 핵 융합작용, 즉 핵폭탄이 연속적으로 터지면서 빛을 내고 있는데, 우리의 태양도 예외는 아니고 그 수소연료가 다 타려면 150만년…. 그러니까 그 뒤에는 적색 거성이 되어 우리 태양계를 다 덮고도 남게 커지다가 에너지가 다하면 다시 찌그러져 백색 왜성이 되고 이것도 다 타면 주사위만해진다는데 이 무게가 무려 2억 톤이나 된다니 이는 이 지상에는 담아 둘 그릇이 없고 무엇이든 끌어당기는 블랙홀이 되어 아귀처럼 아무 것이나 다 잡아먹는데….

그러나 이것은 점잖게 늙어죽는 별의 이야기이고, 우리 태양만 하더라도 갑자기 미쳐서 당장이라도 폭발한다면 태양과 지구 등은 지금 당장 우주의 먼지가 될지도 모르다. 그리고 이 먼지들은 언젠가는 어느 블랙홀에 빨려 들어가고, 이 아귀 같은 블랙홀은 무엇이든 실컷 먹고 나서 배가 차면 다시 빛을 내는 별로 발전한다는데….

이렇게 순환하는 우주 내의 물질과 진공은 어떤 차이가 있을까?

노벨상 수상자인 영국의 물리학자 디랙은 '물질의 어머니는 바로 진공'이라 했다. 즉, "진공에서 모든 물질이 태어나고 태어난 물질은 진공 속으로 증발한다는 것이다. 이것이 위에서 말한 물질이 분해되면 원자가 되고, 이것이 다시 분해되면 쿼크가 되는데, 이 쿼크를 아직은 더 분해할 기술이 없지만 이론적으로는 만약 더 분해된다면 진공과 다름이 없을 것이고, 따라서 불경에서 말한 '물질이 허공이고 허공이 물질'이란 말을 부정할 수가 없게 된다.

그렇다면 우주 공간에 널려 있는 물질이면서 허공인 존재들은 무엇인가?

도대체 우주에는 왜 물질과 진공이 끊임없이 그 쓸데없는 짓을 하고 있을까?

04 우주 속의 생명체란?

생명의 탄생은, 원시 불덩이 같던 지구가 얼마의 시간이 지나고 식기 시작하자 하늘에 올라갔던 수증기가 식고 떨어져 원시 바다를 만들었고, 이 바닷물에 끊임없는 원시 태양의 강렬한 빛과 천둥번개 또는 방사선에 의해 최초의 생명체가 태어나고 이 생명체가 진화하여 현재의 생명체가 되었다는 것이 현재의 진화론이다. 그러나 현재 끓인 물을 시험관 속에 넣고 태양의 자외선 등의 빛은 물론 전기를 방전시키어 번갯불을 만들어 비추고 방사선까지 쪼이길 수십년을 해봐야 원시 생명이 만들어질 흔적조차 보이질 않는단다.

또 애초 원시 세포가 무수한 시간이 흐르면서 현재 고등동물로 진화했다고 하는데, 지금 트랜지스터 부속 등을 아무리 많이 혼합해놓고 흔들고 돌리길 수백년, 수천년, 수만년 자승, 수만년을 해봐도 라디오가 조립될 확률은 완전 제로이다. 트랜지스터라디오는 그만두고 사발시계 하나가 우연히 조립될 확률도 마찬가지이다.

그런데 그 복잡한 인간의 두뇌세포는 그만두고, 단세포 생물인 대장균 세포 하나가 필요한 영양소만을 흡수하여 자기 증식을 하는 신비한 작용은 현재 슈퍼컴퓨터를 남산만큼 크게 해놔 봐도 절대로 불가능한 것으로 볼 때, 어쩌다가 우연으로 생명이 만들어졌다는 것은 논리에 맞지 않는다.

즉, 요즘 컴퓨터는 그만두고 사발시계나 라디오 하나만 하더라도 이것이 만들어지기까지는 엄청난 지성들이 연구와 연구를 거듭한 결과라는 것으로 볼 때, 생명이라는 신비한 현상도 절대로 우연히 저절로 만들어진 것이 아니라 엄청난 어떤 지성이 설계하고 그 설계대로 제작되고 있다고 봐야 한다.

05 神은 과연 있는가?

　지금 우리 지구가 이 우주 안에서 어쩌다가 물이 있고 산소가 있는 별이 되었다고 하자. 그리고 어쩌다가 우연히 지나던 혹성을 지구 인력으로 잡아다가 달을 만들어 밀물, 썰물 등을 일으키고, 따라서 바닷물이 순환하여 고기들이 살고 있으며, 산소를 만들어 생물들이 살고 있다고 치자. 그런데 우리 태양은 거대한 수소폭탄이 연속으로 폭발하는 것이다. 그 방사능은 치명적이다. 그런데 어쩌다 지구에는 오로라를 만드는 자기장이 있어 이 방사능을 제거시켜주어 생명체들이 살게 하며, 동물과 식물은 그 공기를 서로 교환하고 있단 말인가? 세포가 분열하는 것부터 이 모든 것이 모두 우연이란 말인가? 역시 어떤 지성의 의지가 아닌가?

　그렇다면 이 생명을 설계하고 만들고 살리는 지성은 과연 누구인가?

　먼저 이 우주 안에는 진공이면서 물질이고, 물질이면서 진공인 존재들이 어떤 에너지에 의해 반복 운동을 하고 있다 했는데, 이 에너지가 과연 무엇인가? 애초 이 우주덩이에는 거대한 생명에너지가 작용한다고 보면 어떨까? 따라서 '이 우주의 모든 존재는 바로 대 생명의 몸'이라고 보는 것은 어떨까?

　그리고 아무 것도 없는 진공이나 물질들, 그리고 이것으로 만들어진 불타는 별로부터 죽은 별까지 모든 물질이나 그 토대 위에서 꽃을 피우는 생명체 등 모든 존재는, 오직 대생명이 자기를 표현하는 행위라고 보는 것은 어떨까? 그렇다면 이 대생명 속의 인간의 위치는?

애초 누군가가 무엇이든 만들 때는 반드시 목적이 있다. 화가나 조각가 등 어떤 작가가 작품을 구상하면 이것을 실제 작품으로 나타내고 싶어지고, 이 작품은 그 작가의 의도대로 나타나야 하며, 이것이 바로 작가의 자기표현이다. 이와 같이 대생명도 자기표현을 하고 있다면 먼저 말했듯이 진공이나 물질이라는 토대 위에, 아니 이것마저도 저차원의 생명체이겠지만, 그 위에 원시 생명체를 만들어 결국 고등동물을 만들고, 이 대생명의 존재, 즉 자신을 인지할 수 있는 인간을 만들었다고 볼 수는 없는가?

그래서 그 만드는 과정이 진공관 라디오에서 트랜지스터로, 그리고 흑백TV에서 컬러TV를 만들듯 애초 원시생명체에서 고등생명체, 즉 유인원에서 인간을 만드는 것은 아닌가?

즉 모든 유전자는 불변인 것 같아도 바이러스 유전자처럼 끊임없이 변하며, 또 큰 동물의 유전자라 하더라도 방사선 등 어떤 원인에 의해 그 유전자가 변형을 일으키는데, 그 변형된 유전자로 태어난 후손이 다행히 그 환경에 보다 더 잘 적응할 수 있으면 더 번식할 것이고, 무지렁이 유전자는 도태될 것이기 때문에….

이것이 진화론이긴 한데, 이 진화는 우연히 제멋대로 된다는 것이 아니라 반드시 어떤 목표가 있고, 그 목표란 대생명의 에너지가 자기표현 하는 과정이라고 본다면 이것이 바로 진화이고, 인간이 바로 그런 존재가 아닌가 하여 글쓴이는 이를 '창조적 진화론' 이라 하고 신은 있다는 것이다.

06 신은 똥꼬가 있는가?

글쓴이는 워낙 무식하여 육두문자로 질문한다.

지금껏 글쓴이는 인간은 신이 자기표현체라 했고 또 창세기를 보면 신은 자기 모습으로 인간을 만들었다 하며, 또 로마 박물관에 있는 신이 아담을 창조하고 생기를 불어 넣는 그림을 보면 신은 좀 늙기는 했어도 틀림없는 할아버지상이다.

그렇다면 신도 밥을 먹어야 하고 그렇다면 신도 똥꼬가 있어야 하며 사내이니 거시기도 있어야 한다. 따라서 그 신을 받드는 선녀들도 먹고 싸야 하며 그렇다면 역시 똥꼬와 거시기가 있어야 한다.

우리 전설 칠월 칠석에서는 나무꾼이 선녀탕에서 미역을 감을 때 하늘 옷 한 벌을 감추고 그 선녀가 하늘로 올라가지 못하자 그녀와 자식까지 낳고 살다가 자식까지 낳았으니 안심이 되어 그 하늘 옷을 주었더니 입고 하늘로 올라가 칠월 칠석에서야 한 번씩 오작교에서 만난다는 말이 있다. 그렇다면 그 선녀도 똥꼬가 있고 거시기가 있으며 따라서 신도 똥꼬와 거시기가 있어야 한다.

그러나 만약 신이 무엇을 먹고 똥꼬가 있다면 그도 물질의 법칙을 따라야 하고 물질의 법칙은 시작이 있으면 반드시 끝이 있으니 언젠가 태어났어야 하고 따라서 언젠가는 늙어 죽어야 한다. 즉 자연 섭리는 바로 신 인니 신이 자신의 법칙을 위배할 수는 없기 때문이다.

그러나 언제 태어난 일도 없고 언제 죽을 일도 없는 것이 자연섭리이고 신이다. 따라서 신은 무엇인가 먹는 입이나 배설하는 똥꼬, 그리고 거시기가 있을 수 없는, 물질이 아니라 우주의식인 정신체이다.

그렇다면 그 신은 어떻게 자신의 모습대로 인간을 만들었을까?

애초 생물한테는 양성이 다 들어 있는 중성이다. 다만 사람을 기준으로 고등동물로 올라갈수록 그 성기가 공간적으로 확산되어 있을 뿐이니 실은 암수가 한 몸이다. 그리고 이 암수는 사람을 기준으로 동종끼리만 다른 유전자와 교환을 해야 한다.

동종이지만 다른 것과 유전자 교환을 해야 한다는 이론 중에 희한한 동물들을 예로 들면, 오징어 등 연체동물은 한 몸에 양성을 다 가지고 있어서 한 해는 암컷이 되어 새끼를 치고, 다음 해에는 숫컷이 되어 다른 암컷에게 유전자를 전하며, 달팽이류는 한 몸에 양성을 동시에 가지고 있다가 번식기가 되면 양성 모두가 발정을 하여 다른 달팽이들과 동시에 교미를 한다. 즉, 달팽이의 숫은 다른 암컷의 암 속으로, 자신의 암은 다른 수컷의 숫을 받아들인다. 즉 자신에게 양성이 다 달렸으니 자신끼리 교접을 할 수도 있을 텐데 절대 그런 일은 없다.

즉, 자기와 유전자가 같은 근친끼리 상간을 하면 결국 무지렁이를 낳아 도태되게 되고, 자신의 유전자와 전연 다른 종족과 교접을 하면 보다 훌륭한 후손을 두게 되는데, 이 자연의 섭리 역시 홍익인간 원리이다.

그래서 하느님께서 '그 이종과 교접하지 말라는 열쇠는 그런 뜻이 아니라 네 그 씨족의 울타리를 열고 나가 너희들이 짐승 취급을 하는 그들을 잡아먹지 말고 그들과도 어울리어라' 한 것이 바로 [신지녹도문 진본 천부경] '아홉, 열' 에 나오는 홍익인간인 것이다.

그러니까 그때 당시 사람들이 어떤 종족이건 가리지 않고 피를 섞었다면 구태여 하느님이 그 '아홉을 열라' 는 말을 할 필요가 없었으리라는 것이다.

결론은 인간은 개체인 자신이 아니라 바로 신의 자기 표현체이고, 결국 여러 개체는 우주 속의 하나, 즉 '우리'로 돌아간다.

그러니까 위에서 '나란 무엇인가?' 하는 질문의 '나'란 애초부터 있지도 않았던 인간의 착각이며, 허깨비에 불과한 것이고, 그 정답은 너와 내가 함께하는 '우리'인 것인데 현대인은 그 허깨비인 '나'를 찾느라고 그 고생인 것이다.

따라서 최치원의 人中天地一, 즉 '사람 가운데 천지의 한이 들어 있다'는 말은 바로 '인내천지(人乃天地)'이며, 이는 사람이란 내 자신인 개체가 아니라 '하나, 둘 셋'에서 보듯, '사람이란 하늘의 정신을 땅이라는 물질로 둘러진 존재'라는 말이니, 따라서 '내 본체는 바로 이 우주이며 하느님'이며 '우리'이다. 그리고 이 하느님들이 사는 이 지구가 바로 하느님 세상이다.

07 창조적 진화론

그러니까 '인간은 이 대생명의 피조물'이라고 볼 수 있을 것 같은데, 위에서 말한 화가나 조각가는 종이나 물감, 그리고 돌이나 망치, 끌 등 외부의 물건으로 표현을 하고 있다. 그러니까 그 작품은 그 작가의 피조물이다. 그러나 대생명은 외부의 물건을 사용하는 것이 아니라, 바로 자기의 몸을 재료로 삼아 자신이 작품을 만든다. 그렇다면 이는 대생명이 바로 자기표현을 하고 있는 것이며, 인간은 이 대생명의 '자기표현체'라고 보는 것이니 인간은 신의 자녀라고 할 수도 있다.

이렇게 사발시계 하나도 엄청난 아이디어들이 연구 발전시켜 만들어

지는데, 진공관 라디오, 트랜지스터, 흑백TV, 컬러TV, 컴퓨터 … 그리고
생물, 동물, 사람 … 사람 두뇌세포는?

이것들이 만들어질 때까지는 엄청난 지성이 필요하게 된다고 했다.
그래서 자연에서 만들어진 대장균 세포 하나를 보고 우주는 맹목적 무
의식이 아니라 의식이 있다는 것이며, 이 우주 의식을 '하느님' 이라 하
건 '여호와' 라 하건 '알라' 라 하건 그건 엿장수 마음대로라는 것이다.

이 우주 의식은 그냥 있을 수 없다고 했다. 뭐 신이 특별히 인간을 사
랑하사 인간을 만든 것이 아니라, 만들지 않고는 못 배기기 때문에 만드
는 것이다. 따라서 우주의식도 자기와 같은 지성체를 표현할 수밖에 없
는데 이게 인간이다.

그럼 인간이 신과 같으냐? 그렇다. 단 현재 그 알량한 인간의 지혜로
오염된 인간 말고, 우리 하느님, 부처님, 예수님, 또는 선악과 이전의 인
간 같은 그 섭리가 신과 일치하는 분들은….

그런데 작가가 작품을 만들려면 반드시 재료가 필요하다. 이 재료가
바로 물질이다. 이 재료로 인간을 만들 때 한꺼번에 만드는 것이 아니라
그 기초부터 만들어 다듬어간다. 이 기초를 '바이러스, 즉 미생물' 이라
고 본다.

이 미생물은 아직 생명체도 아니고 그렇다고 그냥 물질도 아니다. 물
질과 생명체의 중간부분이라고나 할까….

그 이유는 이것들이 번식하는 걸로 보면 틀림없는 생물인데, 이것을
분석해보면 이는 단순한 단백질덩이이기 때문이다.

이상과 같은 이유들 때문에 결국 원시 물질과 생명체의 중간인 미생
물이 만들어졌고, 이 미생물들이 서로의 필요에 의해 공생관계가 되어
융합하고, 여기서 대장균과 같은 단세포 생명체가 만들어졌으므로 우리

의 세포 하나만도 수억, 수조의 미생물 집결체라는 것이 현재 마이크론 생명학자들의 이론인데, 이는 과연 수용할 만한 이론이고 이 '공생하는 공존' 이 바로 하느님 교훈 '홍익인간' 원리이다.

그러니까 과학자들이 '이상하게, 또는 신비하게' 라고 표현하는 것은 바로 이 우주의식과 홍익인간 원리를 간과했기 때문이다.

결국 인간은 미생물에서 단세포, 그리고 다세포 동물을 통해 유인원 같은 동물이 만들어지고 인간이 만들어지는데 여기서 인간의 조상이 원숭이냐는 질문은 말이 되지 않는다. 즉 원숭이가 인간의 조상은 아니지만 그 원숭이와 인간의 조상은 그 각자 조상을 거슬러 올라가면 어디에선가는 같았으리라고는 본다.

그렇다면 원숭이 등 유인원도 언젠가는 인간으로 진화를 할까? 이는 절대로 불가능하다. 애초 인간과 유인원의 공동 조상에서 인간과 유인원이 갈라질 때 자연의 섭리(神)는 자신의 표현체 하나를 만들기 위하여 여러 개 비슷한 것들을 만들어본 것이고, 여기서 가장 정확한 자신의 표현체는 바로 인간이기 때문에 유인원들은 인간을 만들어보기 위한 하나의 실험동물이고, 이미 그들은 그들대로 진로가 확정되어 있기 때문에 다시 인간으로 진화할 확률은 제로라고 본다.

그러니까 결국 인간은 우주 의식, 즉 神의 자기 표현체이고, 이는 자연 속에서 서로의 '공생' 과 '융합' 에 의한 것이라고 보는 것이고, 이것이 '홍익인간' 의 원리대로 만들어지는 것이다.

그렇다면 먼저 글쓴이가 다른 데서 말한 "자연 속에서 동물이나 인간은 인간의 간섭 없이는 서로 유전자 교환이 혼동되지 않는다."는 말과 상치된다. 그래서 이 말을 수정할 필요가 있다. 이 말을 원론적으로 수정한다면 "자연 속에서 생물은 그 몸집이나 진화 정도에 비례하여 인위적인 간섭 없이는 변하지는 않는다.”라고 해야 한다.

이게 무슨 말이냐 하면, 현미경도 전자 현미경으로만 보이는 생물도 아니고, 그렇다고 물질도 아닌 바이러스는 하루에도 몇 번식 변종이 생긴다. 그러나 몸집이 크고 진화 과정이 거의 끝난 동물들이 자연 속에서 변종될 가능성은 미생물의 크기와 비례되어 수만년이 아닌 수십만년 이상일 것이라는 것이다.

이건 생명체뿐 아니라 물질도 이와 같다. 지금 물질의 기본 단위인 원자 속의 전자를 예로 든다.

이 전자는 하나의 알맹이인 子이면서도 전파라는 말에서 보듯이 하나의 파(波)이다. 이 자와 파의 물리학적 역학관계는 완전 반대이다. 그러니까 전자, 전파는 한 몸으로 완전 두 짓을 하는 도깨비라는 결론이 나온다. 이 도깨비의 정체를 잡은 것이 ‘하인리스타인의 불확정 이론’ 인데, 이 이론이 얼마나 엉터린지를 예를 들면, 한 시간 전에 서울에서 부산을 향해 출발한 자동차가 지금 어디에 있느냐고 질문하면, 그 답은 ‘경부고속도로 상에 있다’ 라고 하는 것과 같다. 그러나 이 이론을 좁혀 가면 서울을 출발한 지 한 시간이 넘었으니 서울 나들목은 빠져나갔을 것이고, 그렇다고 대전까지는 못 갔을 거라. 이걸 더 좁혀 가면….

그래서 이 이론은 도깨비 잡는 이론인데, 이 도깨비의 하는 짓은 그뿐 아니라 몇백만분의 1초 사이에도 태어났다 없어지기를 반복하는데, 이 것도 없어진 그곳만 나타나는 것이 아니라 엿장수 맘대로 이곳저곳, 원자의 범위 안에는 아무데나 나타난다. 즉 전자는 탄생하여 어떤 궤도를 도는 것이 아니라 생멸을 거듭할 따름이라는 것이다. 그런데 이 생멸현상은 비단 소립자들뿐 아니라 지구나 태양같이 몸집이 큰 것들도 마찬가지라는 것이다.

단, 여기서 그 생멸기간은 그 몸집에 비례되니, 지구가 한번 생멸하려면 지구의 종말이 왔을 때 사라지고, 지구가 다시 태어나는 기간은 그 흩어졌던 먼지들이 다시 합쳐져 다시 지구를 만들 때까지이다.

홍익인간의 원리인 생명체의 변이를 예로 들다 보니 말이 물리학적으로 빗나가고 있네…. ㅎㅎ

생명체의 설계(본능) 속에는 이미 만들어진 그 생명이 죽지 말고 잘 살아야 된다는 설계도 들어 있는데, 그래서 생명체들은 죽는 걸 싫어하고 살려고 한다. 그래서 자살은 이 신의 섭리인 본능을 무시하는 것이다. 이렇게 오직 살려고만 하는 본능이 있으니 자연 속에서 혼자 활동하는 게 불리하면 공생 융합하려 한다. 그런데 이 생명체가 어느 정도 애초 설계했던 목적(신의 자기 표현체인 인간)에 가까워질수록 그간 이루어진 것을 흐트러뜨리지 않게 하려는 설계도 동시에 들어 있다고 본다. 이것도 본능이다.

즉, 지금 글쓴이가 쓰는 이 글이 어느 정도 완성만 되어도 사라지지 않게 보관하기 위하여 '보관하기' 라는 컴퓨터 키를 눌러 자물쇠를 채워 놓듯이…. 그래서 생물들은 죽길 싫어하는 본능이 있고, 그래서 자살은 신의 섭리에도 거역되는 행위가 된다.

08 자연의 섭리는 오직 생식뿐이다

사람은 태어나서 열심히 젖을 빨고 또 밥을 먹으며 성장한다. 그리고 사춘기가 되면 아름다워지기 시작해서 이성이 그리워지게 되며 사랑이라는 것을 하게 되고 결혼이라도 하여 아이를 낳는다. 그리고 더 이상 아기를 낳을 수 없게 되면 늙고 병들어 영혼은 왔던 하늘로 돌아가고 육신은 왔던 땅으로 돌아가는 것은 진시황도 피할 수 없는 자연 섭리다.

자연계 생물도 마찬가지이다. 몇 가지 예를 든다. 송어 등 어류는 태평양 3만km를 헤매며 먹고 커서 번식기가 되면 고향산천, 즉 자기가 태어난 개울로 회귀한다. 동해안의 남대천이 그 중 하나다. 이 송어들은 알을 낳고 그 알들이 부화할 때까지 목숨을 걸고 지키다가, 결국 알이 부화하면 그간 모래와 자갈에 살점이 뜯겨 뼈만 남은 채 최후를 마친다.

벌이나 개미의 수컷은 교미하는 순간 그 생식기가 암컷의 자궁을 막고 빠지지 않기 때문에 그대로 죽는다.

사마귀의 수컷은 교미하는 순간 암컷의 먹이가 되어 암컷이 알을 낳는데 영양소가 되게 한다.

지금 한라산에는 노루가 있는데, 천적이 없으니 엄청 번식하고 있다. 그런데 어디서 나타나났는지 들개들이 나타나 이를 잡아먹고 있다.

동물보호협회에서는 이 들개를 포획하려고 먹이와 덫을 놓지만, 사람 냄새만 나도 도망가는 이 들개들이 그 그물에 말려들지 않는다. 그래서 동물보호협회에서는 참으로 치사한 짓을 하여 그들을 잡는다. 즉 발정한 암캐의 오줌 등을 그 근처에 뿌리고 암캐를 나무에 매어놓는다. 그러면 수캐들은 사람이 있건 말건 목숨을 걸고 암캐에게 찾아와 교미를 한다. 그런데 이 개들은 교미 후 한 30분 동안은 서로 떨어지질 않아 교미가 끝나기도 전 그대로 사람에게 잡히고 만다. 동물보호협회에서는 수캐만 다 죽이면 들개들이 번식을 못할 것으로 보고 이런 치사한 짓을 하는 것이다.

그러나 자연은 그렇게 만만치만은 않다. 영화 '주라기공원'에서는 공룡들을 번식을 못하게 수컷만 만들어놓았다. 그러나 그 수컷들 중 어떤 놈은 독초를 뜯어먹고 암컷으로 성전환을 하는 것은 영화이니 그렇다 치자. 그러나 지금 공원에 은사시나무는 봄만 되면 꽃가루를 날려 사람의 호흡기 질환을 유발시키므로 수컷나무들만 골라 모조리 베어버린다. 그러나 한 3~4년쯤 지나면 암컷나무들 중 어느 놈이 수컷으로 성전환을 하여 다시 꽃가루를 날린다.

한라산에 노루가 너무 번식하면 풀들이 남아나지 않아 결국 모든 노루들이 전멸하게 되는 것을 막기 위해 자연은 들개 같은 천적을 만들었던 것이다. 이 들개들을 번식 못하게 수컷들을 잡아 죽인다 해서 노루들의 천적이 다시 생기지 않으리란 발상은 사람들의 생각일 뿐이다. 이렇게 동물들은 어떻게 하든 자신의 목숨을 걸고 오직 자신들이 유전자를 이어갈 번식에만 목적이 있다. 따라서 인간을 포함한 모든 생명들이 이 땅에 살아가는 목적은 오직 번식 때문이다.

09 유전자 코드가 맞지 않으면 생식할 수 없다

인간이나 어느 정도 진화한 동물들은 자신들의 유전자 등을 함부로 뒤섞지 않으려는 본능이 있고, 그래서 침팬지는 침팬지끼리, 오랑우탄은 오랑우탄끼리만 유전자를 교환한다. 만약 종이 다르면 아무리 교접해도 번식이 되질 않는다.

이 이유를 원론적으로 말하면, 우리 몸을 포함한 동물, 그리고 생명체들의 몸에는 그 진화의 목적(신의 자기 표현체인 인간)을 기준으로 하여 그 목적에 가까워질수록 지금까지 만들어진 자기 유전자의 파괴나 혼동을 막기 위하여, 즉 자기를 지키기 위한 또 하나의 설계도가 들어 있는데, 이를 초급성 거부반응인 '알파갈' 유전자라 한다.

이 이론을 더 확실히 하기 위해서는 얼마 전 서울대에서 배아 줄기세포를 연구하여 세계 특허를 얻어냈다고 했다가 씹는 사람들에 의해 개망신을 당한 황우석 박사의 이론을 전개할 필요가 있다.

그의 이론에 따르면 복제양 돌리나 돼지 등은 복제가 가능하고, 이미 많이 되어 있다 한다. 그러나 사람은 그만두고 사람과 비슷한 유인원에만 들어와도 복제가 불가능하다는 것이다. 그 이유가 무엇일까?

이는 바로 위에서 말한 신의 자기 표현체인 인간을 기준으로 하여 그 목적에 가까워질수록 지금까지 만들어진 자기 유전자의 파괴나 혼동을 막기 위하여, 즉 자기를 지키기 위한 또 하나의 설계도가 들어 있기 때문이라고 본다.

이와 같이 이 유전자 때문에, 인간은 물론 인간과 가까워질수록 그 복제도 안 되고 외부 유전자의 침입을 차단할 수 있다. 알파갈 유전자란 외부로부터 어떤 균이 들어오면 이를 파괴시키어 우리 몸을 보호하므로 우리는 어떤 세균에 감염되거나 외상을 당해도 우리 몸이 회복하도록 하는 그 유전자를 말하며, 이 유전자가 이종 간의 생식도 제한하는 것이다. 그래서 이 알파카 유전자의 간섭으로 이종 간, 즉 다른 동물과의 교접은 번식을 할 수 없게 되고 따라서 동종 간의 장기이식도 그 유전자를 따져야 하므로 거의 불가능하게 된다.

그러나 동종 간의 교접은 번식이 가능한데 동종이지만 남매같이 유전자가 거의 같은 동종이 아니라, 타인 같은 동종은 오히려 더 잘된다. 그 이유는 우리의 세포가 번식을 하려면 반드시 그 유전자가 감수분열, 즉 꼬아진 사닥다리 같은 유전자가 반으로 갈려지고, 이 반반인 유전자들은 거의 비슷한, 역시 갈라진 유전자를 만나면 왕성하게 번식을 한다. 이것도 '홍익인간의 원리'이다. 즉, 근친상간을 할 것이 아니라 남과 홍익인간 하여 하나가 되란 말이다. 그러니까 정자와 난자는 모두 감수 분열된 유전자들이고, 이것이 서로 만나 새 유전자, 즉 새 생명을 탄생시키는데, 그러니까 동종 간, 즉 사람과 사람, 개와 개는 그 감수 분열된 유전자끼리 합성될 수 있으나, 사람과 개 사이의 유전자는 아무리 감수 분열된 유전자라 하더라도 그 코드가 너무 달라 맞질 않는다.

그래서 사람과 개 사이는 새 생명이 태어날 수 없으나, 거의 사람인 오랑우탄(인도네시아 어떤 섬의 언어로 산사람이란 뜻)과 사람 사이에는 새 생명이 태어날 수도 있다 한다.

10 神의 염색체는 Y

1) 동물들도 아들을 좋아한다

우리 조상들이 씨족을 따졌던 것처럼 자연계의 동물들도 씨를 따진다는 것이다. 강아지나 돼지새끼 등 동물 새끼는 수컷이 엄마 젖을 더 많이 먹고 먼저 잘 자란다. 즉, 새끼가 갓 태어난 엄마 젖을 다 싸매고 한 개만 남긴다면 살아남는 건 숫놈이다. 그야 새끼라도 수컷은 힘이 세어서 그럴 것 같지만, 이럴 때 어미는 만약 암컷이 젖을 먹으면 방해를 해도 이 수컷이 먹으면 오히려 도와준다.

또 바닷 갈매기 등 조류들도 수컷에게 먹이를 더 먹인다. 이것을 시험해 보기 위해 일정한 공간의 새장을 만들어놓고 한 쌍의 갈매기를 가둔 다음 새끼가 나오면 새끼의 먹이를 한 마리만 먹을 수 있는 양만 공급한 실험이 있었다. 그러면 갈매기는 암컷 새끼는 굶어죽더라도 수컷 새끼는 살려낸다. 왜 이런 일이 벌어지는가?

도대체 왜 자연 속에서 동물들은 수컷끼리만 각축전을 하는가? 현대 과학처럼 그 부모의 유전자를 반반씩 타고 난다면 암컷들도 각축전을 해야 할 텐데….

2) 결론: 神의 염색체는 Y

사람이 씨족과 성을 지켜야 하는 결정적 증거를 보자.

먼저 우리 몸을 유지하는 세포의 작용부터 설명한다. 우리 몸은 10조 개 가량의 세포를 가지고 있다고 했다. 그런데 이는 성인의 경우이고, 아기들은 애초 수정란인 한 개의 세포에서 무섭게 분열을 하여 성인이 되어간다.

이 세포들은 분열을 마치면 일생을 사는 게 아니라 각자 부위에 따라 그 수명이 천차만별이다. 즉 피부 세포는 그 수명이 3개월밖에 되지 않는데, 뼈의 세포는 5년쯤은 간다. 물론 연령에 따라 다르지만….

이때 수명이 다한 세포는 죽어 때나 소변 등으로 나가고, 그 빈 자리는 옆에 있던 세포가 분열을 일으켜 채워준다. 즉 꽈배기처럼 꼬아진 염색체의 사닥다리 양쪽에는 정확히 똑같은 기호의 유전자가 배열되어 있다.

쉽게 예를 들면, 사닥다리 한쪽이 A면 그 쌍도 A-A, B-B, C-C, 이런 식으로 23쌍의 염색체로 되어 있던 것이 갈라지고, 갈라졌던 반쪽짜리 염색체는 주위에서 어떤 단백질들을 그 반쪽짜리 기호와 똑같은 것들만 골라 긁어모아 다시 한 쌍의 완전한 유전자를 만들고, 이것이 비워졌던 공간을 채울 뿐 더 늘어나지는 않는다.

　여기서 새로 만들어진 세포가 빈 자리를 채우면 더 이상 증식을 하지 않아야 하는데, 만약 어떤 요인에 의해 계속 분열을 하여 그 부위가 쓸데없이 커지면 이는 미친 세포이고, 그것이 바로 암세포이다.

　여기서 어떤 요인이란 주로 스트레스로 인한 자율신경의 부조화이고, 이것의 치료제나 예방약은 바로 웃음과 밝달춤이라고 했다.

　우리 몸에서는 하루에도 수없이 이 암세포가 발생하지만 거의 웃음과 운동으로 사라진다. 즉 우리 몸에 하루에도 수없이 만들어지는 미친 암세포는 거의 NK세포가 잡아먹는데, 어떤 신경에 부조화가 오면 이 NK세포가 줄어들고, 이 신경 부조화는 거의 스트레스에서 온다. 그러니까 이 스트레스의 치료제는 웃음과 운동뿐이고, 웃음과 운동은 이 NK세포를 활성화시킨다.

　사람은 부모의 유전자를 정확히 반반씩 타고나지만 한 가지 다른 것이 있다. 이는 바로 성 염색체이다. 성 염색체는 위 A-A, B-B, C-C, 사닥다리 기호에서 마지막이 되는데, 여기서 정상적인 암컷은 X-X이지만 정상적인 수컷은 X-Y가 된다. 즉, 남자의 마지막 성 염색체의 기호는 다르다.

　이 성 염색체도 분열을 하여 역시 반쪽이 되는데, 다시 같은 세포로 복원되는 것이 아니라 그 반쪽 유전자가 수컷은 고환에서 정자가 되고, 암컷은 난소에서 난자가 된다.

　이때 여자의 난자는 천상 X-X밖에는 없으니 갈라져 반쪽이 되어봐야 X이지만, 사내의 정자는 X도 될 수 있고 Y도 될 수 있다. 이 반쪽짜리 염색체끼리 만나는 것이 바로 수정인데, 이때 정자의 X와 난자의 X가 만나 X-X가 되면 딸이고, 정자의 Y와 난자의 X가 만나면 아들이 된다. 이것이 만나 수정되면 무섭게 분열을 일으켜 새 아기가 된다.

그러니까 여자한테는 애초 사내가 될 유전자는 들어 있지도 않기 때문에 생물의 본능인 씨를 이어가는 데 암컷의 하는 일은 그저 밭(田) 노릇이나 할 뿐이다. 따라서 먼저 말한 갈매기 등 동물이 수컷을 더 선호하고 각축전을 하는 이유는 이와 같기 때문이다.

또 사람이나 동물이나 성행위도 마찬가지이다. 수컷은 언제나 능동이 되지만 암컷은 수동적일 뿐이다.

신의 섭리대로 사는 자연계의 동물들은 수컷의 강인한 인자를 받고자 각축전을 하고 원시 조상들도 씨놀음을 통해 그랬지만, 암컷들이 각축전이나 씨놀음을 한 예는 없다. 즉 암컷들은 강한 유전자를 후세에 전하는 데 아무런 역할도 할 필요가 없다는 것이다. 이는 바로 암컷은 씨를 전할 수 없기 때문이다.

이것은 무슨 이유일까? 확실한 것 하나를 더 말한다.

글쓴이는 사람이란 神의 자기표현체라고 했고, 동식물은 그 기초이며 연습작품이라 했다. 그리고 생명이 살아가는 목적은 오직 번식이라고 했다.

사람이 생명을 이어가려는 염색체 수는 암수 각각 23쌍이니 46개이고, 암수가 생물학적으로 합해져 한 몸이 돼야 비로소 완전한 한 생명이 된다 했으니, 이 한 생명의 합은 92개이다.

이 한 생명에서 생명을 이어갈 성 염색체인 X는 3개이고 Y는 오직 1개뿐이다. 그러니까 생명을 이어가는데 다른 91개는 오직 Y 염색체 하나를 살리기 위한 보조 기관이며 보조 기구들이 되는 것이다.

우리 신체 중에서 어느 부분이 가장 소중할까?

소중하지 않은 부분은 한 군데도 없겠지만 그 중 가장 소중한 부분은 생명을 이어나가는 기관이 바로 남자의 생식기이다. 이 기관을 살리기 위해서 우리의 모든 기관이 있다.

그래서 '도전 지구 탐험'에서 보듯이 오지의 사람들은 벌거벗고 살아도 남근 가리개는 하고 다니는 것이며. 노아의 철딱서니 없는 막내가 아빠 고추 좀 보았다고 그렇게 독설을 퍼부은 것이며, 씨족표에서 보듯이 남근 그림이었고 또 옛날에 큰 죄를 지어서 다리 두 짝과 남근 중 어느 것을 살릴 것인가를 죄수한테 물으면 차라리 다리 두 짝을 잃을망정 남근은 살렸다.

또 먼저 우리말에서 남근은 '숫'이고 여음은 그 숫을 싸 '겨집'이라고 하듯이 X 염색체뿐만 아니라 모든 염색체는 오직 Y 염색체를 싸고 기르는 보조기관에 불과하다.

먼저 인간은 신의 자기 표현체라 한다면 인간의 주체는 바로 남자이고, 남자는 바로 생식기이며, 그것은 Y 염색체이다. 그렇다면 대생명인 신의 자기표현체는 바로 Y 염색체가 된다. 즉 신인 대생명이 이 3차원 물질 세상에 표현된 것이 바로 Y 염색체이다.

다시 말하면 神은 여자가 아니고 중성도 아닌 바로 남성이고, 남성 생식기이며 더 엄격히 말하면 신의 염색체는 Y이니 천지창조 그림에 창조주가 남성(할배로 나오는 것은 오래 됐다는 표시)으로 나온다는 것은 당연하다.

따라서 씨란 神이고 신의 상표인 성씨는 인간이 고칠 수 없다는 것이다.

그런데 한 가지 웃기는 것은 다른 것은 거의 관습법을 따르면서 왜 호주제 폐지는 관습 헌법을 외면하는지 모를 일이다.

자연의 순리대로 살아야 할 사람들은 결론적으로 씨족을 없애는 호주제가 폐제된다 하더라도 자신들의 성씨와 씨족만큼은 지키고 살아야 할 것이다. 즉 개(犬) 족보는 따져가면서 사람의 족보는 없애는 헌법재판소 판사, 여성계, 정치인, 언론인, 학자 등 소위 이 나라를 이끌고 있는지식인들의 철딱서니없는 짓에는 따라가지는 말아야 할 것이다.

11 인간이 각기 그 씨족만을 찾아 피를 교환하려고 하는 이유

지금 한국인과 일본인 중국인을 예로 들면, 서로가 혹 친구는 할 수 있지만 될 수 있는 한 결혼하여 피를 섞으려고는 하지 않는다. 이건 문화 차이로 오는 마찰을 걱정하기 때문이 아니다.

미국은 인디언이 잘 살고 있는 남의 땅에 들어가 그들을 모두 죽이고 자기네 나라를 세운다. 즉 자기네 부족이 아니면 사람이 아니다.

비교적 성과 종족이 개방된 현재 미국에서도 흑인, 백인, 황인종끼리 친구는 하되 서로 피를 섞어 자식을 낳지는 않으려고 한다. 오래 전에 미국 사람이 되어 이미 그들의 문화에 동화된 황인종끼리도 중국인과 일본인과 한국인은 서로 피를 교환하는 데 망설인다. 이건 문화 차이를 걱정하기 때문이 아니라 '종족 개념' 때문이다.

지금 중국 남부에서 이주해온 남만족(南蠻族), 즉 우리 곰 할머니와 같은 남만족인 보르네오의 숲속 푸난족은 먹을 것이 숲속에 널려 있는데도 바로 얼마 전까지 공식적으로 타 종족을 잡아먹었으며, 지금도 암암리에 이런 일이 벌어진다고 한다. 이들의 말로는 타 종족은 사람이 아니라 짐승들이기 때문에 짐승 잡듯이 잡아먹어도 괜찮다는 것이다.

조금 올라간다.

불과 60~70년 전 2차 대전 당시만 해도 홍익인간이 뭔지 모르는 게르만 민족들은 자기네 종족들 이외엔 사람으로 보지 않아 아우슈비츠 수용소 등에서 유태인 처녀들을 짐승 잡듯이 잡아 그 가죽으로 전등 갓, 소파 등을 만들고, 그 기름으로 비누를 만들어 썼을망정 그녀들을 성적으로 강간하지는 않았다. 그 이유는 자기네 순결한 게르만 민족의 피를 짐승들에게 더럽힐 수 없다는 것 때문이었다. 이건 히틀러 혼자 전 독일인 의사를 무시하고 할 수 있는 일이 아니다. 자기네 게르만 종족 이외에 다른 민족은 짐승으로밖에는 보이지 않는 그들의 잠재의식 때문이다.

또 [수호지] 등을 보면 홍익인간의 교육을 받지 못한 중국인들은 지나가는 나그네를 짐승 잡듯이 덫을 놓아 잡아다가 만두소를 만들어 먹는데, 이는 역사를 더 올라가보면 중국인들은 외부 종족을 잡아다가 짐승 고기 먹듯 먹었던 역사가 있다. 이도 외부 종족은 짐승으로 보았기 때문이다.

여호와라는 부족 신을 만든 유대인들의 여호와가 하는 꼴 좀 보자.

자기가 만든 신의 아들이 아랍인인 사람의 딸과 혼음하니 노아의 홍수로 싹쓸이를 한다. 즉, 유대족이 아니면 짐승이다. 소돔과 고모라에서 유대족이 짐승과 같은 외부종족과 수간 같은 짓을 하니 여호와는 유황불로 싹쓸이를 한다. 여기서 짐승은 바로 아랍인들이었다.

모세는 애급, 지금 이란에서 종살이를 하고 있던 유대민족을 젖과 꿀이 흐르는 가나안으로 인도하려 한다. 그러나 그 땅에는 이미 자기 조상 아브라함의 아들이며, 자기 조상 이삭의 이복형인 이스마엘의 후손들이 살고 있다. 모세는 차마 그들을 도륙하고 들어갈 수가 없었는지 무려 40

년을 광야에서 헤매다 죽는다. 그러자 그의 부장 여호수아는 모세가 죽자마자 가나안 아이성의 창녀 라합을 꼬여 성문 문지기들을 술 퍼먹이고 쳐들어가 보통 여자 이외에 임신한 여자까지 그들을 도륙하고 자기네 유대나라를 세운다. 그들이 자기네 조상의 후손인 줄 몰랐는지 아니면 알고도 그랬는지, 하여간 자기네 부족이 아니면 모두 죽이려 했던 것이다.

12 우리 하느님 시대의 종족 번식

하느님의 천부경 교훈을 '하나, 둘, 셋 아홉, 열' 이라고 했는데, 여기서 '아홉' 은 바로 '업', 즉 '남근' 이라 했다.

그렇다면 '울타리 안의 남근' 이란 무엇인가? 남근이란 바로 '씨' 이고 씨가 모이면 씨족이 되므로 '씨족의 울타리를 열고' 이고, '이웃 씨족과 유전자도 교환해가며 어울리라' 는 것이 바로 '홍익인간' 의 뜻이라 했다. 그래서 결국 환숫 무리는 곰족과 피를 섞어 우리 민족을 세웠다.

그렇다면 그 당시, 즉 '하느님 시대는 우리도 울타리, 즉 씨족 간에만 피를 교환했다' 는 말이 된다. 그리고 이것은 당시 중국 대륙에 여러 종족이 뒤엉켜 살았지만 서로 피는 지키며 살았다는 증거이다. 그러니까 '그 울타리를 열고 나가 피를 섞어야 우수한 후손이 생기며, 이 땅덩이의 국경이 없어진다' 는 말이 바로 하느님이 가르쳐주시는 홍익인간이다. 즉, 짐승들도 자유로이 이동하는 이 땅이 진정 사람의 것이 된다는 말이다.

13 원시인은 자연의 섭리를 착각했다

위에서 신의 섭리는 종이 다른 것들끼리는 유전자 코드가 맞질 않게 자물쇠를 채워놓았어도 같은 종끼리, 즉 유전자 코드가 맞는 것들끼리는 서로 교잡해야 우수한 종이 번식할 수 있게 만들어놓았다고 했는데, 다른 종족을 짐승으로 보았던 원시인들은 자연의 섭리, 즉 신의 섭리를 거역했던 셈이 된다. 즉, 본능대로 살던 원시인이 그 본능을 무시했다는 말이 된다. 이유가 무엇일까?

원시에는 성생활이 지금과 같은 개인주적 향락이 아닌 오직 그 종족의 번식을 위한 하나의 의식이었다. 짐승들이 각축전을 벌여 이긴 놈이 암컷을 다 차지하듯이, 원시 인간들도 '씨놀음'을 하여 이긴 놈이 자기 씨족 안의 암컷을 차지한다. 이것은 자연의 섭리이고 본능이다. 이 본능적인 씨놀음이 우리에게는 바로 지금의 씨름이 됐다고 했다.

그러니까 이 씨름의 의식을 통하지 않은 개인들의 성행위는 불륜으로 끝나는 정도가 아니라, 그 씨족에서 축출되는 엄한 규율도 있었을 것이다. 여기서 축출은 바로 죽음을 의미한다.

그들은 외부 종족은 사람이 아닌 짐승이라고 생각했을 것이다. 이건 자연의 섭리가 사람의 눈을 그렇게 만든 게 아니라, 그 종족들의 알량한 자기종족 우월감 때문에 생긴 착각이다. 애초 성행위를 오직 종족의 번식을 위한 하나의 의식으로 보아 씨놀음을 했던 원시인들은, 타 종족과의 혼혈은 아마 짐승과의 교접인 수간 취급으로 처음부터 기피했을 것이고, 그렇게 할 경우 결국 그 씨족에서 축출되는 엄한 규율도 있었을 것이다. 즉, 개인주의 성생활 같았으면 아무 종족이나 쳐들어가 그 종족의 암컷을 취했겠지만, 당시 씨를 퍼트리는 일은 반드시 씨놀음을 통하여 이긴 자가 하는 것으로 알고 있었던 그들은 그 씨놀음에서 이긴 자가 자기 씨족의 많은 암컷들을 놔두고 구태여 짐승인 타 종족 여인을 취할 이유는 없었을 것이다.

다른 말로 하면, 신이 같은 종끼리만 교접해야지 다른 종과 교접하면 그 유전자 코드가 맞질 않아 번식할 수 없게 채워준 자물쇠의 뜻을, 다른 종족들을 짐승처럼 대하다 보니 좀 착각하게 된 것으로 본다. 그러니 먼 옛날 사람들은 다른 부족과의 교접은 피함은 물론 그들을 잡아먹기까지 하였다.

그러나 세월이 흘러 자기네 씨족끼리만 종족 번식을 하다 보니 종족이 왜소해지기 시작하자 다른 씨족의 마을로 쳐들어가 암컷을 업어오고, 그 마을에서는 빼앗기지 않으려고 주먹질, 돌팔매질, 활로 시작한 것이 전쟁의 시초이고, 그래서 지금 여인들의 목걸이, 팔찌 등 장신구는 모두 업어온 암컷들이 도망자기 못하게 채워두었던 족쇄로부터 시작된 걸로 본다. 그러니까 우리 하느님은 싸움질을 해가며 다른 부족의 여자를 업어올 것이 아니라, '애초 자기 부족을 강한 부자를 만든 다음 그 울타리를 열고 타 종족과 동화하라'고 한 것이 바로 '아홉, 열'인 '홍익인간'이다.

<h1>14 먹거리로 본 자연의 생명체조절</h1>

인간은 잡식성 동물이라 무엇이건 먹을 수 있다. 즉, 식물이건 동물이건 다 잡아먹을 수 있고 자신보다 덩치가 더 큰 소나 고래까지도 잡아먹을 수 있다. 그러나 다를 동물들은 자신보다 우월하거나 덩치가 큰 다른 동물을 먹을 생각을 못한다.

육식성 동물은 그 구조상 식물을 먹을 수 없다. 육식성 동물이 육식만을 해야 하는 이유는, 그래야만 초식을 하는 사슴이나 토끼 등을 잡아먹는 동물들의 수를 조절할 필요가 있기 때문이다. 사자나 늑대처럼 특별한 무기가 없는 양이나 토끼는 다산으로 그 종족을 유지한다. 따라서 육식성 동물은 초식 동물보다 그 번식의 수가 적다.

즉, 초식성 동물이 너무 번성해도 풀들이 남아나질 않을 것이며, 육식 동물이 너무 없어져도 풀들은 너무 무성하여 떠서 죽게 되기 때문에 이것을 조정하기 위한 것이 바로 육식성 동물의 출현이며, 그래서 자연은 생명들을 유지하게 된다.

그런데 이 육식성 동물들은 특별한 일이 없는 한 자신의 지능으로 판단하여 자신보다 큰 동물이나 동종의 동물은 잡아먹지를 않는다. 즉 사자나 호랑이는 코끼리 등은 자신보다 작은 새끼를 제외하고는 잡아먹을 생각도 못하고, 자기의 동종인 사자나 호랑이들도 잡아먹질 않으며, 늑대 역시 사자나 호랑이, 그리고 자신과 같은 늑대는 잡아먹질 않으려 한다.

그러나 동물의 세계 등을 보면 늑대나 하이에나는 자신보다 덩치가 큰 얼룩말이나 들소 등도 잡아먹는데 이럴 때는 반드시 혼자 하는 게 아니라 무리를 이루어 해야 한다.

자연계에서 얼룩말이나 들소는 그만두고 영양 등 사슴류 하나도 멀쩡한 젊은 놈은 절대 늑대나 사자에게 잡아먹히질 않는다. 단 재수 없고 열악한 새끼나 늙고 더 이상 번식을 할 수 없는 놈은 더 이상 이 땅에 있을 필요가 없는지 육식성 동물이 자신의 무리를 공격했을 때 자신이 뒤에 처져서 그 육식성 동물의 먹이가 되게 하고 자신의 무리는 보호하는 것이며 자신의 시체를 육식동물로 하여금 청소하게 하는 것이다. 즉 자연 섭리는 이렇게 오묘하게 생명체를 조절하고 있는 것이다

그러니까 인간이 다른 종족인 인간을 쓸데없이 죽이거나 먹는다는 건 신(자연)의 섭리에도 어긋나는데, 원시 부족 중에 다른 종족을 짐승으로 보아 잡아먹는 풍습이 생긴 것은 완전 착각에서 비롯된 것이다.

15 참 나란 개체인 내가 아니라 우리이다

자살하는 것은 신의 섭리를 위배하는 것이라 했다. 그런데 나란 내 개체가 나인가?

지금 생물학자들이 풀지 못하는 수수께끼가 있다. 어느 해안가에 고래들이 떼로 몰려와 자살을 하는 거다. 사람들이 아무리 도로 끌어다가 바다에 넣어주어도 다시 나와 집단자살 한다. 왜일까? 바다는 넓은 것 같지만 물고기나 고래 등 동물은 자기네 길과 영역이 있다.

이 영역에 과도한 증식이 되면 먹을거리가 고갈되고, 전 종족이 멸종되니 그 일부가 자살하는 것이다.

어느 섬에 나그네쥐라는 쥐의 일종이 살고 있다. 이 쥐들은 너무 번식

하여 먹이들이 고갈되면 그 쥐들의 반수 이상은 바다로 뛰어들어 집단 자살을 한다. 이 역시 왜일까? 자기네 종족이 영위하던 범위 안에 먹거리가 떨어지면 결국 그 집단은 전멸하고 만다. 그러나 어느 정도의 숫자가 없어지면 그들은 다시 살아간다.

또 먼저 말했듯이 몇십만 마리인지 몇백만 마리인지 저녁 하늘을 새까맣게 수를 놓는 까마귀떼나 철새떼들, 또 바닷속 멸치, 꽁치, 고등어 떼 등이 떼를 지어 군무(群舞)를 하는데 그들은 누가 명령하는 것도, 무전기를 가지고 있는 것도 아닌데 그들은 서로 충돌하는 일도 없이 일사불란하게 춤을 춘다.

그 이유를 생물학자들은 외적에게 잡혀먹지 않으려고 단결을 한다는 것인데 새떼들은 주로 적이 활동하지도 않는 저녁에 군무를 하며 또 군무를 한다고 외적이 잡아먹지 않는다는 보장도 없고 물고기도 같다. 이도 전체를 위해서 개체가 한 몸이라는 증거이고 이 전체를 위한 개체는 위 나그네쥐처럼 자신이 아니라 우리란 말이다. 따라서 개체로는 수백만 마리 같지만 실은 우리 몸속의 세포와 같은 전체의 하나라는 증거이다.

이는 지금 이라크 등지에서는 자살특공대가 미군을 괴롭히는 것과 같다. 참으로 천인공노할 만행 같지만 우리의 안중근 의사, 윤봉길 의사의 의거도 이와 같았다. 즉, 개인이 죽더라도 그 종족을 살리고자 하는 것은 義이고 자연의 섭리다. 그래서 자살은 개인이 개인을 위해 하면 자연의 섭리를 거역하는 죄가 되지만, 그 종족을 위한 것이라면 이는 의가 된다. 즉, 참나(眞我)란 내 개체가 아닌 ‘우리’ 속의 ‘나’ 란 말이다.

16 참 나는 바로 하느님이다!!

하느님인 나는 욕심과 질투로 싸울 일도 없고, 또한 늙어 죽을래야 죽을 수도 없는 영원한 존재이다.

이것이 먼저 질문한 나(我)의 진정한 실체이고, 성자들께서 하시는 말씀이다.

그런데 이 죽을래야 죽을 수 없는 것이 인간이라고 한다면, 현재 혹자는 '미쳐도 단단히 미친 놈' 이라고 말할 것이다. 그러나 실은 이런 말을 한 성자가 미친 것이 아니라, 현재 인간이 착각을 하고 있다는 것이다. 이는 비유하건대, 태평양 바닷물을 대생명으로 본다면, 그 바닷물 위에 만들어지는 거품 자신이 "나는 바닷물과는 상관이 없는 내 거품 형태만이 나이고 내 거품이 꺼지는 날 나는 죽는다"고 생각하는 것과 같다.

따라서 사람은 특정한 모양을 가지고 있는 내 몸이 내가 아니고, 특정한 모양을 가지고 있는 내 마음이 내가 아니다. 이 특정한 몸과 마음을 벗어버리고 '나의 본질이 바닷물이라고 인지' 하는 순간 이것이 바로 '해탈' 이고 하느님이 되는 것이다. 그러므로 하느님이 죽지 않는 한 나도 죽을 수 없다. 따라서 여러 독자님들도 실은 모두 하느님이다.

우리 하느님들 만세!

[참고자료Ⅴ] 불경, 기독경으로 본 참 나

01 불경으로 본 참나

　부처님, 예수님 역시 그 진리가 우주 섭리에 통하는 분들이시니 나의 본체를 찾는 데는 우리 하느님과 다를 게 없는 분들이다. 백두산 정상처럼 올라가는 가는 길이 좀 다를 뿐이지 올라가면 다 같다.

　불경에서 주기도문 같은 [반야심경(般若心經)] 말씀이다.

無眼耳鼻舌身意 無色聲香味觸法 無眼界乃至 無意識界

　(눈도 귀도 코도 혀도 몸도 생각도 없고 물질이나 소리나 냄새나 맛이나 촉각이나 뭐가 어떻게 된다는 법(진리)도 없으니 눈으로부터 의식의 세계까지 실은 없는 것이다.)

　그러니까 이 [반야심경]은 네 눈코를 비롯한 너의 감각 기관은 실은 헛된 것이고, 이 세상의 물질을 비롯한 너의 감각기관에서 일어나는 모든 것도 실은 헛되고 헛된 것이라는 것이다.

　또 [반야심경]은 色卽是空 空卽是色 色不異空 空不異色(물질은 곧 허공이며, 허공이 곧 물질이니, 물질이 허공과 다르지 않고 허공이 물질과 다르지 않다)고 한다.

　그렇다면 도대체 ‘나’는 무엇이며 어디에 있는가?

　이 너의 감각기관과 이 감각기관으로 성립되는 모든 것, 또 허공과 물질이 다르지 않다는 반야(般若)의 지혜는 결국에 가서는 '菩提薩陀依般若波羅密多故心無碍無碍故無有恐怖遠離顚倒夢想究竟涅槃' [보살은 이 반야바라밀다에 의지한 고로 마음에 장애가 없고 공포가 없어서 헛된 꿈을 버리고 열반(부처님 세계, 천국)에 이르게 된다]이다.

또 [금강반야경(金剛經)]도 알아보자.

금강경의 핵심은 非相 非非相이다. 여기서 물질의 형상은 像이고, 물질을 포함한 마음의 상까지는 相이다. 즉 '相은 相이 아니며, 相이 아닌 것도 아니다' 이다. 이게 도대체 무슨 헷갈리는 소리인가?

또 이 금강경의 [사구계(四句契)]에, 凡所有相皆是虛妄若見諸相非相卽見女來(무릇 모든 相이 모두 허망된 것인데, 만약 모든相을 相이 아닌 것으로 보면 이는 바로 如來라는 부처의 진리를 본 것이다)라 했다.

그러니까 진리는 바로 어떤 相에 있는 것이 아니라 그 相은 모두 허망된 것이고, 그 相을 있게 하는 원인 속에 있다는 말이다.

그렇다면 우주 공간에 널려 있는 물질이면서 허공인 존재들은 무엇인가? 먼저 내 몸을 포함한 물질은 분해하면 원자가 되고, 이 원자를 다시 분해하면 쿼크가 되는데, 원자도 그렇지만 이 쿼크는 물질이 아니라 하나의 진공 속 에너지에 불과하다고 했다. (글쓴이 카페 '참나와의 만남' 참조.)

그런데 만약 이 에너지를 또 분해하면? 나의 정체를 좀 더 정확히 알기 위하여 과학으로 밝혀진 사실을 논하려 하는데 원론적 이론이므로 말이 좀 길어지지만 결론을 물질과 허공을 있게 하는 원리 속에 참나가 있다는 것이다.

기독경으로 본 참나

기독교 성경도 수행방법은 천부경과 다르지만 사람이 만들어진 원인은 같다. 이 이론도 [참 나와의 만남]에서 자세히 밝혔다.

먼저도 말했듯이 '창세기' 1장 첫 번째 '빛이 있어라 하시매 빛이 있었다.' 그런데 태양은 그 4일 후에야 만들어진다. 그렇다면 태양도 있기 전 그 빛은 무슨 빛인가?

예수님은 말씀한다.

"나는 빛이요 진리요 생명이다!"

그렇다. 그 빛은 바로 생명이며 진리의 빛이다. 그리고 '빛이 있으라 하시매 빛이 있었다' 는 이야기는 '태초에 대 생명이 자기표현을 하고 있다' 고 보면 될 것이다. 따라서 여기의 '빛' 이나 불가의 '대일광여래(大日光如來)' 는 모두 우리의 '환=한' 과 같은 '빛' 이고 '생명' 이며 '하느님' 이다.

우리 하느님은 지금 바이칼 호 부근에 사시던 몽골리안 '환한 부족(桓國)' 의 지도자라고 했고 '환하다' 하는 것은 원래 물질의 빛이 아니다. 지상의 빛이란 '밝다(檀, 박달나무 단)' 라 하고, 정신적 빛을 '환함' 이라 한다(天上之光謂之桓 地上之光謂之檀).

그러니까 우리 하느님을 창세기 식으로 표현하면 '태양이 있기 전의 빛' 이었으며, '환한님 > 화나님 > 하나님' 이 된 것이고, 이를 한자로 쓰자니 '桓因' 이 된 것이니 이 부분은 기독경과 같다.

그러니까 그 기독경 하나님 빛은 흙(각종 아미노산, 단백질)을 빚어 육신을 만들고 생기를 불어넣어 사람, 즉 사내인 아담을 만들었다. 그리고 여기에서 갈빗대를 분열시키어 아담의 짝인 이브를 만들었다는데 이게 말이 되는가?

이는 구약이 여러 번 번역되면서 잘못 번역된 것이다. 원래 말이 적던 그리스어에서는 갈빗대란 옆구리와 같은 말인데 이 옆구리를 갈빗대로 잘못 번역한 것이다.

따라서 원문은 "아담의 곁에 이브를 두었다"는 말이고 이는 우리 하느님의 이 [신지녹도문 진본 천부경] 하나인 빛이 땅에 둘리워 사내인 셋을 만들고 다음 겨집인 넷을 만들었다는 말과 같은 말이다.

그러나 생명은 원래 한 몸이었다. 지금도 해양 연체동물, 즉 오징어류는 수컷과 암컷이 교대로 성전환을 하기도 하며, 달팽이류는 평상시에는 암수가 한데 붙어 있다가 짝짓기를 할 때는 다른 달팽이를 만나 서로 유전자를 교환한다고 했다.

왜 생명체들은 이렇게 힘든 짓을 할까? 인간을 포함한 생물들이 자기복제를 하지 않고 다른 유전자와 교환을 해야 하는 이유는 자기복제 또는 근친상간을 했다가는 무지렁이나 병신을 낳아 결국 멸종하게 되기 때문이다. 즉, 대 생명은 너와 나가 하나가 되어 '우리'가 되게 하는 성질이 있으니 자연 타 종족과 교합을 해야 우수한 후손이 나오도록 했다.

여기서 '자기 생명만이 자기가 아님'이 다시 확인된다. 즉, '모든 생명은 실은 하나이고, 그 모든 생명들이 여러 개체로 나누어져 있는 것 같지만 실은 하나이니 이 개체들끼리 하나가 되라'는 자연의 섭리가 바로 동족 근친상간을 막고 있는 것이고, 이것이 바로 '홍익인간'의 섭리이다. 따라서 생명체들은 이 자연의 섭리를 거역하면 '멸종'이라는 벌을 받게 되는 것이다. 즉 생명의 본성은 저희들끼리만 어울릴 게 아니라 같은 류끼리 널리 어울려 좋은 유전자를 선택해야 한다는 것이고, 이 자연의 섭리를 일찍 깨달아 '홍익인간' 이라는 교훈을 내린 것은 '우리 하느님' 이다. 즉, 이의 목적은 결국 모든 생명체의 대표인 인간은 전 세계인이 한 가족이 되게 함에 있다.

그러니까 인간도 태초에는, 아니 지금도 남녀 양성의 유전자 속에는 성을 전환할 수 있는 원인인자는 가지고 있고, 사람도 태초에는 양성이 같이 붙어 있었는지도 모른다. 이것을 증명할 수 있는 것으로 원시 공룡들은 암컷이나 수컷 중 어느 것이 다 죽고 짝이 없으면 어떤 독초나 어떤 풀을 먹고 성 전환을 한다고 했고, 또 지금 은사시나무 등은 수나무에서 너무나 꽃가루가 날리어 공원에서 수나무들만 골라 모두 베어버리면 몇 년 뒤에는 암나무들 중에 어느 것이 수나무로 성전환을 하여 도루묵이 되게 한다 했다. 이는 원래 그 나무 속에 양성의 원인 인자가 다 들었다는 증거이고, 이상으로 보아 태초에 아담의 옆에 이브를 만들었다는 이야기가 몽땅 거짓말은 아닐 수도 있다는 이야기이다.

하여간 아담 옆에 이브가 만들어졌고 그들은 에덴동산에서 행복했다. 죽지 않고 천년만년, 아니 무한히 하느님과 같이 살 수 있었다는 것이다. 그런 그들이 왜 타락했을까? 뱀의 유혹을 받아 선악과를 따먹었다는 것이다.

선악과는 무엇이고 뱀은 무엇인가?

다시 예수님한테 물어보자.

예수님은 제자들을 교육시킨 다음 전도 파견을 보낸다. 그때 주의사항이 "뱀같이 지혜롭고 비둘기같이 순결하여라." 이다. 즉 당시 유대인들은 뱀을 '지혜의 동물' 로 본 것이다. 그러나 이 지혜는 '하느님의 지혜' 가 아닌 '인간의 지혜' 이다.

"저 뱀같이 간교한 놈!" 우리말도 같다.

이상으로 보아 뱀의 유혹을 받았다는 것은 동물인 뱀과 통화했다는 이야기가 아니고, '인간이 지혜의 유혹을 받았다' 는 이야기이다.

다음 '선악과' 는 무엇인가? 이는 善惡果라 하니까 착하고 나쁜 열매로 알면 헛일이다. 善惡의 뜻은 '좋고 싫은 것' 이라는 뜻도 있고, 果는 '결과(結果)' 도 말한다.

다시 예수님은 말씀하신다. "무엇을 입을까 무엇을 먹을까 걱정하지 말라. 하늘에 나는 새들도 다 하느님이 먹여주나니…."

이상으로 보면 애초에 자연의 섭리대로 살던 아담과 이브가 지혜가 생겨 자아(自我)를 인지할 수 있게 되면서, 이 자아를 위하여 무엇을 먹을까 무엇을 입을까 하는 지혜가 생겼다는 이야기이다. 그러니까 선악과를 먹은 아담과 이브는 눈이 밝아져서(지능이 생겨서) 자신들이 벌거벗은 것을 알게 되고 무화과나무 잎으로 그곳을 가렸다는 것인데 여기서 중요한 것은 그 성기를 자신만의 소유물로 알고 다른 사람과 관계하지 못하게 했다는 것이다.

이 말의 증거는 노아가 방주에서 나와 포도 농사를 짓고 그 포도가 잘 되어 포도주를 주책없이 퍼먹고 아랫도리도 가리지도 않고 잤을 때 그 막내 함이 이를 보고 형들한테로 가서 "얼라리 꼴라리 아빠 고추좀 보래요" 하고 놀렸고 형은 뒷걸음질로 가서 아버지 옷을 입혔는데 나중에 이 사실을 안 노아는 그 철딱서니 막내에게 아비로서는 할 수 없는 독설 악담을 했는데 이 악담은 그냥 악담이 아니라 일종의 예언인, 불가 말로 하면 수기를 했다는 것이다.

"막내 함은 가나안 종의 종이 되리라."

따라서 막내 함 족은 나중에 아브라함의 아내 사라의 종이며 첩의 소생인 이스마엘 후손이 되고 형은 아브라함의 정처 사라의 아들 이삭이 되어 이스마엘과 어미를 죽으라고 3일치 먹을 식량과 물만 주어 사막으로 내쫓았던 것이나 그들은 결국 살아남아 팔레스타인의 조상이 되나 이마저도 모세의 부장 여호수아에 의해 거의 도륙당하고 그래도 살아남은 사람들이 지금 팔레스타인이나 이 팔레스타인은 그 이삭의 후손인 유대인들에게 엄청난 살육을 당하고 있는 것이니 노아의 예언(수기)란 이렇게 무서운 것이다.

그렇다면 막내 함의 그 아버지 고추를 놀린 죄가 왜 이리 큰가? 이는 애초 선악과전 아담과 이브는 요즘도 아마존 강 유역이나 아프리카 오지의 미개인들처럼 그것을 가리고 다니지 않았으며 또 그들은 다처(多妻), 다부(多夫)로 사는데 이는 아예 내 개인의 겨집과 사내가 없다는 말이며 이는 누구와도 유전자 교환을 하라는 말이고 노아는 그 타락 전 아담 이브처럼 그것을 내놓는 것이 잘못이 아니었는데 막내가 철없이 놀렸기 때문에 이는 또 한 번 선악과를 먹은 것과 같기 때문으로 본다.

여기서 글쓴이는 지금 기독교인들한테 질문한다.

"에덴동산에서 아담과 이브가 선악과를 먹을 때 그 시간이 얼마나 걸렸겠습니까?"

"글쎄요. 한 10분쯤 걸렸을까? 30분? 아니 한 시간? 근데 그게 왜 중요합니까?"

글쓴이는 또 묻는다. "아담과 이브가 선악과인지 불량식품을 먹어 식중독에 걸렸다면 그들이나 뒈지든지 말든지 할 것이지 왜 죄 없는 그 후손, 그러니까 6천년 후의 우리까지 원죄가 있습니까? 글구 그들에게 원죄가 있어 우리에게도 원죄가 있다면 예수, 아니라 예수 햅비를 믿어도

우리의 원죄가 없어집니까?'

이런 질문에는 아예 대답조차 않는다.

먼저 선악과를 먹는 시간은 지금 현재 우리까지도 깨물고 있고, 그 독은 점점 더 퍼져가고 있다고 보는 것이 글쓴이의 견해다. 즉, 자아가 생기고 이 자아만을 위한 물질문명이 발달하면 할수록 인성은 그 물질에 갇히어 죽어가고 있다는 것이다.

03 동물은 죽지 않는데 사람만 죽는다

먼저 아담과 이브는 간교(물질의 지혜)한 뱀의 유혹을 받고 선악(좋고 싫은 것)을 분별하는 지혜가 생기자 에덴동산, 즉 영생할 수 있는 땅에서 추방당한다.

여기서 '분별하는 지혜' 란 '자아(自我)가 육신 개체로 알게 되고 그 육신을 위하는 물질 지혜' 라는 말이다. 그런데 아담과 이브는 그 선악과를 먹어서 자기 개체가 자기 자신인 줄 알게 되자 결국은 죽었는데, 그때 그 에덴동산에 같이 살고 있던 벌이나 개미, 그리고 동물들은 선악과를 먹지 않아 아직도 죽지 않고 잘 살고 있다.

지금 절벽 위에 벌 둥지 하나가 있다. 이 속의 벌들은 백년, 천년이 아니라 백만년 전, 그러니까 그들 종족이 만들어질 때부터 그렇게 살고 있다.

왜 죽지 않느냐 하면 바로 그들은 선악을 분별하는 지혜가 없기 때문이고, 따라서 자아가 자연의 섭리인 '우리' 이기 때문에 개체의 죽음은 우리 세포 하나가 떨어져 나가고 새 세포와 교환되는 것과 같고, 그들이

나뭇잎이라면 떨어지는 나뭇잎이 자아가 아니고 나무가 자아이므로 그 나무를 위하여 거름이 되는 것으로 보기 때문이다.

또 예수 가라사대 "회개(悔改)하라. 그러면 천국에서 영생할 것이다."

회개라고 하니까 회개가 전에 도둑질이나, 서방질 한 번 한 것, 그리고 교통신호 한 번 위반한 것을 회개하라는 줄 안다.

'회개' 란 이런 잘못한 행동을 뉘우쳐 고치란 말이 아니고, '네 개체가 너인 줄 아는, 네 자아를 선악과 이전으로 돌리라' 는 말이다. 즉 '너는 네 몸뚱이가 네가 아니고 너와 내가 함께하는 우리가 바로 너이며, 이 모든 생명을 유지하기 위해서는 네 개인의 지혜가 아닌 자연의 섭리, 즉 하나님의 섭리대로 살라' 는 이야기이다.

그리하면 이 세상이 바로 천국이 되고 너에겐 죽음이 없다는 말이 되는데, 도둑질 한 번, 거시기 한 번 한 것을 아무리 회개하고 죽어서 천당 가기를 빈다면 그건 말짱 도루묵이란 말이다.

예수는 다시 말씀하신다. "마음이 가난한 자여, 복이 있나니 천국이 너의 것이요."

'마음이 가난하다' 는 것은 '자아가 없으므로 내 것이 없다' 는 것이다. 즉 모든 자기의 소유는 진정 자기의 소유가 아니라 모든 생명의 소유, 즉 '우리 것' 이라는 것이다.

그렇다면 현대인들은 도대체 어쩌란 말인가?

백억을 훔치다가 들통난 정치인처럼 할 것이 아니라, 주머니에 백억이 있어도 이는 내 것이 아니라 '우리' 것이라고 생각해야 하는 것이다.

주위의 모든 자기 소유가 실은 다 그렇다고 생각하고, '내가 아닌 우리를 위하여 일거수일투족 한다면 차츰 이 세상이 천국으로 보이기 시작할 것'이라는 것이다. 그리하여 위 예수님이 말씀하셨듯이 알거지처럼 마음을 가난하게 한다면, 즉 무소유를 소유하기 시작한다면 이 세상이 천국으로 변할 것이라는 것이다. 그리고 이는 최치원이 말한 無匱化三, 즉 대자유인이 되는 것이다.

이 '소유와 무소유'에 대하여 현대인들의 착각을 예로 들면서 한번 비교해 보자. 여기에 만약 어떤 사내가 창녀촌에 가서 창녀와 하룻밤을 같이 했다고 하자. 그때 이 남자는 그 창녀가 어젯밤에 어떤 녀석과 어떤 짓을 했는지에 따지거나 그에 대해 질투하지 않는다. 그러나 만약 자기 부인이 딴 남자와 간통을 한다면 질투와 증오에 몸부림을 칠 것이다.

이는 물론 자기 부인이 자아에서 나온 '내 것'이라는 개인 이기주의적 사고에서 연유한 것이다. 그런데 여기서 매우 유의할 것이 있다. 이렇게 내 것이란 없다고 하니까 일할 것도 없이 허구한 날 놀다가 어쩌다 몇 푼 생기면 남들한테 다 퍼주어 항상 알거지가 되라는 말이 아니라, 우리 하느님의 교훈처럼 '아홉까지 완성한 다음 열라' 했으니 가령 천억을 모은 사람이 있더라도 이는 그 기업의 종업원들 것, 또는 그 공장의 여러 사람들이 먹고 살 터전이라고 생각하라는 말이다.

이는 또 지금 우리가 나무를 심는다거나 자연을 보호한다는 정신과 같은 것인데, 이는 내가 아닌 후손에게 좋은 땅을 물려주기 위한 것이니 여기에도 비유할 수 있는 말이다.

이것이 위에서 질문한 오직 나만을 아는 현대인의 자아에 대한 실체이다.

04 자아의 감옥에서 사는 인간들

1) 마약의 감옥

마약 중독자들은 빌빌대다가도 마약 한 대만 주사 맞으면 이 세상이 완전 천국이 된다. 그래서 그들은 이 마약을 모르는 사람들을 참으로 불쌍하다고 한다. 그러니까 그런 사람의 희열과 목표와 희망은 오직 마약뿐 그 외 인생은 무의미하므로 그는 마약의 감옥 안에서 산다고 해도 과언이 아니다.

그런데 이는 술 중독도 마찬가지이고 담배 중독도 그 정도는 차이가 있을망정 마찬가지이다. 또 도박에 사는 사람들도 그 돈 딸 때의 스릴이나 쾌감 때문에 도박을 빼놓고는 삶이 무의미해지기 때문에 패가망신하고, 징역을 갔다 와도 또 도박이다. 그러나 이는 비단 마약이나 술이나 도박 말고 다른 것도 마찬가지이다.

2) 병원과 약의 감옥

자연이 만들어준 생명들한테는 자연 치유력이 있다. 동물들은 위생적인 식사를 안 하고 아무데서나 더러운 것, 또는 다 썩어가는 식사를 해도 식중독에 걸리지 않으며, 배가 부르면 안 먹으면 되고, 어디가 아프면 그대로 잠을 자면 낳는다.

인간도 애초에는 이 짐승들처럼 위생적인 식사를 하지 않았어도 잘 먹고 잘 살았을 것이다. 그러나 인간의 지혜가 발달하면서 무엇을 먹으면 더 맛있을까를 따지다 보니 요리를 해먹어야 하고, 조금만 비위생적인 식사만 해도 병이 걸리며, 그러면 약을 먹어야 한다. 인간의 위장이 그만큼 퇴화한 것이다.

물론 갑자기 외상을 당하면 의사나 약으로 치료한다. 그러나 의사나 약이 인간을 치료하는 게 아니라, 치료하는 것은 자연 생명력이니, 즉 찢어진 살이나 뼈가 붙게 하는 것은 생명력이고 의사나 약은 약간의 보조 역할만 한다.

그런데 현대인은 너무 병원이나 약에 의존한다. 그냥 두면 나을 고뿔만 들어도 병원에 가야 하며 나이를 먹으면 약이 없으면 살지를 못한다. 한 주먹씩의 약을 먹고는 그 약이 소화 잘 되도록 또 소화제를 먹는다. 이것도 약의 감옥에서 헤어나질 못하고 있는 것이다.

3) 돈의 감옥

앞에서 미개한 오지인들이나 인디언 이야기를 했는데, 이 오지인들이나 인디언들의 사냥법은 산에 덫이나 함정을 파놓고 다음날 가보면 산오리나 사슴이 빠져 있다. 그러면 그 중에 늙은 수컷만 잡아 동네 사람들과 같이 나누어 먹고, 젊은 암놈은 도로 놓아준다.

그러나 현대 문명인 같으면 혼자서 일생을 먹고 살 돈을 벌어도 오직 돈을 더 벌려고 하다가 그 돈 속에서 생을 마감하게 되는데, 이런 현대인의 의식은 오직 돈 버는 것만이 인생의 목표이고 이것을 떠나서는 인생이 무의미해지니 이 역시 돈의 감옥에서 사는 것이다.

4) 정치, 권력의 감옥

정치에 손댔던 사람은 이 정치의 굴레를 잊을 수 없어 선거에 낙선해도 또 나서려고 하니 권력을 손에 쥐어 봤던 사람은 절대로 그 권력의 속성에서 벗어날 수 없어 갖은 방법을 다 써서 종신 권력을 잡으려 한다. 이 사람은 정치, 권력의 노예 감옥에서 사는 것이다.

5) 인기의 감옥

늙은 영화배우가 매일 전화통만 바라본다. 그러다가 어쩌다 전화가 오면 혹시 영화사에서 자기를 찾는 전화가 아닌가 반갑게 받으나, 영화 출연 제의가 아니면 아무리 친한 친구한테서 전화가 왔어도 실망한다.

이는 가수도 마찬가지이다. 인기시절 무대에서 많은 청중들에게 받던 그 요란한 박수소리를 잊을 수 없어 결혼생활도 다 때려치우고 다시 가요계로 나간다. 이 사람들의 인생은 오직 인기이고, 그는 인기의 감옥에서 사는 것을 자신만 모른다.

6) 사랑을 착각한 감옥

로미오와 줄리엣이 사랑 때문에 죽고 누군가 잘 나가던 사람들이 정사를 했다. 뿐만 아니라 요즘도 이루지 못할 사랑을 비관하여 정사하는 사람이 있다.

이들의 사랑은 매우 숭고하고 아름다운 것 같으나 만약 로미오와 줄리엣을 결혼시켰더라면 3년을 못 살고 싸움질에 이혼했을지도 모른다. 따라서 남녀의 사랑이란 새끼가 날 나이가 되면 눈에 콩깍지가 끼는 자연의 섭리 때문인 것이 많다. 이 역시 새끼 칠 콩깍지 사랑으로 생명을 건 것에 불과한 것이다.

7) 종교의 감옥

철저히 믿으면 천당이든 극락이든 간다고 한다.

그런데 이건 애초 좋은 종교에 줄을 잘 섰을 때 이야기이고, 백백교,

용화교 또는 어떤 사이비교에 빠져 패가망신 하는가 하면, 인민대사원, 오대양 사건에서처럼 교주가 자살하라면 자살까지 하고, 종말이 가까워 졌다 하면 모든 재산을 교주한테 바치며 천당 표까지 거액을 주고 구입 하는 사람들은 완전히 그 종교의 감옥에서 사는 것이다.

8) 자신의 우월감이나 명예의 감옥

오직 자신의 명예만을 지키려고 사는 사람이 있다면 이도 그 명예의 감옥에서 사는 것이다. 어떤 명예도 마찬가지이다.

어떤 사람이 갑자기 부동산 값이 오르는 바람에 졸부가 되었다. 그는 조그만 승용차를 사서 타고 다녔다는데 졸부가 되자 외제 승용차로 바꾸었다. 그 이유를 물으니 저 조그만 승용차는 자신의 신분에 걸맞지 않는다는 것이었다. 즉 가든 갈비집을 가더라도 차를 정리하는 종업원 이 쳐다보지도 않는다는 것이었다. 그래서 외제 승용차로 바꾸고 보니 그 종업원 허리가 90도로 경례하며 주차 안내를 한다는 것이다. 그 대신 에 그 종업원에세 돈 만원씩 팁을 준단다.

옷도 마찬가지이다. 최고의 패션을 입어야만 남들이 우러러볼 것이라 하고, 집도 마찬가지이다.

집도 그지 펀히 잠을 자는 장소가 아니라 호텔보다 더 호화로운 이테 리 대리석을 붙이고, 가능하면 수도꼭지도 금으로 해야 한다. 그래야 그 사람의 신분에 걸맞다. 지금 졸부들이나 고관들 생각은 거의 그렇다.

이런 사람들은 거리에서 어떤 차와 동행을 하거나 순간적으로 마주쳐 가는 차가 만약 보잘것없는 작은 차이거나 유행이 지난 옷을 입고 가면, 또는 어떤 집을 방문했는데 그 집이 초라하면 그 사람들을 아예 인격까 지 무시해버리고 만다. 이것 역시 그 사람은 그 과시욕의 감옥 속에서 사는 것이다.

9) 현대인은 물질과 허깨비 감옥에서 사는 인간들이 많다

이상 수많은 감옥살이 하는 사람들이 많겠지만 이것을 종합해 보면 물질에 대한 감옥이다.

누차 말했듯이 물질의 본질은 허공과 같고, 정말로 있는 것은 자연의 섭리와 생명력의 정수인 인성을 '우리' 로 하는 것이다.

그러나 지금은 서구 물질문명으로 인하여 오히려 이 인성이 물질의 감옥에 갇히어 물질만이 자기 자신인 줄 안다.

05 자연 섭리를 말하는 [진본 천부경] 하나 둘 셋 … 열의 교훈

절대로 하느님과 같이 할 수 있는 천국은 절이나 교회에 돈을 될 수 있는 한 많이 퍼다 주고 "주여! 주여!" 외치거나 '나무아미타불' 을 찾는다고 갈 수 있는 것이 아니다.

자연의 섭리 속에 참나(眞我)가 있다.

'무위자연(無爲自然)' 이란 노자(老者)의 [도덕경(道德經)]의 핵심이다.

인위적으로 뭘 가해서 만드는 것이 아닌 자연 상태 그대로가 바로 우리의 고향이고, 이 자연 상태에 흡수되는 것만이 궁극적인 '도' 라는 말이다.

위에서 열거한 인위적인 감옥에서 벗어나 자연의 섭리대로 사는 것이 우리 하느님의 교훈, 바로 자아를 열고 나가는 것이다.

즉, 우리가 무엇인가 하나씩 이룰 때 손가락을 하나씩 꼬부리게 되는데, 결국 열에 가서는 이 손가락을 모두 열어 빈 손바닥에 된다. 이 빈 손바닥이 대자유이다.

이와 같이 자기완성을 한 다음 열어 결국은 무소유가 되고, 그래야만 대자유인이 되어 결코 죽을 수 없는 하느님과 영생한다는 것이다.

06 자아를 열고 나아가 무아(無我)가 됐을 때의 공덕

1) 엄마가 귀여운 아기에게 젖을 물리고 있다

아기는 엄마 품에서 안기어 젖을 먹으며 무한히 행복해 한다. 이때 엄마는 자기가 엄마인지 아기인지를 잊는다. 즉, 아기와 엄마가 자타일체가 되어 엄마 자신은 사라지고 동시 엄청난 희열과 행복의 파도가 밀려든다.

2) 남녀가 진정한 사랑을 나눌 때

이때 두 남녀가 자신의 존재를 인식한다면 이건 사랑이 아니라 거래이다. 진정한 사랑을 하면 자타일체가 되어 자신은 사라지고 엄청난 행복과 희열이 몰려온다.

3) 일을 할 때

열심히 일을 하거나 책을 읽거나 그 일과 책에 몰두하여 일과 책과 내가 하나가 되었을 때 엄청난 희열이 몰려온다.

4) 산에 오를 때

정상에 올랐다. 구슬땀을 흘리며 고생스럽게 올랐다. 그러나 일단 정상에 올라 발아래 구름에 휩싸인 산봉우리들을 보는 순간 자신과 자연이 일체가 되어 자신을 잊고 엄청난 희열에 빠진다.

5) 신아일체(神我一切)가 될 때

물론 자신은 없다. 신은 물론 대생명(大生命)이다. 죽을래야 죽을 수 없는, 언제나 내 곁에 있는, 아니 모든 개체 생명들은 그 대생명의 바다에 거품처럼 떠다니고 있지 않는가? 마치 태평양에 떠있던 거품처럼….

그러나 그 거품이 자신이 아니고 태평양의 바닷물이 자신인 것을 알게 되어 바닷물과 일체가 된다면 위와 같이 엄청난 희열, 즉 불가에서 말하는 해탈을 하면 영원한 희열과 생명이 신과 같이 할 것이다. 영원히 영원히….

[참고자료Ⅵ] [진본 천부경]
하나 둘 셋 … 열의 다른 종교와의 비교

01 [진본 천부경] 하나 둘 셋 … 열만이
이 땅위에 사람이 사는 길이다

우리는 지금 우리의 '참 사람 사는 길(道)'은 버리고 외제만이 명품(?)
이라니까 엉뚱한 외래종교에 미쳐 돌고 있다.

이 글은 우리 민족의 뿌리를 제대로 찾자는 글이며, 더 나가 지금 신
본주의(神本主義)나, 심본주의(心本主義) 종교는 잘못된 종교라는 것도
알게 하자는 것이다. 즉 여호와나 알라를 우주의 주인으로 모시고 인간
은 그 종에 불과하여 그 종들이 아무리 많이 죽어도 그 주인을 위해서라
면 상관없다는, 그래서 전에 십자군 전쟁이나 지금 중동전에서 보듯이
피의 전쟁이 끊일 날 없는 신본주의 사상이나, 또 일체유심조(一切唯心
所造)의 사상으로 인간의 위치는 십이연기에 의한 허상일 뿐이라는 불
교 등 심본주의도 그 心은 따지고 보면 부처나 브라흐만의 心이니 이는
신본주의와 다름이 없다.

이렇게 神이나 心이 인간의 주인이 되기 때문에 우리는 교회나 절에
가서 헌금이나 시줏돈을 내면서 복을 빌어야 하는데, 알고 보면 여호와
나 부처님은 인간에게 복을 줄 능력도 없고, 또 만약 자기에게 복을 빌
며 아양 떠는 자들에게만 복을 준다면 이는 하급령(下級靈)도 한참 하급

령이 된다.

만약 그들에게 복을 빌어 정말 복이 왔다면 이는 자기 위안으로 인한 자기 믿음 때문이다. 이렇게 잘못된 사상, 종교가 판을 치는 시대에 우리는 살고 있는 것이다.

이 지구상에 실질적으로 살아가는 것은 어떤 神이나 心이 아니라 사람이다. 사람은 정신인 하늘을 물질인 땅(각종 단백질 등 물질)이 둘러서 이 세상에 살게 한 귀한 작품이니 인간만이 이 땅의 주인이다.

즉 지상에 神이나 心만 있다면 이는 귀신이고, 물질만 있다면 이는 짐승이나 시체이니 이는 天地가 만들어진 목적이 아니다.

여기서 ‘인간 이외의 동식물이 모두 땅’ 이라는 것은 인간한테는 신의 섭리를 알 수 있는 정신이 있고 또 신과 같은 창조적 지성이 있지만, 동식물한테는 그 정신이나 지성이 없기 때문에 그저 만들어진 대로 살아가는, 인간을 위한 토대일 수밖에 없기 때문이다.

또 사실상 여호와나 예수를 하나님으로 받드는 기독교에서 예수는 자신의 위치를 사람의 아들, 즉 人子(son of the man)로 말하고 있다. 그러나 지금 기독교인들은 예수와 우리 인간은 그 종자부터 다른 존재로 알고 있다.

만약 예수가 우리 인간과 종자가 다르다면 우리는 아무리 예수를 믿어도 우리가 구원을 받을 수는 없다. 왜냐하면 우리는 어차피 신이 아닌 인간이니 신인 예수를 믿어 봤자 종노릇할 수밖에는 없기 때문이다.

이와 같이 이 세상에 살아 있는 인간이야말로 우주의 근본이고, 이것을 말하는 것이 [신지녹도문 진본 천부경]의 人本主義 사상이다.

이 인본주의 사상은 인간이 천지의 주인이니 어디다 빌고 말고 할 필요도 없다. 그저 ‘하나, 둘, 셋 … 열’ 의 ‘일곱’ 에서 말하듯 자신의 진로를 자신이 일구어가면 된다.

잘살고 못사는 것은 자신의 탓이지 절대 누가 복을 주거나 말거나 해서 되는 게 아니다. 그러나 자신이 잘살려면 자기 혼자되는 것이 아니라, 싸움이나 전쟁 등도 있으니 전 세계인이 하나가 되어 함께 번영해야 한다는 것이 바로 이 교훈의 핵심이고 '홍익인간' 이다.

이런 인도적 사상, 즉 우리가 88 올림픽 때 외치던 We are the world처럼 이 지구인이 하나의 가족이 되면 전쟁은 일어날 수도 없다. 즉, 인간은 하느님 교훈대로 '홍익인간' 을 해야지 홍익귀신을 할 필요가 없다. 그러니까 하느님 교훈은 그냥 '사람이 살아가는 길, 즉 道' 이지 종교는 아니다.

이런 위대한 교훈이 있었음에도 불구하고 우리는 이 보석 같은 교훈을 땅 속에 묻어버린 채 외래 종교에 미쳐 돌고 있는 실정이니 이 하느님 교훈을 우리뿐 아니라 전 세계인에게 알리고자 하는 것이 최종목표이다.

02 [진본 천부경] 하나 둘 셋 … 열 수행의길은 부자 되는 길!

누가 뭐래도 이 땅은 살아 있는 생명을 위하여 만들어졌다. 그리고 그 살아 있는 생명의 대표가 사람이니 이 땅은 사람을 위하여 만들어졌다. 절대 어떤 여호와 같은 귀신이나, 허깨비 같은 비상비비상처천 적멸보궁(非相非非相處天 寂滅寶宮)의 부처님 마음(心)을 위하여 만들어진 땅이 아니다. 그러니까 살아 있는 인간이 어떤 귀신을 위해 그 밑에서 종살이를 하며 목숨을 바칠 일도 없고, 허깨비 마음을 위하여 기도하고 돈 바친다는 것은 다 미친 짓이다. 또 그 수행방법도 오직 그 귀신을 위해 십자군전쟁이나 지금 중동사태에서 보듯이 목숨을 바쳐 봉사하거나, 또 제 부모, 처자식을 굶겨가며 남에게 다 퍼주고 자신만 천당에 가려고 기도하는 행위, 또 이 세상에 생로병사(生老病死)와 별리(別離)의 고뇌가 있다니 이를 다 버리고 산중에서 죽을 치고 앉아서 혼자만 선정(禪定)에 들어가 성불한다는 것은 엄연히 존재하고 있는 현실을 도피하는 비현실적인 것이고 자기만 잘되겠다고 하는 이기적 아집인 것이다.

인간이 살아가는 데 어찌 생로병사와 별리의 고통만 있다는 것인가? 물론 그런 고통도 있겠지만 성리학에서 말하는 측은(惻隱), 수오(羞惡), 사양(辭讓), 시비(是非) 등의 인의예지(仁義禮智)의 재미와, 칠정(七情)이라는 즐거워하는 희(喜), 노여워하는 노(怒), 슬퍼하는 애(哀), 두려워하는 구(懼), 그리고 현대인이 가장 좋아하는 사랑하는 애(愛)와 미워하는 오(惡), 욕심을 부리는 욕(慾)도 있는 것이며 또 글쓴이처럼 친구들과 쌍과부집에 가 막걸리 퍼마시고 헬렐레해지는 재미 등도 있는 것이 아닌가라고 했다.

왜 이런 모든 것들을 포용하고 승화시킬 수는 없는가? 그러니까 위에 이런 종교들은 결론적으로 사람의 본성이 자신의 육신이 아니라 진리라는 가르침의 방편은 될망정 인간을 위한 길은 아니다.

우리 하느님 교훈인 [신지녹도전자 천부경] '하나, 둘, 셋 … 열' 은 "하늘의 정신인 '한' 이 물질(각종 아미노산 등)인 땅에 둘리어 사람을 세웠고 짝인 겨집을 만들어 이 땅 위에 세웠으니 잘 번성하거라." 했다.

여기까지는 섭리를 말씀하신 것이니 인간이 뭐 어쩔 수도 없다.

그러나 '일곱' 부터는 인간이 반드시 해야 할 일이고 의무라 했다. 이 [신지녹도문 천부경]에서 '일곱' 의 일구는 것은 바로 천부경 수행의 길 이며, 요즘 말로 부자 되는 길이다. 그런데 그 목적은 '여덟, 아홉' 을 하기 위한 부자 되는 길이다. 즉 '일곱' 으로 일구는 목적은 일의 결과인 "열매, 즉 '여덟' 의 처자식 집"을 부자 되게 하자는 것인데 처자식의 집이란 내 개인의 처자식이 아니었고 '아홉' 은 '씨족(국가)의 울타리' 이니 이는 나 자신을 위하여 일구는 것이 아니라 '우리' 를 위하여 부자가 되는 것이라 했다.

따라서 위 미움이나 질투의 고뇌는 '일곱, 여덟, 아홉' 으로 '우리' 를 만들어 수용하고 승화시키면 오히려 즐거움만 남고, 또 생로병사 등도 '열' 로 열고 나가면 간단히 해결된다. 이렇게 '인간의 길을 가는 것' 이 바로 신지녹도문 [진본 천부경] 수행의 길 하나 둘 셋 … 열이며 부자가 되는 길인데, 왜 십이연기에 의해 태어난 인생에 고뇌만 있다 하여 태어남의 원인인 무명을 없애고 아예 태어나지도 말자는 것이며, 왜 어떤 귀신의 노예가 되자는 말인가?

이 우리를 위해 기업을 세워 진정한 부자가 됐던 많은 분 중에 우리가 아는 사람 중 대표적 인물이 바로 유한양행의 창시자 유일한 박사와 안과의사 공병우 박사였다.

1) 유일한 박사

그는 1925년 미국유학을 마치고 고국에서 '웅지' 를 펴기로 결심하고 평소 존경해 왔으며 교분이 두터웠던 서재필 박사를 찾아갔다. 유일한 박사는 당시 일제하에서 '기아와 질병' 으로 신음하는 우리 민족을 위해 제약 산업을 통한 건강입국의 신념을 피력하였으며, 서재필 박사는 "한국인임을 잊지 마시오"라는 격려의 말과 함께 기념의 정표로서 목각화 한 장을 내주었다.

서재필 박사의 영애가 손수 조각한 목각의 그림은, 잎사귀와 가지가 무성한 한 그루의 버드나무였다.

유일한 박사의 柳(버드나무)에서 착상된 이 목각화에는, 고국에서 나라와 민족을 위해 한 그루의 큰 버드나무처럼 모진 비바람 속에서도 '끈질기게, 무성하게' 대성하기를 바란다는 뜻이 담겨져 있었다.

이 목각의 버드나무 그림은 유일한 박사가 1926년 유한을 창립하면서 초창기 유한의 마크로 사용되었으며, 오늘에 이르기까지 부분적 변형은 있었으나 무수한 역경 속에서도 꺾이지 않고, 싱싱하고 푸르게 성장하였으며, 항상 국민보건 향상에 앞장서온 모범기업으로서의 뜻을 가지고, 보다 넓은 세계로 도약하는 유한의 발전과 항상 함께하고 있다.

이 유일한 박사가 살아 계실 때도 그랬지만 가실 때 그의 많은 재산을 어떻게 했는가는 우리 기업인들의 귀감이 된다는 것은 설명할 필요가 없다.

2) 공병우 박사

사람의 몸값을 백 냥으로 친다면 눈의 값이 99냥이라고 생각한 공 박사는 고칠 수 있는데도 무지해 못 고치고 맹인이 되는 사람들이 너무나 딱하여 안과 의사가 되었다.

그는 1907년 1월 24일 평안북도의 한 농가에서 태어나서 1926년 의과대학도 다니지 않은 채 조선의사 검정시험에 합격하여 한국인 최초의 안과전문의가 되어서 공안과를 열어놓고는 많은 사람들이 맹인이 되는 것을 막았다. 그는 이에 만족하지 않고 1938년 한글학자 이극로 선생을 만난 것을 계기로 한글사랑과 한글기계화운동을 시작하셨다. 1949년 고성능 한글 타자기발명에 성공한 후 세벌식 공병우타자기를 비롯하여 쌍초점 타자기, 한글텔레타이프, 점자 한글타자기, 맹인용 한글워드프로세서 등을 잇달아 개발하였으며, 1988년에는 한글문화원을 설립해 한글 글자꼴과 남북한 통일 자판문제 등을 연구하는 등 한글타자기 등의 한글의 기계화를 이끌며 한글사랑운동에 몸 바쳐온 분이기도 하다.

그는 연세가 많아지자 더 이상 안과 일을 보지 않고 자연을 유람, 우리나라 산천을 돌아다니며 우리의 아름다운 강토의 모습을 예술적으로 표현, 사진에 담아 전시회나 사진첩을 발간하였다.

그는 말년에는 제자들인 서울대 안과 의사들과 맹인들의 시신경을 최첨단 과학과 연결시키어 맹인들도 앞을 보게끔 하는 연구를 하다가 1995년 3월 7일 연세대 신촌 세브란스병원에서 별세하였다.

그는 생전에 "내가 죽거든 나의 장기를 다른 환자에게 기증하라."고 유언하였는데, 제자 의사들이 "선생님은 연세가 너무 많아 선생님의 장기는 누구한테 이식시킬 수 없습니다."라고 반대하니, "그럼 의대생들의 시체 해부용으로라도 기증하여 의학발전에 이용해 달라."고 하셨기 때문에 고인의 뜻이 너무 숭고하여 의대생들은 눈물을 흘리며 절을 하고는 그대로 그의 시신을 천 갈래 만 갈래로 찢었다고 한다.

이상 부자 되는 길이 바로 자연의 섭리대로 사람이 살아가는 길인 신지녹도문 [진본 천부경] 하나 둘 셋 … 열 수행의 길이 된다는 것은 바로 유일한 박사, 공병우 박사 같이 '우리'를 위하여 부자가 되는 것이다.

3) 넘새누나, 오륙도가 하나로 보일 때 … 주인공
이는 실화를 소설 형식으로 쓴 것이니 역시 [진본 천부경] 하나 둘 셋

… 열 이론을 실천하신 분들이다.

즉, 돈을 벌어 부자가 됐다면 글쓴이가 신지녹도문 [진본 천부경] 수행 방법의 하나로 쓰고 있는 [넘새누나의 부자 되는 길]이나 [오륙도가 하나로 보일 때 원죄의 사슬이 풀리리라]와 같이 그가 알든 모르든 이 [신지녹도문 진본 천부경] 수행의 길을 간 사람이고, 은팔찌 신세를 지는 사람은 진정한 부자가 무엇인지 모르는 추잡한 부자이니 그 끝이 보인다.

03 과연 '나'가 있는가?

원시조상이나 선악과 따먹기 전의 인간한테는 '나' 가 없었다.

'나' 가 생긴 것은 그놈의 창조적 지성을 착각한 때문이다. 인간이 동물과 다른 것은 '인간은 창조 지성의 자기 표현체' 이기 때문이다. 이 '창조지성의 자기 표현체' 란 절대로 피조물이 아니라 '자기가 자기를 만든 것' 을 말한다. 그러므로 창조적 인간한테만 창조적 지성이 있다 했다. 그런데 이 창조적 지성을 가지고 인간이 제일 먼저 착각한 것이 이 '나라는 개체였고, 그렇기 때문에 인간한테만 생노병사, 즉 여러 가지 고민과 죽음이 있다' 고 했다.

그러니까 원시 조상은 물론 지금도 문명이 전연 들어가지 않은 오지의 원시족이나 동물한테는 '나' 라는 개체가 없고 '우리' 뿐이니 따라서 고민도 죽음도 없다고 했다.

이 우리의 본체는 불가에서 말하는 무아(無我) 하고는 다르다. 무아는 전연 허깨비이지만 '참나' 는 '나' 만이 내가 아니라 '저 사람도 나' 인 것이다. 즉, 더불어 사는 '우리' 인 것이다. 이 우리 사상은 지금도 우리에게 남아 있다.

항상 하는 말이지만 지금 어떤 지게꾼이 하나 있다 하자. 그는 하루 종일 힘들게 일하고 판잣집에 들어갈 때는 그래도 꽁치라도 한두 마리 사서 지게에 매달고 들어간다. 이것은 자기만이 먹으려고 하는 것이 아니다. 못생기고 미련하지만 그래도 마누라와, 비록 말썽꾸러기 코흘리개이지만 그래도 자식들이 맛있게 먹을 것을 상상하며 자신이 힘들었던 일을 잊고 싱긋이 웃는다.

즉, 나에서 우리로 승화시키니 그 힘들었던 고역이 환희로 전환되는 것이다. 다시 말하면 부처님이 말하는 인간에게는 고뇌만 윤회하니 태어나는 원인인 무명(無明)을 제거하여 아예 태어나지도 말자던 그 고통을 이 신지녹도문 [진본 천부경] 하나 둘 셋 … 열의 이론으로는 오히려 환희로 승화시킬 수 있는 것이다. 이 얼마나 참된 이론인가? 정신이 번쩍 드는 이론이 아닌가?

그리고 지금 나이깨나 드신 분들의 생각은 다 그렇다. 그러나 지금 젊은이들은 거의 이것을 모른다. 오직 '나' 만 알다보니 부모님들은 짝사랑을 한다.

서양인들은 대부분 내가 주체이다. 오직 나만을 위해서 살고 나한테 이롭지 않으면 애들이 울건 말건 이혼한다. 서양 사람들은 이런 말이 당연하게 즐겨 쓴다.

That's your business. (그것은 너의 일이다.)

That's your problem. (그것은 너의 문제다.)

I don't care. (내가 상관할 바가 아니다.)

우리도 돈이 많고 오직 서양만 종주국으로 아는 소위 문화인들은 이 풍속을 닮아간다. 그러니까 6.25 때까지만 해도 우리한테는 내 가족이 '나' 라는 생각이 있었고, 세월을 거슬러 올라갈수록 이씨조선 때, 그리고 고려 '무신 정권' 에서 해주 가문, 청주 가문 따지듯 씨족이 곧 바로 '나' 였으며, 더 올라가면 단군, 환웅 때는 그 씨족의 울타리(국가)가 모두 '나' 였다는 것은 우리 뿌리말을 찾아보면 알 수 있다.

이 '나' 와 '우리' 라는 말은 우리말과 서양말을 비교해보면 안다.

서양인들은 나의 선생님(my teacher), 나의 학교(my school), 나의 나라(my country), 그리고 형제들이 있어도 나의 부모(my parents)이고, 식구들이 같이 살아도 나의 집(my home)이다.

그러나 우리는 '우리 선생님, 우리 학교, 우리나라, 우리 부모님. 우리 집' 이며 심지어 마누라까지 '우리 마누라, 우리 남편' 이다.

이것은 비단 말뿐만이 아니다. 먼저 말이 시작될 때 그 사상적 기반이 다르기 때문에 말까지 그렇게 된 것이다. 그런데 지금 우리는 맥도 모르고 서양 문물에 미쳐서 우리 말 속에 들어 있는 그 뜻을 모르며 말을 한다. 이것도 '천부인' 과 이 신지녹도문 [진본 천부경] 하나 둘 셋 … 열을 알아야 할 이유이다. 즉, 쥐뿔(제뿌리)부터 알아야 한다.

이 신지녹도문 [진본 천부경] 하나 둘 셋 … 열에서는 '나' 가 우리로 승화된다. 불경에서는 '나' 가 무아로 대치되어 허깨비가 되지만 천부경에서는 '나' 가 '우리' 로 승화되어 결국은 전 세계인이 하나가 된다.

그러므로 '일곱' 으로 돈을 벌다 보면 절대 은팔찌 신세를 질 일도 없고 그 돈은 영원히 보전될 것이다.

즉, 일곱으로 돈 버는 방법은 이 신지녹도문 [진본 천부경] 하나 둘 셋 … 열이 수행의 길이다. 그러면 왜 이런 간단한 신지녹도문 [진본 천부경] 하나 둘 셋 … 열 속에 그런 엄청난 진리의 말씀이 있는가? 말이라곤 불과 20여 단어밖에 없던 그때에 지금과 같이 20만 어휘를 쓰는 인간에게 어떤 말을 할 수 있었겠는가?

결론은 이 신지녹도문 [진본 천부경] 하나 둘 셋 … 열 이론은 바로 '사람이 살아가는 이론' 이고 그 수행방법도 부자가 되는 길인데, 이 돈 버는 방법도 이 이론으로 하면 더 쉽게, 더 많이, 더 안전하고 아름답게 번다는 것이다.

그런데 이 신지녹도문 [진본 천부경] 하나 둘 셋 … 열을 제대로 이해하기 위해서는 먼저 반드시 [천부인 ㅇ ㅁ ㅿ 의 비밀]을 읽어 우리 뿌리말을 알아야 한다.

[참고자료Ⅶ] 청동기 '코뿔소 술두르미' 금문해독

01 코뿔소 술두르미 속의 명문 중요성

이 [코뿔소 술두루미] 금문은 우리 민족에게는 매우 중요한 글이다. 즉 천신족인 환숫께서 지신족인 곰네와 피를 섞어 밝달 임금을 낳고 그와 함께 왔던 무리들도 역시 곰족과 피를 섞어 우리 민족을 세운 것을 우리 조차 단군 신화라 하는데 이는 신화가 아니고 실화임이 이 미국 부런티지 박물관의 코뿔소 술두르미 속 명문 해독으로 밝혀지니 이 유물은 우리 한민족에게 실로 보물이 아닐 수 없다.

02 그간 코뿔소 술두르미 금문을 해독한 글들의 비판

이 글은 그간 소위 중국의 금문학자라는 낙빈기는 물론 그로부터 사사 받은 한국 금문학자들과 그들이 쓴 글을 강력히 비판하는 내용이 들어 있다.

즉 한국에서 소위 금문을 해독하는 학자들이란 글쓴이가 알기로는 오직 낙빈기와 그로부터 사사 받은 소남자와 그로부터 다시 사사 받은 사람들로 아는데 소남자는 아래 내용과 같이 엉터리 같은 낙빈기로부터 금문 해독을 전수 받았으니 그 말만 듣고 우리의 국조 단군을 판단할 수는 없다.

그러므로 아래 "단군 허상"에서 보듯이 우리 역사가 너무나 왜곡되기 때문에 이를 바로잡아 첫 조선 유적지에서 출토된 금문으로 명실상부한 첫조선 역사를 되찾고자 함이다.

이 글을 끝까지 읽어 보시고 이의가 있으신 분은 글쓴이 카페 독자토론란 등에서 공개 토론을 해도 좋다.

여기서 이 코뿔소 술두르미 속 명문 금문 해독이 우리 민족에게 정말 중요한 내용이란?

* 천신족인 환웅족 대략 3천명과 지신족인 웅녀족이 단군 탄생을 계기로 혼혈 동화하여 우리 민족이 시작된 근거가 이 코뿔소 명문 속에 있다는 점.
* 우리말과 중국어, 영어 등의 어순이 다른 이유가 바로 이 코뿔소 두르미의 명문 속에 있다는 점.
* 그간 전 세계 학자들은 조개로 만든 패전(貝錢)이 인류 최초의 돈이라고 말하고 있으나 조개 돈이란 여음(女陰)을 조개로 착각한 데서 생긴 말이라는 점 등이다.

다음 사진은 지금 미국 시카고 부런티지 박물관에 소장된 대략 4,500년 전의 청동기로 중국 첫조선 유적지 아사달로 추정되는 곳에서 출토됐다 한다.

위 코뿔소 모형은 제상 같은 데 올리는 제기 같은데 그렇다고 술잔 같
지는 않으므로 "코뿔소 술두르미"라 하는데 안쪽에 새겨진 26자의 명문
이 특이하다.

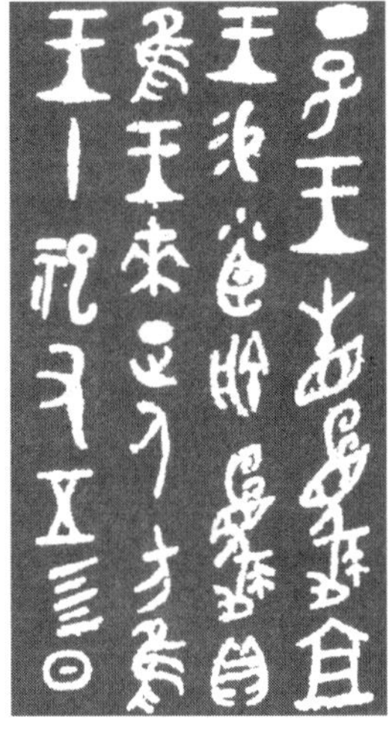

* 글자 중, 우선 맨 먼저 세 글자만 해독해 보는데 원시 글자나 한자가 그
  렇듯이 우측에서 내리읽어야 한다.
* 먼저 맨 아래 둥근 그림을 기존의 학자들은 어떻게 해독했는지부터 본다.

사마천의 사오본기에서는 위 둥근 것을 전욱(顓頊)이라 했는데 顓 자는 오로지란 뜻이고 頊은 멍청한 사람이라는 뜻이니 이는 멍청한 사람을 뜻하는 글자라 하였다. 이는 아마 사람은 개성이 있어야 하는데 … 즉 '口'과 같이 모가 져 있어야 하는데 그런 모가 없이 둥그러니 멍청한 사람으로 본 것 같다.

03 중국인들은 사람 머리를 왜 口으로 그려놓는가?

이는 중국인들이 변경시킨 갑골문 이후의 글자에서 사람의 머리를 口으로 해놓은 것 등 수많은 증거가 있다.

天

天（吳兂兂兲）

출처: [甲骨文字形字典], 北京長征出版社

위 글자 중 사람 머리가 口인 것은 모두 중국인들이 우리 금문을 때를 묻힌 글자이며 아래 工 자도 마찬가지이다.

工

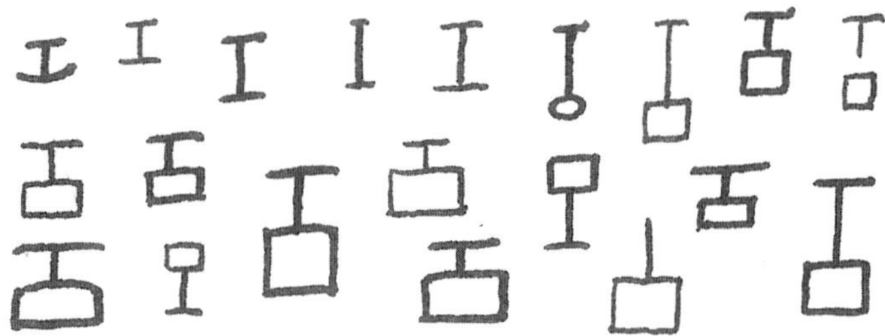

출처: [甲骨文字形字典], 北京長征出版社

위 그림에서 땅을 뜻하는 口 위에 사람을 ‘ㅣ’으로 표시한 것은 우리와 같이 천부인 천부경 사상이 없는 다른 민족은 만들 수 없는 글자라는 것이다.

그러나 이에 반하여 ‘모’ 자 같이 써진 글자는 지동설도 없던 그 시절 口인 땅 아래 사람이 서 있다는 말이니 이는 사람 머리를 그린 것이며 중국인이 때를 묻힌 글자이고 이 중국인들은 천부인 天地人 원방각 ㅇㅁ△이 무엇인지 모른다. 따라서 금문이란 우리 조상이 만들었으니 그 해독도 우리가 해야 한다는 것이다.

이상과 같이 사마천의 사오본기에서는 위 둥근 것을 멍청이인 전욱(顓頊)이라 했는데 한편 그 전욱(顓頊)은 옳은 일을 많이 하고 다녔고 그래서 그런지 한서(漢書)를 엮은 반고(斑固)의 백호통(白虎通)에는 “謂之顓頊何 顓字專也 頊字正也 言能專正天地道也”라 하여 “어찌 멍청한가? 顓 자는 오로지란 뜻이고 頊자는 바르다는 뜻으로 말하자면 능히 천지의 도이거늘…” 이라 하고 있으니 이 술두르미 안의 둥근 글자는 중국인들 사이에서도 헷갈리는 글자다.

다음 중국학자들은 위에 둥근 것을 丁으로 읽고 있는데 그 이유는 丁巳年에 왕이 … 이라고 읽고 있기 때문이다. 다음 나오는 글자, 즉 子 자와 같이 생긴 글자를 뱀 사(巳)로 보아 정사년의 丁이라 한 것이다.

또 다른 학자들은 이 그림이 둥그니까 정원이나 못(澤)으로 해석하고 있다.

그러나 현대 금문학의 대가로 이 금문을 풀어 전설 속에만 있던 중국의 삼황오제를 당당히 중국 역사 속으로 끌어들였다는 낙빈기는 이 둥근 것을 구슬(珠)로 풀었는데 그 낙빈기에게 금문 해독을 전수 받은 우리의 소남자 선생은 박혁거세나 김수로왕이 알에서 나왔고 또 신라 초알지, 알천 등 알씨들이 많다 하여 알(卵)로 풀었더니 낙빈기가 깜짝 놀라며 너무 정확한 해독이라 했다 한다. (이상의 글은 김대성 저, 금문의 비밀에서 그 요점만 간단히 발췌한 것이다.)

그러나 글쓴이는 소남자의 해석에도 좀 아쉬움이 있다. 즉 박혁거세나 김수로왕 등이 알에서 나왔고 알지, 알천 등이 알씨를 고집한 이유는 선대로부터의 전통이었을 것이고 그 선대에서는 새알이나 닭알 등을 부러워하여 알을 택하지는 않았으리라는 것이다. 즉 알은 생명의 시원이고 이 생명의 시원은 알 이전에 하늘이며 태양인 것이며 이 생명의 정기를 받아 만들어지는 것이 새들에게는 알일 것이고 사람한테는 사내의 정액이 되어 정액의 우리말인 '알' = '얼' 이 되기 때문이다. 즉 알, 얼은 감둥이, 검둥이가 같은 말이듯 모음이 혼동된 가림토로 같은 말이다.

이 알은 얼과 같고 얼은 정액이라는 글쓴이의 말을 또 보자.

지금 민족의 얼을 찾아야 한다는 '얼' 의 국어사전 해석은 정신, 혼 등이다. 그러나 무시할 수 없는 것이 우리말이다. 우리가 흔히 말하는 얼싸 좋다, 얼씨구절씨구는 생식만이 최우선이던 시대에서는 "얼을 싸니 좋다"는 말이다. 그런데 만약 얼을 정신, 혼으로 본다면 정신, 혼을 싸 버려 멍청이가 됐는데 뭐가 좋다는 말인가?

원시에서 가장 신성하고 중요한 것은 바로 생식행위이다. 그리고 얼이라는 정액은 생명의 근원인 태양의 정기를 사내가 받아 씨로 저장했다가 밭인 여음에 전하는 것이니 얼을 정액으로 본다면 얼싸는 행위야말로 가장 좋은 것이다. 또 우리말에 "얼라리 꼴라리"라는 말이 있다. 이는 아이들이 양지쪽에 앉아 수음이라도 하다가 정액이 나오면 "얼이 나왔네 콧물이 나왔네." 하고 놀리던 말이다. 그러니까 사람한테는 생명의 정기가 얼이고 새한테는 알인 것이니 이왕 생명의 시원을 말하려면 하늘이나 태양의 의미로 해석하는 것이 더 좋을 것이고 이는 바로 하늘 천부인으로서 환숫(桓雄)이나 밝달임금(檀君)은 그 하늘, 해의 아들들이며 그 후손이 바로 박혁거세나 김수로왕이 된다고 보기 때문이다.

 하늘을 떠도는 영혼은 정액(精液)이 된다?

두 번째 글자를 보면 글쓴이의 이론은 더욱 명확해진다.

위 丁巳년으로 보는 이론 말고는 다른 이들은 모두들 이 두 번째 그림을 "뛰는 아이"로 보아 子 자로 해독하고 있으며 금문에서도 중국인들은 이 글자를 子 자라고 설명하고 있다.

출처: [圖釋古漢字](能國榮 著, 濟魯書社 刊)

그러나 글쓴이의 생각은 전연 다르다. 위 금문 1, 2를 유의하시라. 이는 아직 子가 아니고 子가 될 인자, 즉 하늘을 나는 정령이고 그렇다면 사내의 정자가 된다. 또 좌측 갑골문 6의 머리가 ㅁ으로 돼 있는 것은 이미 중국인들의 때가 묻은 글자로 잘못된 것이다. 즉 중국인들은 먼저 말했듯이 ㅇ은 개성이 없는 멍청이라 하여 사람의 머리도 ㅁ으로 그리고 갑골문, 소전, 대전에서는 사람 머리를 표시할 때 이 ㅁ을 많이 쓰지만 우리는 하늘과 같이 원만한 것을 좋아하고 또 먼저 말했듯이 우리 생명은 하늘, 하늘의 주인인 해로부터 받았으므로 ㅁ처럼 모가 졌거나 또 이 ㅁ에서 분화된 ㄱㄴㄷㄹㅂ 등은 물질을 나타낼 때만 쓴다. 그러므로 우리 조상들이 그린 금문, 은허갑골문을 지나족이 가져다가 진시황 때 대전(大篆), 소전(小篆)을 거쳐 자기네 말로 발전시켰고 우리는 우리 가림토는 발전시키지 못한 채 그것을 삼국 초에나 역수입해서 쓰는 것이며 그 한자만 쓰는 사람들이 우리나라 역사를 관장했던 선비들이다.

따라서 위 코뿔소 술두루미에서 우리 조상이 만들고 변질이 되지 않은 위 金文 1, 2를 다시 잘 보시라.

이 아이는 과장되게 큰 원을 머리에 이고 있기 때문에 이는 머리가 아니고 바로 하늘이며 하늘의 주인인 태양이고 그래서 이 그림은 "아이가 하늘이나 태양을 이고 있는 것"이며 그러므로 이는 아직 子인 아들이 아니고 아들이 될 인자, 즉 혼으로도 볼 수 있는 정액을 표시한 것으로 본다.

다음 그림을 보시라. 여기서 巳, 즉 뱀이란 우리말로 아기가 "울 때 어비 온다" 또는 아기가 징그러운 것을 만질 때 "어비야 만지지 마!" 등을 설명하면서 업뱀이란 남근이라 했다.

출처: [圖釋古漢字](能國榮 著, 濟魯書社 刊)

여기서 金文 1, 2는 정자를 그대로 그려 놓았는데 이는 당시 인들이 현미경이 있어 정자를 직접 본 것이 아니라 올챙이가 개구리가 되는 것을 보고 추리해서 그린 그림일 것이다.

다음 위 코뿔소 술두르미 사진에서 세 번째 글자는 王자라고 다들 하는데 글쓴이도 여기에 이의는 없다.

다만 지금까지 중국의 학자들은 그 글자 생김새가 王 자같이 생겼으

니 그냥 王이라는 것이다. 그러나 글쓴이는 몇 가지 이유를 덧붙인다.

우선 王자 맨 위 획인 하늘이 '一' 자와 같이 평탄한 것은 좋다. 그러나 맨 아래 획 땅과 같은 것은 그냥 '一' 자가 아니고 중간이 불룩하게 나왔다. 이는 땅이란 이 신지녹도문 [진본 천부경] 하나 둘 셋 … 열 해독 '하나' 에서 빛 받는 누리, 즉 'ㄴ' 에서 설명했듯이 땅이란 평지뿐만이 아니고 산같이 높은 곳도 있고 낮은 곳도 있기 때문이다.

다음 하늘과 땅 사이에 ＋ 자가 아니라 大 자 같은 것이 있는데 이는 양팔을 벌린 사람이다. 중국의 가장 오래된 사전인 설문해자에 太 자를 사내라 했고 모든 금문에도 그렇다. 즉 사람이 팔과 다리를 벌리고 서 있으며 거기에 '숫' 까지 붙어 있으니 만물 중에 가장 중요하고 큰 존재가 사내라는 것이다. 大 자도 마찬가지로 사람이라 한다. 그렇다면 하늘 아래 땅 위에 사람은 가장 큰 것이고 이 사람의 대표가 바로 王이 된다. 그러므로 원래 王 자는 위 사진 금문에서 王 자처럼 하늘 (一)과 땅(一) 사이에 ＋ 자가 아닌 大 자를 쓰는 것이 옳을 것이다.

그러면 위 세 글자풀이를 가지고 위에서 말한 중국인들이 풀어본 대로 한번 해석을 정리해 보자.

* 우선 멍청하다는 전욱(顓頊)으로 풀어 보면…

멍청이의 아들 왕이…

개성이 없는 놈의 아들 왕이…

(그러나 이 해석은 말이 되질 않는다.)

* 丁巳年에 왕이…

(이 해석 역시 정사년이라면 연대가 맞지 않는다.)

*다음 정원이나 못

정원(못)의 아들 왕이…

(이 해석도 말이 되질 않는다.)

*낙빈기의 구슬, 즉 주자왕(珠子王)

구슬아들(사위)왕이…

(이 해석도 매우 서투르고 말이 연결되질 않는다.)

*소남자의 알(卵)

알의 아들 왕이….

소남자 선생은 낙빈기가 살아 있을 때 그로부터 전수 받았다는 분이다.
그러나 우리말 우리 상식으로 해독해야 할 것을 중국인 낙빈기한테 전수
받아서 그런지 말이 어색하게 연결된다.

*이제 글쓴이의 해독대로 한다면

"하늘(태양)의 '얼'(정액, 정기)을 받은 하늘과 땅 사이에 가장 큰 사람
(왕)이…" 되는데 이는 우리말 임금에서 그 말의 뜻과 일치하고 하늘, 해
의 정기를 받았다면 환숫(桓雄)과 밝달임금(檀君)도 될 수 있다.

임금이란 말의 어원에 대해 글쓴이 졸저 [천부인 ㅇ ㅁ ㅿ]을 다시 인용
한다. 임금의 어원은 '잇큼'이고 이는 한자로 쓸 수 없으니까 이사금(尼
師今)이라고 쓴 것이며 그래서 이 잇큼이 임금이 된 것인데 삼국유사 일
연의 이빨 금 이야기는 완전 뚱딴지 캐먹는 이야기이다.

그 이유는 먼저 말한 하늘 천부인 'ㅇ'은 하늘이고 'ㅅ'은 솟는 뜻이
있으므로 하늘에서 솟는 것의 대표가 바로 해이므로 이 해솟음을 먼저
'앗'이라 했으나 먼저 말했듯이 원시 우리말에서 모음이 혼동되므로

‘앗’ 과 ‘잇’ 은 같은 말이다.

다음 ‘큼’ 은 물론 크다인데 한자로 干으로도 표현됐다. 이는 역시 신라왕 馬立干(머리 큰)이나 징기스칸의 ‘칸’ 과 같은 것이다.

이상 우리말 잇큼>임금의 뜻이 “태양같이 큰” 이라면 위 금문 해석을 “해의 정기를 누리로 받은 이(王)” 로 봐야 하며 그는 환숫과 곰네 사이에서 난 밝달임금을 말한다.

다음 그림도 일단은 그림이니 그저 교통 표지판처럼 의미만 있고 음은 생각하지 말자.

우선 위에는 나무가 있다. 이 나무는 이 신지녹도문 [진본 천부경] 하나 둘 셋 … 열 하나의 ‘하’ 에서도 햇빛을 받는 나무라 했고 금문도 그렇다.

다음 그 아래 알이 있다. 이는 사내가 하늘의 정기를 받아 고환에 그 정기를 받아 보관하고 있는 알(얼)이 된다.

다음 알 아래는 눈(目)이고 이는 살핀다는 뜻이 있다.

그럼 이것이 눈의 그림인가를 금문으로 알아보자. 우선 얼굴이라는 面 자부터 보자.

출처: [[圖]釋古漢字](能國榮 著, 濟魯書社 刊)

여기에는 금문은 없고 좌측 갑골문으로 시작되는데 여기에는 눈만 그려져 있고 차츰 그 눈에 테를 만들어 나가다 보니 현재 面자가 된다. 즉 얼굴의 요점은 바로 눈이란 말이다.

다음은 본다는 見 자이다.

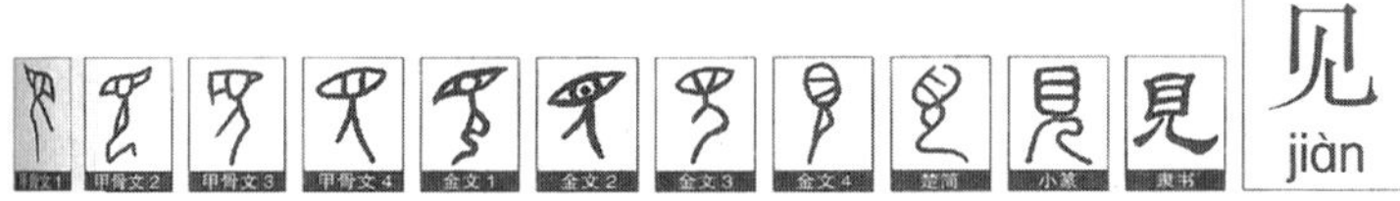

출처: [[圖]釋古漢字](能國榮 著, 濟魯書社 刊)

여기 금문 갑골문 모두 오직 눈 밑에 사람 몸뿐이다.

이번에는 눈이라는 目 자이다.

출처: [[圖]釋古漢字](能國榮 著, 濟魯書社 刊)

여기서는 물론 눈 그림뿐이다.

이상과 같기 때문에 아래 글자는 어떤 음보다 "빛과 얼(알)을 눈으로 살피다"로 해독한다.

그렇다면 이 글자의 낙빈기 해독부터 알아본다. 아래 글도 김대성 엮음 '금문의 비밀'에서 인용한다.

낙빈기는 이 글자를 相 자로 해독했다.

즉 그는 "상(相)으로 읽는 이 글자는 전욱 고양의 첫째아들 성축의 관직 이름이다. 술그릇 '상작주부고'에서도 보이듯 '상'은 아버지 전욱고양이 제위에 있을 때 제례대관에 있었던 아들 성축의 칭호였다. 낙빈기가 '상'을 쓰고 그 글자에 괄호를 쳐서 형(亨)을 적어놨는데 이는 '백신형지(百神亨之)'의 '형(亨)'과 같은 뜻의 표시라는 것이다. 요즘 제사에서 흠향을 원한다는 '상향(尚饗)'과 같은 뜻이다."라 했다는 것이다.

위 글을 보면 글쓴이 생각으로는 낙빈기는 아무래도 우리 조상이 만든 글자로 자기네 중국 역사소설을 쓰는 것 같다. 이는 위에서 보았듯이 "하늘의 정기를 받은 왕이…" 해야 할 것을 "멍청이의 아들 왕이…" 한다든지 언못의 이들왕, 또는 낙빈기의 "구슬의 이들 왕이…" 하는 식이다.

이도 그럴 것이 위 하늘의 정기를 받은 왕이라면 이는 우리 고조선의 역사이고 그 출토지도 우리 고조선 유적지에서 우리 조상들이 글자가 없거나 부족해 그림으로 그려 보충한 것이 금문이니 뜻은 있으되 음은 있을 수 없는 그림이다.

이 우리 조상이 그린 그림을 중국인들이 들여다가 엿장수 맘대로 말을 붙이자니 그들 상식으로는 도저히 이해할 수 없어서 금문 해독의 권위자라는 낙빈기조차도 지금 야밤에 뚱딴지 캐먹는 말을 하고 있는 것으로 보인다.

우선 그는 이 글자는 '상(相) 자라고 했는데 금문으로 본 相 자가 그렇게 생겼는지부터 보자.

출처: [圖]釋古漢字](能國榮 著, 濟魯書社 刊)

위 相 자를 아래 相이라는 글자와 비교해 보라.

위 相 자는 신지독도전자 천부경에서 셋을 의미하는 나무 즉, 木의 금문과 같은 나무에 눈이 있는 것은 사실이나 글자 구성 원리가 이미 빛을 받아 셋, 즉 사내가 세워진 환웅을 말하니 그것을 살피고, 감시하고 뭐하고 할 것이 없고 또 이것이 바로 위 그림과 같이 서로라는 뜻을 가진 相 자가 될 이유도 없다. 따라서 위 그림의 해독을 한자로는, 相 으로 붙인 것은 중국인들의 생각이며 또는 어떤 음이고 나발이고 붙일 수 없다. 그저 이 [신지녹도문 진본 천부경] 하나에서 보듯 햇빛을 받는 나무가 있고 그 아래 알(얼, 씨)이 있으니 "빛과 얼(알)을 눈으로 살핀다"로 보는 것이다.

우리 어순과 중국 어순이
다르게 된 이유

다음 글자는 중국인들의 금문, 갑골문 해독 책에는 나와 있지도 않은 글자이며 이렇게 금문 해독에 나와 있지 않은 글자는 너무 많다.

이 글자는 우리말과 중국말, 영어 등이 왜 그 어순이 다르게 됐는지 알게 되는 동기가 되는 매우 중요한 그림이다.

낙빈기의 '금문신고(金文新考)'에서는 "珠子王 相(亨) 柱祖(廟) 王錫 (給, 賜) 衆餘 柱貝…"이라고 하였고 이 책을 근간으로 한 김대성의 '금문의 비밀'에서는 "구슬사위 임금이 신주를 모신나라 사당에 제향을 올렸다. (그때) 왕을 도와 뫼를 올린 계삼씨(系三氏) 중여 곤(衆餘 絲)에게 신농씨(神農氏) 때 만든 돈을 하사했다." 하는 것으로 보아 "신주를 모신나라 사당에 제향을 올리다."로 보는 것 같다. 그러나 이 역시 낙빈기는 우리 조상이 그린 금문으로 자기네 역사소설을 쓰는 것 같다.

이 그림은 맨 먼저 위는 머리카락 같지만 사실 더듬이를 그린 것이다.

즉 "더듬어 보다"라는 뜻이 있고 이를 굳이 한자로 쓴다면 더듬을 무(撫)자가 된다. 그리고 눈 위에 더듬이가 붙어 있는 것이 왜 머리라는 首자인지 한번 보자.

* 머리 首 자 그림

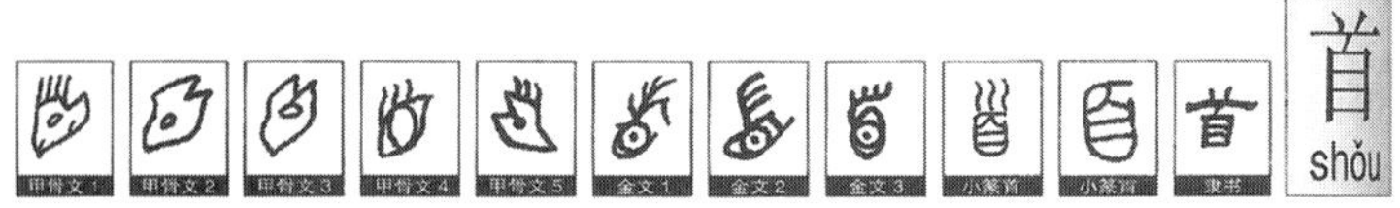

출처: [圖釋古漢字](能國榮 著, 濟魯書社 刊)

따라서 금문에서는 그 요점만 그리니 눈 위에 더듬이나 머리카락이 首자가 된다.

다음은 먼저 그림 그 더듬이가 달린 눈 아래 사람이 서 있는데 무엇인가 들고 있다. 이는 고기를 잡아 꿴 꾸러미이지만 이것이 나중에 물건이 되고 또 돈이 되며 한자로는 物, 또는 돈이라는 錢이 된다.

다음 맨 아래 있는 것은 발이다. 이는 '다닌다'는 뜻이고 한자로 行, 步가 되나 때에 따라서는 서 있다는 그칠 지(止)자가 되기도 한다. 이것도 당시에는 말과 글자가 부족했다는 글쓴이의 말이 입증되는 것이다.

그러나 여기서는 步 자로 봐야 하며 따라서 이것을 우리말로 하면 "물건을 구하러 더듬고 살피며 다닌다."(物求撫察步)가 될 것이나 이를 한문 문장으로 쓴다면 求物步撫察(구한다 물건을, 다닌다 더듬고 살피며)가 될 것이다.

이렇게 말의 순서가 달라지는 것은 매우 중요하다. 즉 우리말은 이 그림을 위에서부터 순서대로 말을 붙이는 것이 아니라 전체 그림을 보고 이해하며 말을 만든 것이다. 그러나 중국인들은 이 그림이 자기네가 만든 것이 아니고 우리가 만든 것이니 이것을 이해하고 자기네 말은 붙이려면 그림 순서대로 할 수밖에 없다. 즉 지금 어떤 외래어가 들어오면 그 말을 만든 나라에서는 말을 마음대로 바꾸고 다시 만들 수 있으나 이 말을 수입한 나라에서는 좀처럼 바꾸지 못한다.

그 예 하나가 영어에서 코카콜라는 지금 '콕' 이라고 바뀌어 지금 우리가 미국에 가서 코카콜라 달라면 무슨 말인지 모른다. 반드시 '콕' 이라 해야 알아듣는다. 이것은 사실상 우리말인 앗달 아시 >아다라시(새 것, 처녀), 아사히(朝日, 아침해), 힛다이(이마)를 우리는 무슨 말인지 모르나 일본인들은 그대로 보관하여 이제 그들 말이 된 것과 같다.

먼저 글쓴이는 한자는 우리 글자가 아님을 설명하면서 그 예의 하나로 최치원 81자에서 한문 析三極을 그 순서대로 "쪼개다 세 쪽" 하면 말이 되지 않고 "세 쪽으로 쪼개다" 해야 말이 되는 것같이 중국어순과 우리 어순이 다르게 된 이유가 바로 여기서부터 시작된 것이고 또 곰네와 같이 동굴 속에서 마늘과 쑥을 먹고 사람이 되는 것을 참지 못한 한앙이 >할앙이 >호랑이족인 백계 러시안 같은 백인들도 우리 이 그림을 이해 못하고 중화인들이 만들어놓은 그 어순대로 따라가서 말을 만들었을 것이니 백인들 말인 영어와 우리 말 어순이 다르게 됐다고 보는 것이다.

창고가 조상인가?

이 그림을 우리 조상은 곡식을 보관하는 창고로 그렸다. 그러나 중화인들은 이 글자로 祖 자를 만들었다.

출처: [圖釋古漢字](能國榮 著, 濟魯書社 刊)

이 글자의 해독은 먼저 낙빈기 것을 인용한 김대성 저 금문의 비밀에서 본다.

"이 글자는 할아버지 조, 조상 조(祖, 且) 자 위에 지붕을 씌운 글자로 여기서는 돌아가신 조상의 사당으로 해석, 묘(廟)자로 풀고 있다. 즉 신농과 신농의 아들 희화 주를 모신 종묘이자 사직이다. 주산(柱山), 즉 천주산(天柱山) 희화를 나타낸 뜻을 모은 글자로 단순히 주조라고 읽으면 안 되며 신주(神主)라고 읽어야 될 것이다…"

글쓴이의 생각은 이 금문은 "조상 조(祖, 且) 자 위에 지붕을 씌운 글자"가 아니라 위 창고 그림을 그대로 且자로 만든 것이다. 즉 중화인들은 우리 조상이 만든 금문으로 자기네 글자를 만들 때 우리한테 물어보며 만든 것이 아니라 엿장사한테 물어보고 만들었으니 창고 지붕 대신 그냥 一을 그은 且 자를 만든 것이다.

이 그림은 창고이다. 원시 수렵 생활을 채 벗어나지 못한 농경사회에서 농작물을 수확하거나 또는 산야에서 먹거리를 구해오면 그런 창고에 보관했을 것이다.

그러나 이는 금문 3에 가서는 제물을 올리는 示 자 같은 것이 생겨나니 아마 먹거리를 수확하면 그대로 먹지 않고 이 먹거리를 주신 신께 감사제를 지내고 먹었을 것이다. 이것을 가지고 중화인들은 조상이라는 祖를 만든 것은 좋다. 그러나 "신농과 신농의 아들 희화 주를 모신 종묘이자 사직이다. 주산(柱山), 즉 천주산(天柱山) 희화를 나타낸 뜻이다." 하는 것과 그 신농을 우리 하느님으로 말하는 것은 낙빈기 말이 아닌 위 김대성이 이 금문해독을 될 수 있는 한 우리 역사를 만들려고 고심한 데 있지 않았나 생각한다.

그렇다면 낙빈기는 어떻게 밝달임금 전 우리의 역사가 중국인들의 조상이라는 신농, 희화 등이 우리 조상이 된단 말인가? 또 그들이 소위 동이족의 유전자를 받았다 해도 중국인과 같은 사람을 가지고 비렁이 자루 찢듯 서로 다투는가? 이 문제는 다음에 자세히 설명하고….

다음은 역시 王 자인데 위에서 설명됐다.

다음은 좀 난해한 글자다. 이 글자를 보면 우선 삼수변(氵)에 쪽배(船)를 그린 것 같다.

그러나 삼수변은 금문에서 그렇게 쓰지 않는다.

출처: [圖釋古漢字](能國榮 著, 濟魯書社 刊)

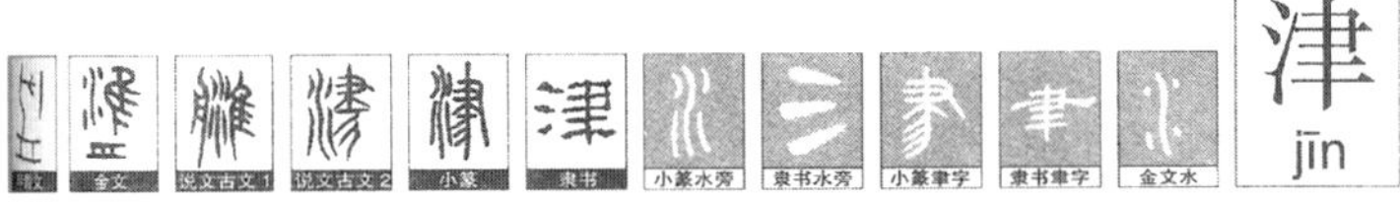

출처: [圖釋古漢字](能國榮 著, 濟魯書社 刊)

위에서 보듯 금문에서는 물이란 水나 氵로 표시한 것이 아니라 川 자의 원형으로 표시했다. 그러나 이 금문이 소전, 대전으로 가면서 삼수변(氵)으로 변해간다. 그렇다면 위 삼수변 같은 것은 물이 아니라 아래 그림 하나 둘 셋에서 경사진 작대기로 표시한 빛과 같은 것이다.

三、弍、參［叁］

　　"三"是数字二与一的和。《说文》："三，天地人之道也。从三数。"甲骨文、金文、小篆虽时间跨越千年，但均写作三横画。古人最初用树枝(或竹片)截成短棒作算码。三字正是三个短棒的形状。"说文古文"加"弋"写作"弍"，"弋"正是下削尖，上有叉的木橛(详见"弋"释)，以此会意"三个木橛"。金文(3-4)和小篆(2-3)写作"　、　、　、　"，是假借星宿名作数字大写。隶书(汉《校官碑》)以"蚕头雁尾"的一长画，使"三"跳出古文字行列。

출처: [圖釋古漢字](能國榮 著, 濟魯書社 刊)

위에서 金文 2와 金文 3의 빗금 세 개를 주목하시라.

그렇다면 위 그림은 빛을 탄 배이다. 즉 환숫의 뜻을 따랐다는 말이다. 이를 낙빈기는 어떻게 풀었는지 보자.

"이 글자는 왕이 주었다는 왕사(王賜)이다. 뒤의 사(賜)자는 세 가닥 실을 한데 모아 한 가닥의 실을 짜는 북실을 표현한 상형글자로 석(錫), 급(給)자와도 통한다." 이 글자가 임금이 주었다는 왕사(王賜)라 하는데 왕자는 위 글자를 차용했다 하더라도 사(賜) 자는 어떤 금문, 갑골문 자전을 보더라도 다음과 같다.

출처: [圖釋古漢字](能國榮 著, 濟魯書社 刊)

여기 어디에 실을 꼬고 말고 하는 글자가 있는가? 단 여음인 貝를 주니 賜라 한 것뿐이다.

또 실 사(絲)의 금문은 다음과 같다. 이는 [圖釋古漢字]에는 없고 너무 길어서 지면만 차지해 편집하기는 고약하지만 갑골문, 금문 등이 빠짐없이 수록된 [甲金篆隷大字典]을 인용한다.

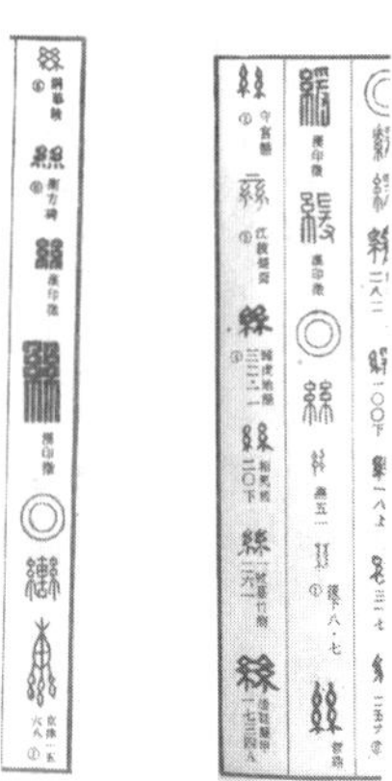

실이란 이렇게 누에꼬치에서 실을 뽑는 글자이다. 이 絲와 비슷한 글자를 보자.

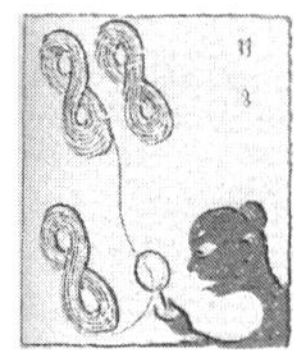

幺、丝、兹

　"幺"和"丝"都是用丝的纤细表示微小。《说文》："幺，小也。""丝，微也。"甲骨文写作"◼"(幺)"◼◼"(丝)。仅是一束丝和两束丝的形状区别。两个字的金文、小篆字形与甲骨文近似，分别写作"◼◼、◼"、"◼◼、◼"。小篆后加"艸"作"◼◼"(兹)，表示草木兹长。隶书也分别写作"丝、兹"。"幺、丝"则多用来作偏旁使用。

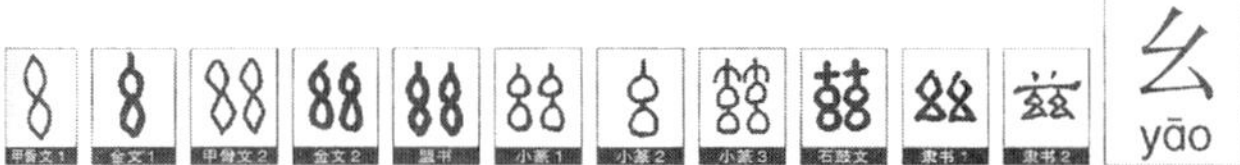

여기서 幺자는 작을 요 자인데 주로 막내아우 등을 말할 때 쓴다. 예 "我的幺妹原来身体很差劲(나의 막내 여동생은 원래 건강이 매우 좋지 않았다)."

따라서 이 말은 하늘 천부인 ㅇ으로 만든 글자가 원초이다 보니 처음은 새것이고 새것은 어린것이 되며 어린것은 작은 것이 되기도 한다.

이 글자는 素 자와 같이 소재, 바탕이 된다. 幺자 다음 가운데 幺 幺 자는 어찌된 셈인지 중국 자전에도 보이지 않지만 제자 원리상 幺가 중복된 것이니 뜻은 뻔한 것이고 마지막 玆자는 '이것' 이라는 이 자 자인데 席也라 해서 자리라는 뜻도 있으니 본바탕이라는 素 자와 다름이 없고 꼬치로 명주실을 뽑는 것이 바탕이 된다는 뜻이다.

다음 소재이며 바탕이며 흰 것이라는 소(素) 자를 보자.

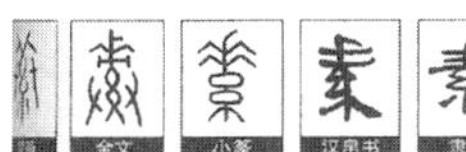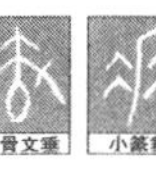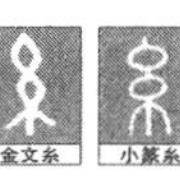

출처: [圖釋古漢字](能國榮 著, 濟魯書社 刊)

역시 바탕이며 흰 것은 누에고치로부터 나왔다.

따라서 위 글자가 왕사(王賜)라는 말은 완전 뚱딴지 캐먹는 말이며 이역시 우리 조상이 만든 글자를 가지고 자기네 역사 소설을 쓰는 것이다.

다음 글자를 보자. 이는 점 세 개 밑에 눈이 있는 것 같지만 이는 눈이 아니라 해(日)를 세 사람이 위아래로 끈을 매어 잡고 있는 그림이다.

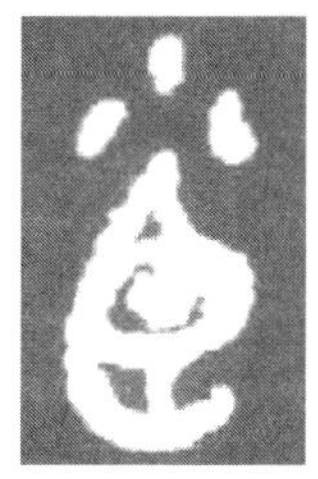

이 글자의 낙빈기는 해독은 없다. 그러나 중국인들은 우선 점 세 개를 작다는 小 자로 보고 있는지 아래 금문에는 다음과 같이 나타난다.

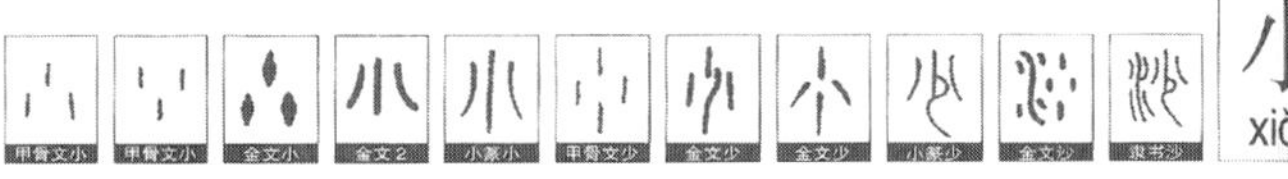

출처: [圖釋古漢字](熊國榮 著, 濟魯書社 刊)

그러나 점이 세 개이니 적다는 것은 모래알이 작아 小, 少, 沙 로 쓸지는 몰라도 모래알이란 셀 수도 없이 많은 것을 말하기도 하며 아래 명마산 글자를 보면 小, 少, 沙 자를 전연 쓸 일이 없는 환숫의 악공 풍백, 우사, 운사가 나타나야 할 부분에 점 세 개가 나타나니 적다는 뜻은 아니다.

07 풍백 · 운사 · 우사는 환웅의 악공

명마산에도 있는 점 세 개

우리의 숫자 셋은 사람(사내)을 세운다는 뜻이 있는 중요한 글자이다.

다음 그 점 세 개 아래 있는 것을 중국인들은 신(臣)으로 보아 위 글자를 小臣으로 보고 있다.

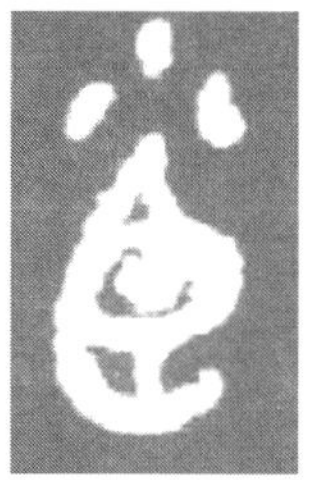

그러나 점 세 개 아래 그림은 위에서 말했듯이 해이며 이는 바로 임금이고 좌측 둘러싸인 것 같은 것은 엎드린 사람이 그 해를 보좌하는 그림이다.

그렇다면 이 그림글자는 왕을 셋이서 보좌한다라고 할 수 있는데 우리 환숫께서는 풍백(風伯)·우사(雨師)·운사(雲師) 세 신하가 환웅을 보좌했다.

그렇다면 다음은 이 글자 둘은 합쳐 보자.

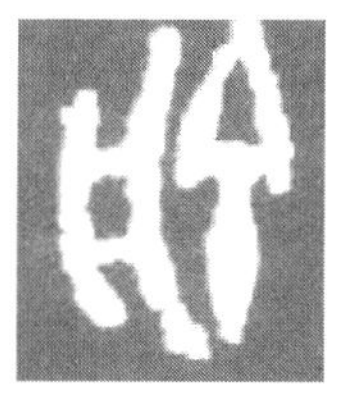

먼저 낙빈기는 뭐라고 했는지부터 보자.

"전욱 고양의 셋째아들 '중여' 이다. 즉 일반 학자들은 소신 여(小臣 餘)라고 풀었지만 낙빈기는 전욱 고양의 셋째아들 '곤' 이라는 것과 동시에 계산(癸山)이라고 풀었다. 여(餘, 위 그림) 사당에 술과 차를 올리는 사람이라는 글자로 삼종(三宗) 뫼(山, 三)가 사당에 제사 지내므로 신주에게 뫼를 올린다는 말도 여기서 유래되었다는 것이다.

이것이 무는 말인지 멍청한 글쓴이는 도대체 모르겠다. 우리 조상이 만든 글자를 구지 중국 시조 역사에 맞춘다는 것도 우습고 그 중국 조상이 우리 조상이라 한다 해도 도대체 하느님으로부터 이어지는 우리 역대 왕들의 기록에는 없는 말들뿐이다. 또 위 글자가 정말 중여 곤의 개인 씨칭이라면 왜 금문, 갑골문 兪 자에 같은 글자가 나타날까?

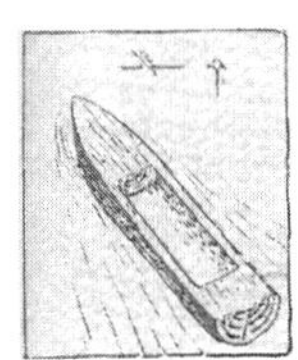

출처: [圖釋古漢字](能國榮 著, 濟魯書社 刊)

여기서 위 빛을 탄 배는 설명했으니 아래 그림만 보자. 甲骨文, 金文 1, 金文 2를 보시라.

이 兪 자의 뜻은 응답, 승낙, "병이 난다"에 쓰이는데 글쓴이 해독은 차치 하고 위 금문 해독, 줄 그어 놓은 내용만 보더라도 "兪"本是挖(파낼 알)空 樹(세울 수)于的獨木舟(이는 통나무에 구멍 하나를 파 만든 배), 空中木爲舟也(통나무 가운데를 비게 하여 만든 배) 등의 뜻이 있다는 것이다.

즉 당시 통나무에 사람이 앉을 수 있는 구멍을 한 개 뚫어 통나무배를 만든 모양이다. 그렇다면 이 통나무에 구멍을 뚫어 사람이 타는 배(?)를 만든다는 뜻을 좀 더 알아본다.

＊受授(주고받음)

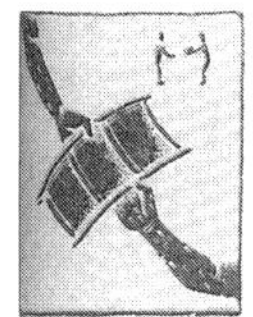

출처: [圖釋古漢字](能國榮 著, 濟魯書社 刊)

여기서도 중국인이 그린 그림은 보지 말고 금문만 보자. 이 글자는 가운데 배를 놓고 양쪽에 손이 있으니 이는 주고받는 것을 말하는데 이 역시 능동과 수동이 같이 써지던 글자이고 이도 글쓴이가 말한 원시에는 말과 글자가 적었다는 것이 입증된다.

08 처녀 여음보다 애기 엄마 여음이 좋다

그렇다면 이제 이 글자를 다시 해독해 보자.

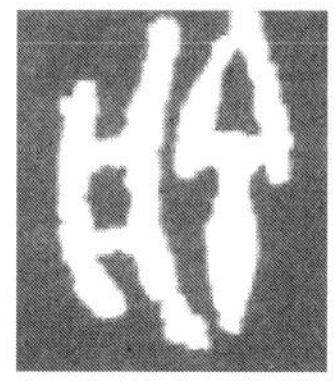

좌측은 틀림없는 구멍이 뚫린 통나무 배이고 그 배 옆에 붙어 있는 글

자 ∆은 환숫이며 밑에는 남근 그림까지 있다.

그렇다면 위 글자 풀이는 "∆인 환숫이 통나무를 뚫어 배를 탄다."는 말이니 숫처녀인 곰네의 암을 뚫는 수고를 했다는 말이다.

여기서 옛 사람은 처녀보다 이미 아기를 낳아본 아기엄마를 더 좋아한다는 금문을 다시 한 번 본다.

아래 사진도 독자님이 하버드대학 박물관에 있는 청동기에서 새겨진 그림만을 찍어 그 앞에 전시한 것을 찍어 보낸 것이며 이 역시 모두 우리 유물인 것이다.

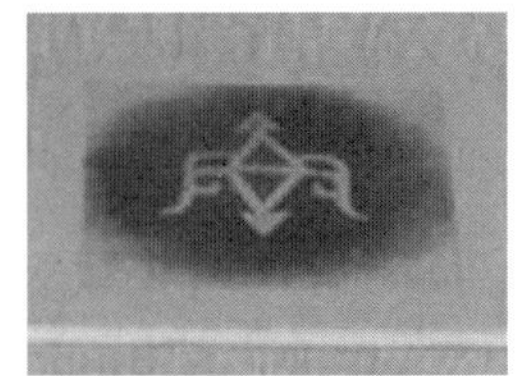

위 그림에서 다야몬드 형 가운데 ―이 있는 것은 나중에 母자의 원형이 되는 어미의 여음이고 그 위 아래로 ∆이 붙어 있는 것은 환숫의 전통이 이어진다는 말이며 그것을 양쪽 손이 받들고 있으니 이는 어미의 여음이 좋다는 말이다.

이런 유물들은 세계인들이 모두 중국 것으로 알고 있고, 그래서 중국식으로 중국학자가 해독한 것만을 진실인 줄 기대하지만 미국 학자는 물론 중국학자도 이 그림이 무엇인지 몰라 아직 의문으로 남아 있다.

그러나 글쓴이가 누차 말했듯이 이는 우리 조상들이 우리말과 우리 상식으로 만든 것이니 중국인이나 미국인은 박사 아니라 박사 할배라도 풀 수가 없다고 했다.

먼저 환숫이 하신 일 중에 하나는 이 통나무배와 같은 숫처녀인 곰네의 생 구멍을 뚫어 밝달임금을 낳고 같이 왔던 무리와 함께 곰족과 동화 우리 민족을 세웠다는 것인데 여기서 생 구멍을 뚫는 수고란 처녀막을 뚫는 수고를 말하는 게 아니다. 오직 다산의 번식만이 최고의 미덕이었 던 그 시대에서 이미 아기를 낳은 여인은 한두 번만 씨를 뿌려도 다시 아기를 잘 낳을 수 있지만 아기를 낳아본 경험이 없는 처녀에게 씨를 뿌 리고 아기가 나오지 않으면 계속 씨를 뿌리는 수고를 해야 하며 잘못되 었을 경우 아기를 낳다가 죽기도 한다. 즉 6.25 때만 하더라도 초산인 산 모가 아기를 낳으려고 신을 벗어놓고 방에 들어가면 그 신을 다시 신을 수 있는지는 하늘만이 안다는 말이 있듯이 초산은 그만큼 위험하기 때 문이다.

  * 다음 그림은 위에서 설명한 求撫察物步이니 설명 생략.
  * 다음 글자를 낙빈기는 조개, 즉 돈으로 해독했다.

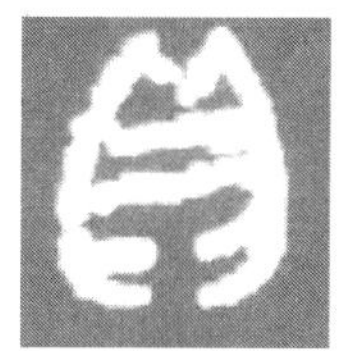

  우선 낙빈기의 해석을 보자.

  "주패(柱貝)라 읽는 이 글자는 신농이 제위에 있을 때 금정을 맞고 있 던 희화 주가 만든 돈이다. 신농씨 말기에 청동으로 만든 돈 신패가 'ㅣ'라면 이는 주패(主貝), 또는 인패(人貝)로 또 돈이 생긴 모양이 농사 신인 신농의 상징답게 호미모양이라 해서 조패(鉏貝)라고 읽어도 무방 할 것이다."

  이 말도 전연 논리에 맞지 않고 자기네들이 말했던 이론을 뒤엎는다.

즉 그들의 말을 들어보면 신농은 희화 주보다 앞의 사람인데 신농의 상표가 바로 아래 그림이란다(금문의 비밀, 50쪽).

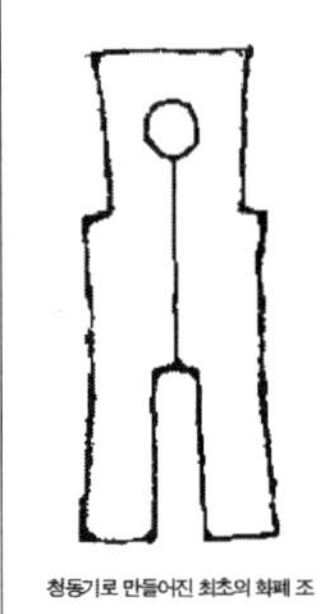

청동기로 만들어진 최초의 화폐 조패(貨貝). 신농을 상징하는 'ㅣ'이 새겨져 있다. (『사고전서』, 844-12, 『가재집고록』, 26책 20)

신을 뜻하는 신농의 최초 이름 '신(ㅣ)'

그럼 신농이 어떻게 해서 역사의 첫 장을 연 인물이 되었는지를 그의 이름 글자인 'ㅣ'자로 풀어보자.

'ㅣ'자와 'ㅡ'자는 금문에서도 가장 기초가 되는 중요한 글자이다. 'ㅣ'자는 글자의 맨 처음 순서인 'ㆍ'자를 아래위로 연결하면 그려지는 글자로써 바로 신농의 이름 글자이다.

그렇다면 왜 역사를 연 시조 할아버지의 이름을 하나님 '신(神)', 농사 '농(農)'을 써서 신농이라고 했을까. 아마도 이는 그가 이전까지는 오직 신만이 할 수 있다고 믿었던 농경과 목축을 가르친 존재였기 때문에 최초의 신적인 존재에 대한 존칭이 아니었을까 짐작해

즉 신농의 돈은 벌써 조개 형태를 벗어나 명도전의 일종이 되었는데 그 후대 사람인 희화 주는 아직도 조개 형태를 벗어나지 못한 돈을 만들었단 말인가? 또 이왕 청동으로 만든 돈이라면 그런 조개 모양의 청동 돈이 어디에 있단 말인가?

그런데 이 신농의 돈 그림을 제시하기 전 그의 책 46쪽에서는 "1. 동이족의 시조, 신농"이라는 제호를 붙여놓고 신농에 대하여 설명한다.

그러나 이 책을 쓴 김대성도 중국인들의 말에 다 동의는 하지 않는지 "중국인들이 동이족의 수장이라 부르는 신농(제위 43년, 기원전 2517~2475)은 누구인가. 낙빈기는 '금문'과 여러 역사서 연구를 통하여 삼황오제 시대를 연 역사의 첫 번째 인물이라고 밝히고 있다로 시작한다. 그리고 그 신농의 시기에 대해서 "신농의 아버지는 고시씨(高矢氏) 방계후손인 웅족(熊族) 출신의 소전(少典)이라는 사람이었으며 어머니는 치우씨(蚩尤氏) 집안의 여자 강씨(姜氏)였다. 신농은 어머니의 성을 따라 姜이라 했다."라는 것이다.

그렇다면 우리의 시조라는 신농씨가 우리가 들에서 밥을 먹을 때 고 시레 하고 부르는 그 부계가 고시씨나 또 14대 환웅이며 모계가 치우천 왕의 집안사람이란 말인가?

(중략)

여기서 우리 하느님이나 환숫, 그리고 단군 이야기는 아예 없다.

또 그의 책 48쪽에서 서방님(書房任)을 그는 서쪽에서 왔으니 서방님 이라 한다는 것이다. 그러나 이는 우리가 축을 읽을 때 벼슬을 못했으면 저승에 가서도 공부를 하여 벼슬을 하라는 학생부군(學生府君)이라는 말 로 볼 때 서방님(書房任)이란 벼슬을 못한 남편을 부르는 칭호였지 남편 이 다 서쪽에서 온 것은 아니다.

다음 그의 책에서 도린님(데련님)을 양급제, 즉 이부이처제(二夫二妻) 제에서 형이 장가갈 때 데리고 왔기 때문에 데린님이라 한다 했는데 이 도 우리 뿌리말로 볼 때 큰 망발로 보인다. 이는 데린님이 아니라 도련 님이고 이 말을 혹 정도령에 쓰는 도령(道令)이라 하기도 하는데 이 말 의 어근은 돌인님＞도련님이다. 즉 돌은 작은 것이고 형의 동생은 작으 니 이 돌처럼 남편의 아우를 작다고 말하는 것이다.

또 그의 책 같은 쪽에서의 말대로라면 "소남자에 따르면 단군신화에 서는 여자가 남자에게 시집온 것으로 되어 있으나 이는 부계사회가 시 작된 이후 꾸며진 것으로 볼 수밖에 없다고 지적한다. 또 '단군'은 불교 가 성행하면서 단도(檀徒), 즉 불교도들이 고조선의 역사를 기록하면서 단도화(檀徒化: 불교화)하기 위해 꾸몄다고 보았다"라는 것이다. 즉 단군 이란 있지도 않았던 꾸며진 말이라는 것이다.

그렇다면 일연이 삼국유사에서 중국의 고기(古記)를 인용해 쓴 것이 고조선과 단군 이야기인데 일연은 그 고기에서 자신이 중이라고 불교식으로 가필을 했다는 말인가?

따라서 한국에서 소위 금문을 해독한다는 사람들은 오직 소남자와 그로부터 전수를 받은 분들뿐이라고 생각되는데 김대성의 책대로라면 소남자는 위와 같이 엉터리 같은 낙빈기로부터 금문을 전수 받았으니 그 말만 듣고 우리의 국조 단군을 완전 허깨비를 만들고 있고 그 소남자로부터 다시 사사 받은 제자들이 글쓴이가 알기로는 모 금문연구회(金文研究會) 카페 운영자인데 그의 말마따나 "단군이란 완전한 허상이며 그간 우리는 이 허상에 속아 역사를 논하고 있다"는 것이니 이를 반박하지 않을 수 없다.

이 단군(檀君)이 허깨비라는 데 대한 글쓴이의 단군에 대한 해석이다. 이는 환단고기 등 우리 사서의 47대의 단군설이나 세종실록 등 이조실록의 단군 소리를 위서나 또 단도화한 것이라고 배제한다 하더라도 위 금문학자들은 우리말 밝달임금이 한자로는 정확한 표현이 되지 않으니 이두로 단군(檀君)이라고 기록되었다는 것도 모른다.

여기서 밝달임금이란 무엇인가? 밝은 우리말 그대로 '밝다' 이며 달은 음달 양달 하는 땅이고 君은 임금이다. 따라서 단군이란 밝은 땅 임금님이다. 즉 '밝달' 은 이두로 밝달나무 단(檀)를 쓰고 임금은 임금 군(君) 자를 쓴 것인데 이 임금의 한자는 皇, 帝, 王, 君이 있으나 君 자는 여러 글자의 임금이라는 글자 중에 연산군 광해군 등 폐위된 임금이나 또는 상당군 한명회 등 대신들, 그리고 요즘 이군, 박군 하는 자네라는 데도 쓰는 가장 천박한 글자를 써 단군이라 한 것이다.

이 밝달이 하늘에서 내려온 밝은 빛이란 말은 환단고기에도 있다.

"天上之光謂之桓 地上之光 謂之檀" 즉 천상의 빛은 환하다는 '환' 이라 이르고 지상의 빛은 밝다라는 밝이라 이른다이다. 이는 천신의 빛인

하느님 빛을 환숫께서 가지고 내려오셔서서 지신족인 곰네의 땅위에 비치
게 하여 인신인 밝달임금을 낳게 하고 거기서부터 우리 민족이 시작됐
다는 말이고 이는 한자 五의 금문에서 바로 나타난다.

 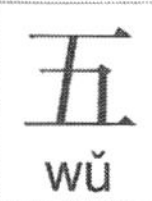

출처: [圖釋古漢字](能國榮 著, 濟魯書社 刊)

여기서 금문 1, 2, 3도 하늘과 땅 사이에 빛과 누리가 교합하는 X 그림
이 있지만 盟書에는 아주 노골적으로 이 신지녹도문 [진본 천부경] 하나
둘 셋 … 열 중 하나의 '나' 에 해당하는 빛과 누리가 교합하는 그림을
그려 놓았다.

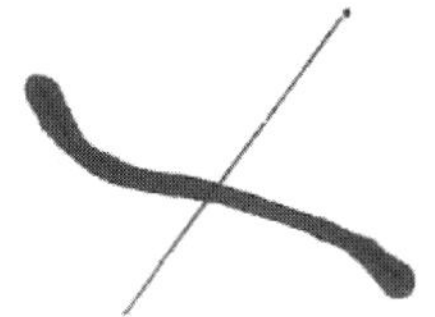

신지녹도문 [진본 천부경] 하나의 '나'

따라서 밝달임금인 단군이 허깨비라는 것은 정말로 지나족인 낙빈기
의 말만 듣고 밝달임금과 우리 민족을 모독하는 말이다.

또 위에 소남자나 그로부터 전수받은 사람들이 말하는 환인 하느님,
환웅 단군으로 이어지는 우리 역사가 완전 허깨비라는 말을 정면으로
반박할 근거가 있다. 이는 중국에서 가장 오래된 산수 지리서 산해경(山
海經)의 한 마디 말이다.

즉 산해경에 "北有樹名曰雄常先八代帝於此取之"라는 말이 있다. 이
것을 한자대로 해석하면 "북에 나무가 있는데 이름이 웅상(雄常)이라 한

다. 먼저 8대의 제왕들이 이것을 취해왔다.”이다. 이게 무슨 말인가?

먼저도 한 말이지만 “이게 무슨 말인지 저 유명하신 안호상 박사도 모르고 자신도 모른다”고 한단고기를 번역하신 임승국 박사는 솔직히 고백하고 있다(한단고기 201쪽).

그러나 천부인으로 만든 ㄱㄴㄷ…ㅎ 속의 뜻으로 풀면 간단하다.

이 산상웅상이 한자로 山像雄常이라고 써 있으니까 한자 해석대로 “山 형상의 수컷 항상”이라고 중국인들 상식으로 번역하려니 말이 안 된다.

먼저도 한 말이지만 이는 우리 옛 말에서 山은 “산”이라 하지 않고 ‘오름’이라 했다.

지금 제주도 한라산 중턱에서 오름세가 ‘위세오름’인데 이 ‘오름’, 이것이 바로 우리말이 그대로 살아 있는 山이다.

그렇다면 위 글에서 山은 무엇인가?

그때는 한글이 없었으니 … 아니 원시 한글이 죽지 않고 살아 있었다 하더라도 중국인들이 우리 원시한글로 자기네 글들을 쓸 수도 없었겠지만 … 이는 틀림없이 우리 ‘사내 > 산’이란 말을 그 음만 따 山으로 적은 것이라 했다.

즉 처용가에서 “다리가 네 개어라”를 한글이 없으니까 한자로 “脚烏伊 四時於羅”라고 이두로 적은 것과 같다고 했다.

그렇다면 우리말 “산”이란 무엇일까? 400년 전 한자사전인 훈몽자회(訓蒙字會)에 丁을 ‘산뎡’이라 했다. 즉 장정(壯丁) 젊은 ‘사내’를 그냥 ‘산’이라 했다. 이는 우리말 ‘사내’가 단축된 말이다. 그렇다면 늙은 남자나 애들은 왜 사내가 아니란 말인가? 이는 발기할 수 있는 숫(남근)을 가진 자가 바로 ‘사내 > 산’이기 때문이다. 그렇다면 위 산해경의 대석

학들도 풀지 못한 "山象雄常"의 비밀은 풀린다고 했다.

바로 이것은 "남근 형상의 숫이 恒常하는 것, 常態, 常形"이란 말이고 이것이 당시 얼마나 귀중한 신앙이며 기도의 대상이었는가는 그 웅상을 만들어 기도한 우리 민족이나 이 웅상의 풍속을 무려 팔대의 제왕들이 취해갔다는 '先八代帝於此取之'는 기록으로 보아 짐작할 수 있다고 했다.

그럼 위 팔대 제왕이란 누구인가? 이는 소위 중화인들의 조상이라는 삼황(三皇)과 오제(五帝)로 기록마다 좀 다르긴 하지만 대체로 삼황은 태호 복희씨(伏羲氏), 염제(炎帝) 신농씨(神農氏)와 우리 치우천황과 그렇게도 이 갈리게 싸웠던 황제(黃帝) 헌원이고 오제는 소호(少昊)·전욱(顓頊)·제곡(帝嚳)·요(堯)·순(舜)이라 한다.

따라서 당시에는 우리 민족과 중화민족이 같이 살았고 그렇다면 환숫, 밝달임금이 왜 허깨비란 말인가?

09 조개돈(貝錢)이란 바로 여음이었다

다음 위에 제시한 신농씨의 돈에 대해서 한번 생각해 보자.

낙빈기가 제시한 동이족의 시조 신농의 돈을 [금문의 비밀]에서 그림으로 제시했는데 이것은 우리가 소위 부르는 명도전(明刀錢)으로 실물은 글쓴이도 다량 가지고 있지만 공정을 기하기 위해 제3자의 이론과 사진을 인용한다.

＊국어사전 - [明刀錢] 〈명사〉 기원전 4~3세기 때 중국 연나라에서 쓰던 청동으로 만든 칼 모양의 화폐.

＊야후에 나타나는 명도전. 포전(초기철기시대, 길이 명도전 13.6cm, 포전 6.0cm).

명도전은 청동으로 만든 화폐인데 중국의 전국시대(B.C.475-B.C.221) 연나라에서 제작되어 사용된 이후 한반도에 전래된 것으로 우리나라에서는 철기문화의 수용과 함께 나타나고 있다. 이들 화폐의 겉면에 주조에 의해 나타난 글자와 선이 보인다.

참조: 송종성 저서로 [신화/설화 그리고 역사], [가야/백제 그리고 일본]이 있다.

이상으로 볼 때 위 동이족의 시조 신농의 돈이라는 돈은 춘추 전국시대 연나라의 돈일 수밖에 없으니 'ㅣ' 자가 바로 神의 글자이며 이 글자로부터 모든 글자가 나왔다는 낙빈기와 그 제자들의 이론이 얼마나 코미디인가?

다음은 정말 청동기가 나오기 전 돈으로 쓰였다던 조개 그림을 다시 보자.

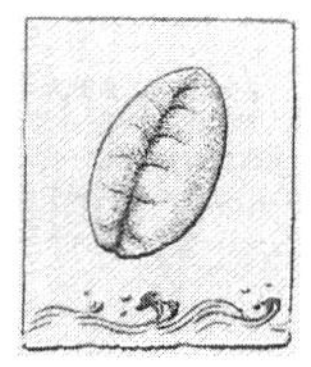

貝[贝]

"贝"是蛤螺类有壳软体动物的统称。上古时曾用作货币。《说文》："贝，海介虫也。……象形。古者货贝而宝龟，周而有泉，至秦废贝行钱。"《盐铁论·错币》："夏后以玄贝，周人以紫石，后世或金钱刀布。"甲骨文(1-3)、金文(1-6)均象贝壳形状。金文(7)开始变形，小篆写作"貝"，完全失形。隶书以直笔方折改变了小篆的弧笔圆折，写作"貝"。彻底脱离了古象形字而成为今文。"贝"字作为部首，保留了货币价值的字义，凡从"贝"的字多与财宝、货物有关。

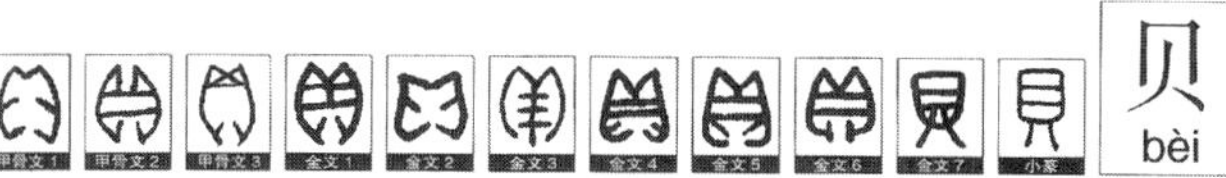

출처: [圖釋古漢字], 能國榮 著, 濟魯書社 刊

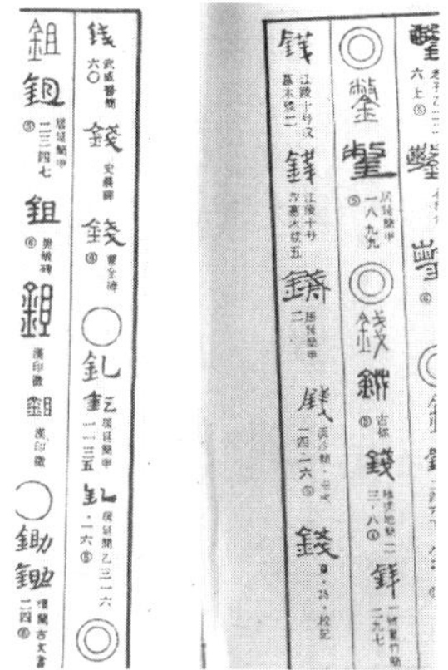

[甲金篆隸大字典](四川出版社刊)

주개(여음)가 돈으로 쓰인 것은 청동기가 나오기 이전이니 밝달임금 이전 이야기일 것이고 또 돈이라는 전(錢) 자에 쇠금변이 붙는 것도 이와 같기 때문에 錢 자의 금문 갑골문에는 조개는 없다.

이 錢 자는 [圖釋古漢字]에는 없고 편집하기는 고약하지만 갑골문, 금문 등이 빠짐없이 수록된 [甲金篆隸大字典](四川出版社刊)을 인용한다.

따라서 신농씨의 어머니가 치우집안의 여자라면 치우 때는 벌써 청동기가 생산된 때인데 아래 조개 돈을 코뿔소 술두루미 명문에 썼다는 말도 참으로 코미디에 불과하다.

그런데 여기서 조개 돈이란 말에 대한 그간 학자들의 크나큰 오류가 나타난다. 즉 조개란 청동기가 나오기 전 조개를 주워다가 돈 대신 썼다는 말은 완전 잘못된 생각이란 말이다.

우선 우리 사서 환단고기, 단군세기의 조개돈이라는 패전의 기록부터 보자.

"4대 오사구단제 무진5년(B.C. 2133년)

패전[貝錢, 원공패전(圓孔貝錢): 둥근 구멍이 뚫린 조개 모양의 돈]을, 14대 고불단제 42년(B.C. 1680년)에는 자모전(子母錢)을, 19대 구모소단제 10년(B.C. 1426년)에는 패엽전(貝葉錢)을, 37대 마물단제 5년(B.C. 642년)에는 방공전(方孔錢) 등 화폐를 주조하여 사용하였다."

여기서 圓孔貝錢, 子母錢, 貝葉錢, 方孔錢 등 화폐를 주조하여 사용했다는 말은 조개로 돈을 만들었다는 말이 아니라 돈(錢)이라는 단어가 조개였다는 말이다.

다음은 貝錢의 중국인들 기록을 보자.

早期的人類，因近水而居，常大量的利用水中生物，如魚, 貝, 介類等做為食物。貝類是相當重要而且也是數量豐富的一群 所以一些小型而圓滑的寶螺，就開始被作為以物易物的媒介，也是最早的貨幣來源,

(이른 시기 인류는 물 인근에 살았고 항상 대량으로 있는 수중 생물인 어패류 같은 것을 먹었다. 조개류는 상당히 중요한 것으로 이는 무더기로 수량이 풍부했다. 이것 작은 것은 둥글고 윤활하여 소라는 보배였다. 이것이 최초의 화폐 유래이다.)

이 기록을 보면 청동기가 생산되기 전 원시 인류는 조개를 당시 돈으로 쓴 것 같다. 그러나 위 글에서 보듯 조개는 해변가에 무더기로 있다. 그렇다면 해변가 사람들은 다 돈을 만들 수 있고 그렇다면 다 부자이며 그렇다면 이 조개가 돈으로서의 가치가 있을까?

다음 그림을 보시라. 먼저도 제시했지만 우선 무엇인가 얻는다는 얻을 득(得) 자의 제자 원리부터 보자.

출처: [圖釋古漢字], 能國榮 著, 濟魯書社 刊

여기서 金文 1, 金文 2, 金文 3 번은 조개를 잡고 있는 그림이다. 그럼 조개란 무엇인가? 조개가 격음이 되면 '쪼개' 이고 쪽을 국어사전에서 찾아보면 낭자, 성인여음이며 처녀가 시집을 가면 그 표시로 쪽을 찐다. 따라서 위 무엇을 얻는다는 得 자는 바로 여음을 얻는다는 말이다.

다음 창과(戈)자를 보시라. 창이란 무엇인가? 이 금문을 가져다가 자기네 글자를 만든 중국인들은 창이라면 흔히 전쟁무기로밖에는 알지 못하여 무사 옆에 있는 그림도 창으로 그렸다.

戈

"戈"是商、周时期常用的一种长柄兵器。《说文》;"戈, 平头戟也。"甲骨文、金文像其形。特别是金文(1-2), 戈锋、杆、穿、垂缨毕现。后逐步符号化。其中金文(6)加"金"旁, 反映了金属在武器上的普遍使用。小篆在统一文字时, 已泯失器形。隶书进一步伸展笔画出象形字藩篱而成为今文。

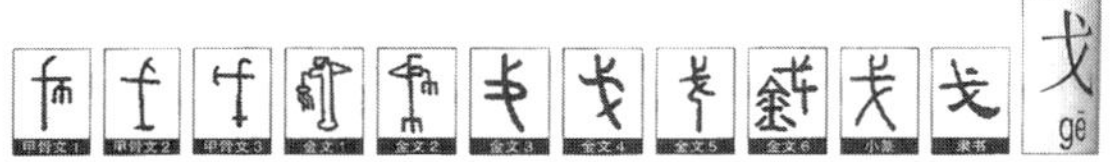

출처: [圖釋古漢字], 能國榮 著, 濟魯書社 刊

그러나 金文 1, 金文 2번을 보라. 창 자루 밑에 무구에서 쓰는 삼지창 같은 것이 붙어 있다. 이것이 전쟁무기인가? 신지녹도문 [진본 천부경] 하나 둘 셋 … 열 중 셋의 설명에서 자세한 설명이 되었겠지만 이 삼지창은 바로 사내 숫이다. 따라서 여기의 창이란 여음에 씨를 심는 사내의 창이란 말이다.

그러나 독자님 중에서는 위 금문도 믿지 못하는 분이 있을지도 모르고 또 그 창칼 밑에 붙어 있는 삼지창이 사내의 숫과 아무 상관이 없다고 반론을 펼지도 모르기 때문에 다음 사진을 제시한다.

먼저 제시했던 다음 사진은 하버드대 박물관에서 청동기에 새겨져 있던 그림을 박물관 측에서 사진 찍어 앞에 전시한 것인데 역시 글쓴이의 독자님이 찍어온 사진이다. 그러나 이 그림의 뜻도 우리말과 우리 상식, 우리 단군실화를 모르는 미국의 어떤 학자는 물론 중국의 어떤 금문해독가도 그 이유를 모를 수밖에 없어 지금까지 의문으로 남아 있었다.

이 사진은 비파형 청동검, 즉 사내의 숫을 의미하는 삼각형 칼에 숫을 더 강조하기 위해 삼지창을 달아 놓은 것이며 이것이 사내의 숫이라는 것을 더 강조하기 위해 그 밑에 남근, 또는 정액을 손으로 받드는 그림이니 위 중국 金文 1, 2의 실증이 되는 것이다.

비파형 동검 밑에 삼지창이 달린 戈

다시 아래 완성된 貳 자의 금문 1,2,3,4를 보시라. 여기에는 노골적으로 조개 아래 다리 두 개까지(貝) 달려 있고 그 위에 창(戈)이 있다.

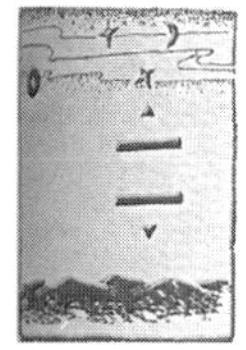

이상 그림은 무엇을 말하는가? 사내의 창은 조개인 여음을 찌르고 그 조개는 창을 두른다는 말이다. 이는 글쓴이가 말하는 둘은 남근을 두르는 여음이라는 말이 하나도 틀리지 않았다.

또 여기서 재미난 글자가 있다. 이는 바로 도적이라는 적(賊)이다.

이 글사는 보시다 시피 위 貳 자와 아주 비슷하다. 그럼 왜 선조들은 이렇게 글자를 만들었을까?

글쓴이는 자기네 동족끼리만 혼음하다 보면 근친상간이 되어 자연 자손이 왜소해지고 도태되니 다른 부족 겨집을 뺏어왔고 이 겨집 싸움에서 전쟁이란 시작되었다 했다. 그렇다면 바로 이 겨집의 여음을 훔쳐 가는 것이 바로 원수이며 적이란 말이다.

다음 보물이라는 寶의 금문 1,2,3,4,5를 보자.

여기에는 꼭 술 취한 고물장사 창고같이 잡동사니가 많은데 생식을 최우선으로 삼았던 원시인이 먹을 것 다 먹고 아무 쓸모없는 조개껍데기가 현대인처럼 예쁘다고 생각할여 창고에 쌓아 두었단 말인가? 이는 겨집, 즉 여음이 물물 교환의 수단이 되니 보관하고 있었다는 말이다.

寶[宝]

"宝"指珍贵的东西。《说文》："宝珍也。"《山海经·叙录》："玉石珍瑰之器,金膏珠银之宝。"甲骨文(1-3)分别是"宀"(是代表房屋的部首)内藏有"贝、玉"的形状。贝和玉在上古都作过货币,是财富的象征。金文(1-5)虽字形写法很多,但无非是屋内有"玉、贝、缶(食器,表示有食)、酒"等可珍贵的物品。小篆将宝物归纳成"玉、缶、贝"。今简化字仍从"屋内有玉"来会意。可见数千年来人们对"宝"的概念丝毫未变。汉隶书(《校官潘乾碑》)以小篆的结构为基础,将笔画拉平取直,跳出象形字的圈子而成为今文。

출처: [圖釋古漢字], 能國榮 著, 濟魯書社 刊

따라서 글쓴이는 그간 전 세계의 기존이론을 자신 있게 부정한다.

그간 모든 기록과 또 위 기록에서 조개로 나타나는 것들은 바다의 조개가 아니라 바로 여음(女陰)을 말하는 것, 즉 밝달임금 이전, 청동기 이전, 결혼제도가 없던 시절에는 미안하지만 겨집 여음이 돈의 수단으로까지 써졌다는 말이고 이는 동서양을 막론할 때 노예 매매 제도에서 특히 여성은 성적 대상이었으며 한자 중에 종노(奴)가 있는 것은 물론 우리도 이씨조선 때까지도 여종을 팔고 샀으며 또 미국도 흑인 노예를 매매하며 성적 대상을 삼았다는 것은 누구나 다 알 것이다.

그러나 이는 옛날이야기가 아니다. 지금도 창녀란 바로 성을 파는 것이고 또 잘 나가는 정치인이 접대를 받을 때 성적 향응이 최고라는 것 등으로 볼 때 예나 지금이나 여성이 성 매매의 대상이었다는 것은 두말

할 필요가 없다.

따라서 인류 최초의 돈은 바로 겨집의 조개 같은 여음을 패전(貝錢)으로 보는 것이다.

금문의 조개그림은 다음과 같다.

또 위 조개 그림을 금문에서는 아래와 같은 그림으로 표현한 것이 너무도 많다.

一, 壹자의 금문

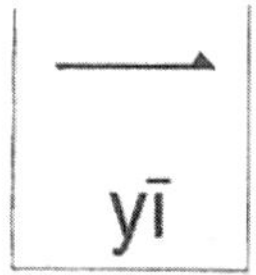

출처: [圖釋古漢字], 能國榮 著, 濟魯書社 刊

이 금문은 네 활개를 편 사람을 大로 그려놓고 다리 사이 아래 붙은 것은 조개인 貝이니 말할 것도 없는 여음이다.

그렇다면 아래 그림은 조개 그림이 아니라 누군가 둘이 어울려 무엇인가 하는 그림이지 패전(貝錢)은 아니다.

새(鳥)는 새것(新)과 같다

다음은 새 그림이다. 이 새 그림을 낙빈기는 무엇이라 했을까?

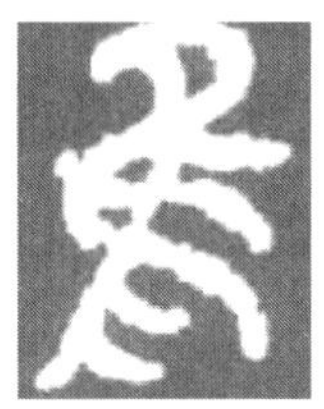

옛 학자들이 새 추(隹)로, 또 생각할 유(惟)로 생각하는 글자를 낙빈기는 기러기 안(雁)으로 쓰고 남자가 쓸 때는 '매', 솔개 응(鷹)자로 쓴다고 하였다. 따라서 이 글자 아래 王 자가 오니 이를 응왕(鷹王)이라 하였다.

그러나 이 글에서 김대성은 "응왕은 국왕 또는 새왕(鳥王, 新王)이란 풀이도 된다"라고 했는데 여기서 새왕이 새로운 왕, 즉 신왕(新王)이란 말은 낙빈기의 말과는 달리 이 금문을 우리말로 해석한 흔적이 보이는데 이 새(鳥)와 '새것' 이라는 것이 같다는 이론은 글쓴이의 ㄱㄴㄷ…ㅎ 속에 뜻이 들어 있다는 말과 같고 이는 역사 이래 처음 있는 이론으로 이 새는 '천부인' 으로 만든 같은 ㅅ이므로 땅과 하늘 새(ㅅ+ㅣ)를 솟다, "땅에서 싹이 솟으니 새것이다" 등에 같이 쓰므로 '새' 를 새로운 것에도 쓴다는 말은 먼저 절판된 책에도 쓰여 있고 이 책은 월간지 한배달에서 무려 1년간이나 연재되었으며 [금문의 비밀]을 쓴 김대성은 한배달의 편집위원이었다.

그리고 중국인들은 우리 조상들이 그림을 가져다가 자기네 글자를 만들다 보니 각자 다르게 그린 새 그림에 각자 어떤 뜻을 부여하여 어떤 새는 기러기라는 안(雁), 또 어떤 새는 매라는 응(鷹), 또 어떤 새는 비들기라는 구(鳩), 그리고 가축인 닭을 계(鷄)라고 하고 있지만 그 글자들의 금문은 사실 같은 새를, 그리는 이가 다르게 그렸을 뿐이니 말이 적던 시절 여러 새를 각자 다르게 그린 것도 아니다.

다음 그림들을 보자.

焦

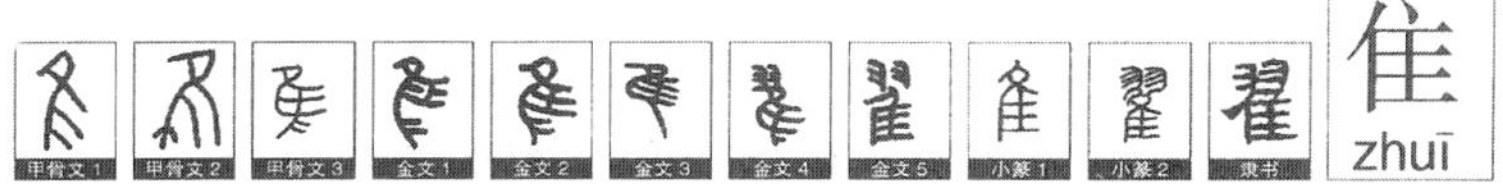

출처: [圖釋古漢字], 能國榮 著, 濟魯書社 刊

鳥

출처: [圖釋古漢字], 能國榮 著, 濟魯書社 刊

鷄

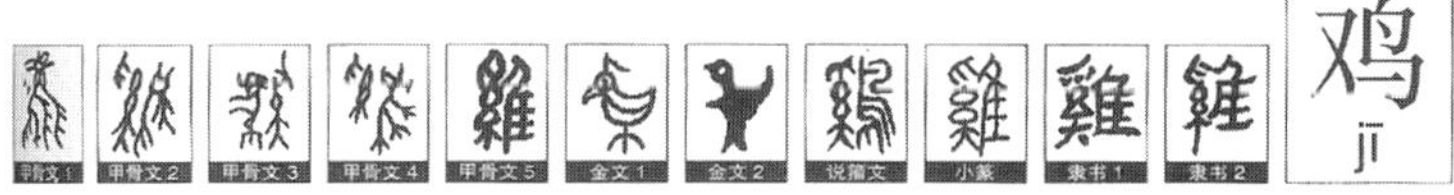

출처: [圖釋古漢字], 能國榮 著, 濟魯書社 刊

이 상을 보면 그 새가 그 새이고 심지어 새를 잡는다는 획(獲) 자조차도 같은 새들이다.

출처: [圖釋古漢字], 能國榮 著, 濟魯書社 刊

따라서 위 새 그림은 기러기, 매 등은 지나인 낙빈기 말이고 글쓴이는 그냥 새(鳥)로 보지만 여기 코뿔소 술두르미 해독은 "새로운 것"으로 해석한다.

*다음 王 자도 이미 설명했으니 생략.

*다음 글자는 새가 날아오는 것 같으니 올 래(來)의 금문이고

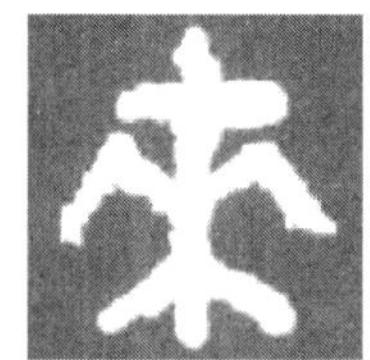

금문의 來자도 같다.

출처: [圖釋古漢字], 能國榮 著, 濟魯書社 刊

이 來 자의 해석은 낙빈기도 같다.

다음 글자는 해 아래 손으로, 해를 잡고 있으니 正 자로 본다.

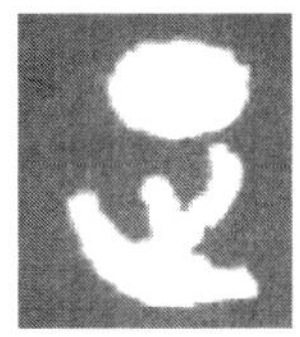

다음은 正자의 금문이다.

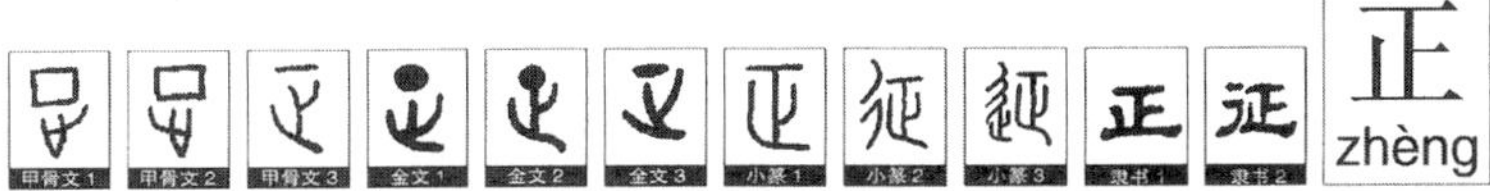

출처: [圖釋古漢字], 能國榮 著, 濟魯書社 刊

　여기서도 낙빈기는 正으로 보며 덧붙여 말하길 "발족(足) 자 위에 알자가 있으므로 당연히 바를 정(正)으로 읽어야 하니 그 글자는 머무를주(駐)다." 했는데 그 둥근 것이 알이라면 왜 그 밑에 발이 있는 것이 正자인지 설명은 없고 다만 다른 학자들은 이 글자를 정벌할 정(征)이라하는데 이는 잘못이라 했다. 그러나 글쓴이는 해를 잡고 있으니, 즉 해를 지향하고 있으니 이는 바른 것으로 본다.

　다음은 다니기도 하고 정지도 한다는 발.

출처: [圖釋古漢字], 能國榮 著, 濟魯書社 刊

다음 그림을 낙빈기는 인방(人方), 즉 사람 방향이라 하였다.

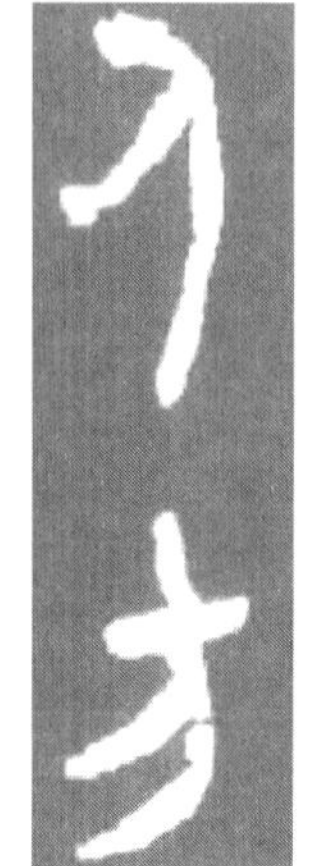

따라서 낙빈기는 來 자로부터 이 인방까지의 해석을 "來駐(足. 正)人方", 즉 "사람 방향에 머물러 오다"이고 이는 곤(鯤)이 자기 직계 선조들의 종묘가 있는 곳을 황제계의 왕 제곡 고신의 새족을 높이는 뜻에서 '신방' 이라는 표현을 달리해 인방으로 스스로 낮추어 불렀다고 해석했다.

그러나 글쓴이는 이 낙빈기의 구구한 해석보다는 위는 그냥 엎드린 겨집이고 아래는 그냥 사내일 뿐이다. 여기 아래 그림인 사내 그림에 팔인지 숫 하나가 더 있어 낙빈기는 방향을 가리키는 인방(人方)이라고 했는지는 모르지만 이 팔은 겨집을 껴안으려 하거나 아니면 위대한 숫, 즉 위에서 제시한 다리보다 긴 숫으로 후방위 교접을 하려는 사내의 표현이고 이는 겨집과 사내라는 말이다.

 * 다음 새 자도 설명은 이미 했음.
 * 다음 왕 자 설명도 이미 했음.

다음 글자는 'ㅣ' 자가 아니라 배가 불룩한 ㅣ 자로 먼저 말한 남근이며 결국 배가 불러지고 알이 터져 十 자가 되는 글자이다.

다음 그림은 우리 조상이 이 신지녹도문 [진본 천부경] 하나 둘 셋 …

열 이론으로 금문에 그린 十 자 그림이다.

출처: [圖釋古漢字], 能國榮 著, 濟魯書社 刊

위 금문 1, 2에서는 남근을 뜻하는 丨 자가 차츰 배가 불러 오더니 금문 3, 4번에서는 알이 차츰 커지고 결국 금문 5에서는 알이 열려 十 자가 되어 사방으로 나간다. 그러니까 위 十이라는 그림은 사내가 여덟이라는 겨집의 집과 아홉이라는 씨족을 일구어 결국 열로 열고 나가는 그림이다.

따라서 위 글자를 글쓴이는 十의 시작으로 본다.

그렇다면 낙빈기의 해석은 어떤가? 낙빈기의 말에 웃기는 것은 위 신농의 돈에서 말했듯이 "신농의 여계가 즐겨 쓰는 글자로 신농의 여계가 낳은 아들이 신농씨를 받들어 모신다(奉祀)."는 뜻이라 한다는 것이다.

그러나 이 낙빈기의 말에 주처럼 말한 김대성은 "열은 연다(開)는 뜻이다." 하고 글쓴이와 같은 말을 하고 있으니 그는 분녕 한자의 뜻을 우리말로 이해하려 하고 있다.

제물은 제관이 먹고 귀신은 그저 쳐다만 보라는 것이 祝 자

* 다음 그림은 당연히 빈다는 뜻인데

아래 祝 자가 될 글자는 示 옆에 兄이 될 입 벌린 놈이 있으나 위 글자는 뱀 사(巳) 자가 붙어 있으니 사내란 말이다.

같은 祝 자 금문

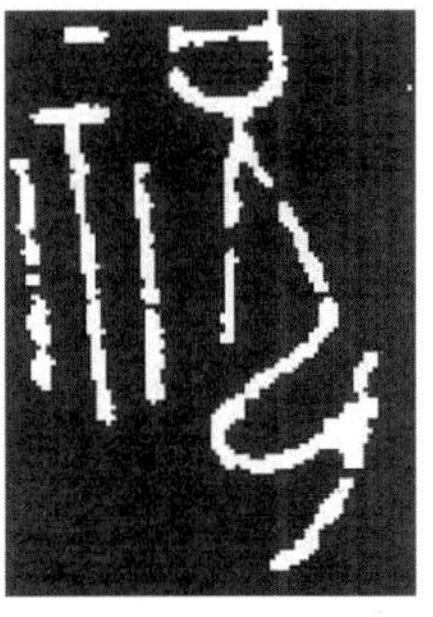

즉 좌측은 젯상에 음식을 올려놓은 것으로 示 자가 되니 귀신은 그저 보이기만 하라는 것이고 나중에 먹을 놈은 바로 엎드려 입 벌리고 있는 맏이(兄)이다.

우선 이 글자를 낙빈기는 어떻게 해독했는지 보자.

"제사 사(祀)는 보일 시(示) 옆에 뱀 사(巳) 자가 붙은 글자이다. 뱀 사(巳) 자는 신농의 딸 뉘조의 씨족표인 누에와 새를 의미라는 새 을(乙) 자가 용(龍)으로 변해가는 과정에서 나온 글자로 기(己) 자와도 통한다."

그러나 글쓴이는 워낙 우둔해서 그런지 이 말이 무슨 야반삼경에 뚱딴지 캐 먹는 이야긴지 모르겠다. 그래서 그 누에가 용으로 변해 간다는 그림을 그 금문의 비밀 80쪽에서 찾아보았다.

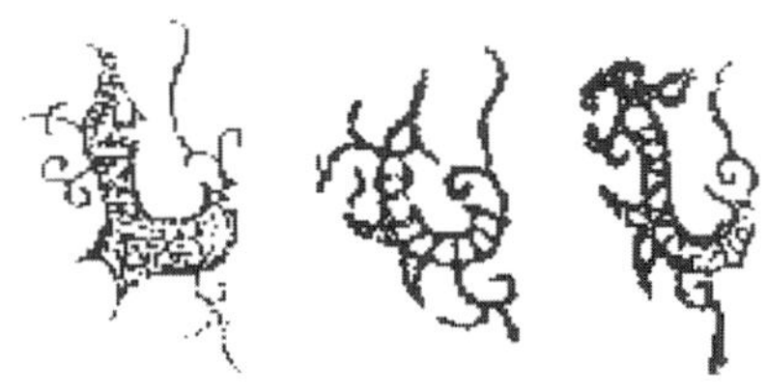

누에 '신(辰)'이 '용(龍)'으로 변해가는 과정. 누에의 첫글자는 머리 쪽에 모계인 신농계를 보호한다는 뜻으로 양의 뿔이 달려 있다. 후세의 족표에는 뿔이 있는 용의 모양에 다리가 붙여지고 무섭게 생긴 발가락이 등장한다.

'용(龍)'의 시원자. 누에 잠(蠶)과 새 을(乙), 신(辛)의 글자가 변해 만들어졌다. (『금문총집』 권 9 - 7007, 7017)

여기서는 맨 우측 龍 자 우측에 붙어 있는 글자가 혹 뱀사(巳)자의 그림과 비슷하지만 그렇다고 누에와 용과는 아무런 상관이 없다.

뱀은 우리말로 업구렁이이며 이는 바로 남근이라 하였다.

그러니까 위 글자는 '제물 앞에서 사내가 빈다' 라는 말이 되지만 그렇다고 축(祝)자와 다른 글자도 아니다. 즉 아래 祝자는 형인 맏이가, 또는 씨름에 이긴 놈이 제상 앞에서 입 벌리고 빌고 있는 글자이니 위 사내가 빈다는 글자와 다르지 않다.

* 다음 글자

  * 위 글자는 손이고 이는 잡는다, 받든다 하는 뜻이 있는 동시 무엇인
가 또 손을 벌리니 또 우(又) 자가 된다고 했다.

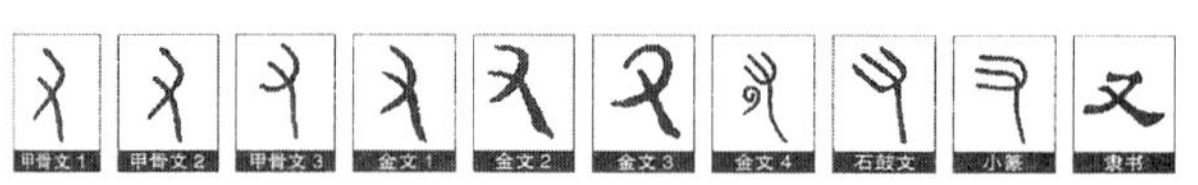

출처: [圖釋古漢字], 能國榮 著, 濟魯書社 刊

  이 글자의 낙빈기 해석에서 또우(又) 자로 해독하는 것까지는 좋았다.
그러나 "여기서는 또 又 자보다는 있을 유(有)로 해독하여 다음에 오는
글자인 '5월 5일에 … 있었다'"로 하여 다음 글자와 말을 연결시키려
하고 있다.

*다음 글자들

이 글자의 낙빈기 해독을 보면 당연히 위의 것은 五 자로 보고 있고 다음 三 二도 막대가 다섯이니 五로 보면서 五월 五일로 보고 있고 마지막 동그라미 안에 점은 해로 보아 日이라 하였다.

그런데 여기서 재미난 것은 같은 숫자인데 月에는 五 자를 쓰고 날짜에는 막대 다섯 개를 가로놓아 그린다는 것이다.

이 말은 누가 만든 말인지는 몰라도 먼저 말했듯이 숫자를 쓸 때 막대 네 개까지는 가로 놓으나 다섯부터는 세워 놓는 법인데 月과 日에 따라 숫자 쓰는 법이 달라진다니?

우선 낙빈기는 중국 금문학자들이 해독해 놓은 금문 해설서도 보지 않은 것 같다.

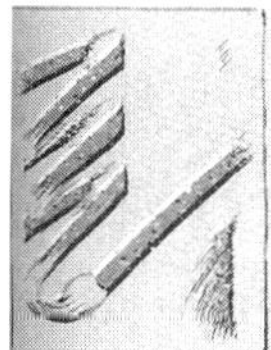

彡、彤、髟

"彡"指胡須毛发和裝饰彩画的笔纹。《说文》："彡，毛饰画文也。象形。"甲骨文、金文、小篆甚至成为今文的隶书，均以三、四斜划表示此义。金文的"彤"则用表示朱红色的"丹"加"彡"来会意彩画器物。而表示老人长发的"髟"则用"长"和"彡"会意。

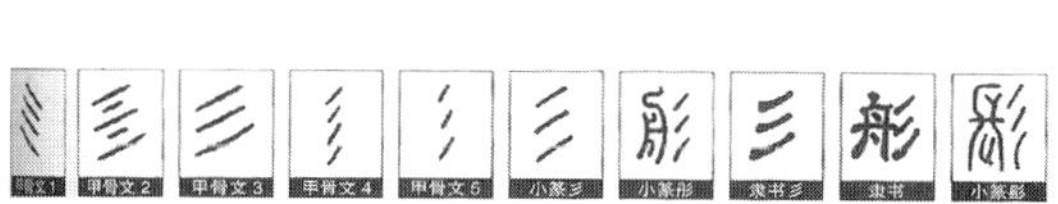

출처: [圖釋古漢字], 能國榮 著, 濟魯書社 刊

여기 甲骨文 3을 보시라. 그래도 가장 권위가 있다는 설문해자에 빗금은 毛饰畵文也, 象形, 즉 彡은 그림이나 글에 심는 것이고 끝에는 而表

示老人長發的 "髮", 則用 長 "和" 彡會意.라는 오래 산 사람의 장발 터럭을 표시한 것으로 터럭(髮)이란 길다(長)를 뜻하고 長은 화합한다는 뜻이니 彡는 모이는 뜻이 있다 했다.

그러나 이 신지녹도문 [진본 천부경] 하나 둘 셋 … 열이 말하듯이 彡은 빛이다. 그리고 다음은 二 도, 둘도 아니다. 당시는 숫자가 없었으니 위 막대가 짧으면 上 자이고 아래 막대가 짧으면 下이다.

그러니까 위 갑골문 2의 三, 二으로 보이는 글자나 이 술두르미 속의 명문 글자는 날짜를 말하는 게 아니라 "빛을 위로 하고…", "빛을 두르고"로 해독해야 한다.

그렇다면 신지녹도문 [진본 천부경] 하나의 '나' 에 해당하는 글자에서 보듯 이 코뿔소 술두루미 속에 보이는 명문 五 자는 하늘인 一 밑에 하늘의 빛이 누리 一과 교합하는 X자이다. 즉 위 하늘과 아래 땅 사이에 X로 표시했는데 금문도 그렇지만 금문 3 다음의 盟書의 글자는 노골적으로 신지녹도전자 [진본 천부경] 하나의 나 같은 ㄴ에 빗금이라 했다. 즉 우리의 말로 다섯이란 하늘인 사내와 누리인 계집이 얼루는 것인데 이 글자의 진정한 뜻은 역시 천신족인 환숫이 하늘의 빛을 가지고 내려와 지신족인 곰네와 교합하여 인신인 밝달임금을 낳아 우리 민족을 세웠다는 것이지 낙빈기 말처럼 5월이라는 숫자를 말하는 것이 아니다.

또 다섯은 위에서 말했듯이 막대 다섯 개로 五를 표하지 않는다. 즉 막대 4개까지는 가로 놓지만 다섯이 되면 세워 놓는다. 그러나 어떤 멍청한 놈이 막대 5개를 가로 놓는다면 여섯, 일곱 … 열은?

즉 다섯에서도 막대를 가로 놓는다면 여섯이나 일곱에서도 막대를 가로 놓을 수밖에 없으니 결국 10도 막대 10개를 다 가로 놓아야 하는데 아무리 원시인이었다 하더라도 그렇게 멍청하게 했을 것 같은가?

그러니까 글쓴이의 해독은 그 막대 5개는 五가 아닌, 三 二로 보는 것이며 이는 위 五 자가 하늘과 땅이 교합한다는 말을 보강한 글자로 "셋인 사내, 즉 환숫 족과 그 숫을 두르는 둘인 지신족이 교합하다"로 보는 것이다. 따라서 낙빈기의 "달(月)을 쓸 때는 五를 쓰고 날(日)을 쓸 때는 三 二를 쓴다"는 말은 완전 야밤에 뚱딴지를 캐먹는 소리다.

다음 마지막 그림은 낙빈기처럼 날짜로 보지만 글쓴이는 해(年)로 본다.

따라서 다음 글자들을 붙이면?

珠子王相(亨)柱祖(廟) － 구슬의 아들 왕 相(亨)이 기둥 조상(사당)에

王錫(給.賜) 衆觫柱貝 － 왕이 주석(給주다, 賜주다)을 衆觫에게, 기둥 조패를,

鷹(鳥, 鳩, 國) 王 來駐(足, 正, 祝) 人方 鷹 － 매(새, 비둘기, 國)왕이 와서 머무
르다(발, 바르다, 빌다) 사람 방향의 매가,

王 十祀(年祭爲國祭) 又(有) 五(月) 五日 － 왕이 열 번째 제사 지내다(해 마다
지내는 나라 제사), 또(있다) 五(月) 五日.

여기서 낙빈기는 年祭爲國祭, 즉 "해마다 한 번 씩 나라 제사"를 지냈
고 그래서 10번째가 된다 했다.

그러나 혹 지나인들은 그랬을지 몰라도 우리는 숫터(蘇塗)에서 일년
에 두 번 씩 천제를 올렸다. 이는 우리 기록에도 너무 많지만 중국인 기
록에도 있으니 차라리 중국 기록을 인용한다.

13　중국의 이십오사(二十五史)

…평소 오월달에 파종을 마치고 귀신에게 제사를 지내는데 무리 지어
노래부르고 춤추고 술 마시기를 밤낮을 쉬지 않는다. 그 춤은 수십인이 일
어나 서로 따르며 땅을 구르고 몸을 엎드렸다 일어났다 하며 손발로 장단
을 맞추는데 장단은 중국의 탁무(鐸舞)와 유사한 데가 있다. 시월에 농사일
이 끝나면 역시 이같이 귀신을 믿는데 나라의 읍마다 각기 한 사람씩 세워

천신을 주제케 하며 그 이름을 천군(天君)1)이라 한다. 또 모든 나라에 각각 특별한 마을이 있는데 이름을 '소도(蘇塗)'라 하며 큰 나무를 세워 방울과 북을 달아놓고2) 귀신을 섬기는데 어떤 도망자건 그 안에 들어가면 대개 싸움을 할망정 돌려주지는 않는다. 그 소도를 세운 뜻은 부도(浮屠)와 비슷하나 옳고 그름 행하는 바는 다름이 있다.

(…常五月下種訖祭鬼神群聚歌舞飮酒晝夜無休其舞數十人俱起相隨踏地低昂手足相應節奏有似鐸舞十月農功畢亦復如之信鬼神國邑各立一人主祭天神名之天君又諸國各有別邑名之蘇塗立大木懸鈴鼓事鬼神諸亡逃至其中皆不還之好作賊其立蘇塗之義有似浮屠而所行善惡有異…)

이상으로 우리의 나라 천제(天祭)는 일 년에 한 번이 아니라 두 번이었다. 따라서 낙빈기는 우리 조상이 만든 금문 해독으로 우리 역사를 푼 것이 아니라 자기네 중화 역사 소설은 쓴 것에 불과한데 위 김대성의 글대로라면 소남자나 그로부터 사사 받은 한국의 금문학자들은 이 낙빈기의 말만 듣고 "단군을 허깨비"라는 등 망발을 하고 있는 것이니 이를 바로잡지 않을 수 없다.

또 낙빈기는 이 금문을 해독했다고 하나 자신이 생각해 봐도 말이 되지 않으니 (…)속의 글자가 그렇게 많은 것 같다.

이 말을 이번에는 [금문의 비밀] 230쪽에서 김대성의 주해로 보이는 글을 인용한다.

1_ 천군: 무속에서 무당을 만신(萬神) 또는 천군(天君)이라고도 하는데 이는 단군(檀君)과 같은 뜻이다.
2_ 뒤에도 수없이 나오지만 환웅은 '숫'을 의미하므로 환웅상은 남근일 수밖에 없으며 북 등은 고환을 그리고 방울은 '알' 즉 '씨앗' 등을 상징한다.

"구슬사위 임금(珠子王)이 신주를 모신 나라 사당(宗廟)에 제향(祭享)을 올렸다. (그때) 왕을 도와 뫼를 올린 계삼씨(系三氏) 중여 곤(衆餘 鯤)에게 신농씨(神農氏) 때 만든 돈을 하사(下賜)했다. 새임금(鷹王)이 인방(人方, 神方)에서 와서 축(祝: 풍년을 기구한다는 뜻)을 올린 것은 새 임금님이 열 번째 제사 지낸 그 해 5월 5일이었다."

이 주해를 쓴 김대성은 원문을 쓴 낙빈기 글보다는 백 배는 나은 글로 말은 될 것 같다. 그런데 우리말로 새 임금이라는 새 왕(新王)이라면 새 조(鳥) 자를 쓰는 게 더 좋을 텐데 말도 되지 않는 낙빈기의 이론을 따르느라고 매 응(鷹) 자를 굳이 따라간 것이 흠이다.

14 글쓴이의 코뿔소 술두르미 요약 해독문

먼저 사건의 설명부터 한다.

천신족과 지신족이 동화, 교합하고 축제를 벌인 해를 기념하기 위하여 술두루리를 만들었고 그 속에 명문을 새겨 넣은 것으로 본다.

그렇다면 이 이야기를 한번 붙여보자.

[요약문]

해의 정기를 받은 하늘아래, 땅위 가장 큰 이가 (환숫)

빛과 얼을 살피시어

물건을 구하러 더듬고 살피며 다녀서
노적가리에 싸았고

하늘아래, 땅위 가장 큰 이를
빛을 탄
세 신하(우사, 운사, 풍백)가 위아래에서 받들어
　△인 환숫 이 통나무 구멍을 뚫어 배(곰네의 숫처녀)를 타게 했다.

더 물건을 구하고 더듬고 살피러 다니며
서로들 얼루니
새 임금이 되실(新王, 아기 단군) 분이 오셨네.

항상 해 아래 멈추어 있었으니(바르게 서 있었으니)
사내와 겨집들이
새 임금의 탄생으로 환숫의 뜻이 열리길 빌고
또 바라니
하늘과 땅이 교합하듯
사내 부족과 겨집 부족이 빛을 위로하여
얼루는(교접) 해(秊)였다.

　이상 이 코뿔소 술두르미 속의 명문은 환숫과 곰네가 하나 되어 단군을 낳으므로 천신 부족인 환숫의 환족이 3천명 백성과 지신 부족인 곰네 부족들도 하나가 되어 피를 섞은 해를 기념하기 위해 만든 유물로 보이므로 우리 한민족에게는 무엇보다 중요한 유물로 본다.
　이 글쓴이의 해독문은 창힐이 환숫의 신하 신지에게 6년간이나 글자

만드는 법을 배워 고향에 돌아가 환숫이 곰네와 결합 밝달임금을 낳고
첫조선을 세우는 과정을 보고 쓴 일종의 견문록인 [창성조적서 비문]과
어쩌면 그렇게도 비슷한 내용이 되는지 모르겠다.

[참고자료Ⅷ] 평양 법수교 아래의 기천문(祈天文) 해독

먼저 이 신지녹도문 [진본 천부경] '하나, 둘, 셋… 열'을 해독해 봤는데 이번에는 같은 해독 방법, 같은 읽는 방법으로 평양 법수교 아래에 있다는 [기천문(祈天文)]을 해독해 본다.

이는 먼저 말했듯이 만약 이 신지녹도문 [진본 천부경] 하나 둘 셋 … 열 해석과 이 같은 문자로 써진 [기천문] 해석 방법이 다르면 이는 먼저 신지녹도문 [진본 천부경] 해석도 잘못된 것이고 따라서 이 기천문 해독도 할 수 없다는 말이니 글쓴이가 아직까지 했다는 신지녹도문은 다 잘못된 거짓말이 되기 때문이다.

아래 좌측의 것은 창성 조적서 비문이고, 우측 것은 위 평양 법수교 아래에 있다는 기천문이다.

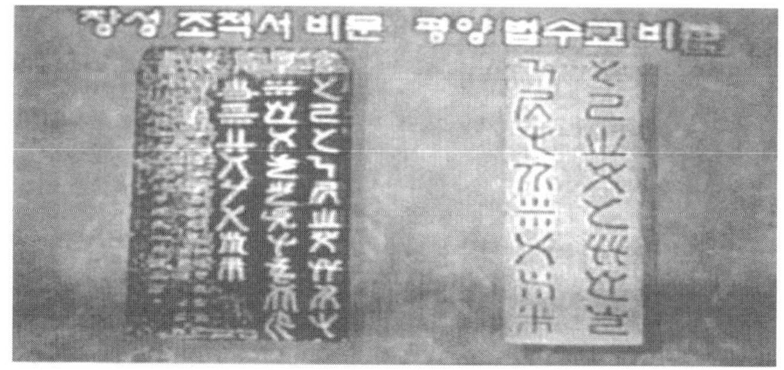

이 [기천문] 내용은 환웅 당시의 시대상과 남녀 성생할 등 풍속을 엿볼 수 있는 귀중한 자료이다.

이 글자들을 하나하나 자세히 풀어볼 필요는 없다. 왜냐하면 이미 먼저 신지녹도전자 [진본 천부경] 하나에서 열까지 상세히 설명했기 때문이다. 그러므로 여기서는 이 글자마다 어떤 뜻이 있었던가를 간단하게 설명한다.

위 그림은 '겨집이 기도하는 모습' 이라 하였다([신지녹도문 진본 천부경]에서 '여덟' 참조).

위 그림 글자는 '흐르는 내(川)' 로 '겨집(女)' 이라 하였다('넷' 참조).

위 그림은 아홉에서 '사내' 라 하였다('아홉' 참조).

위 그림은 '사내와 겨집이 땅 위에서 얼리려는(섹스) 글자' 라 하였다('다섯' 참조).

위 그림 글자 역시 '사내가 기도' 하는 그림('여섯' 참조).

위 그림은 '햇빛을 받는 나무들' (하나의 '하' 참조).

위 그림은 겨집과 사내가 '얼룬 다음 둘이서 기도하는 모습' 이다('일곱' 참조).

위 글자는 산 아래 개울이니 누리의 두름, 둘이라 했다('둘' 참조).

위 그림은 '뱀' 인데 이는 '사내의 남근(씨족)' 을 상징한다 했다('아홉' 참조).

위 그림은 '굴(땅)에 세우다' 이다('다섯' 참조).

위 그림은 '열고 나가가는 새' 이다('열' 참조).

위 그림은 '후미 성교' 라 하였다(여섯의 '여' 참조).

위 그림은 '밭에 뿌린 씨' 로서 위 점은 '아들' , 아래 점은 '겨집애' (일

곱의 ‘일’ 참조).

위 그림은 ‘빛을 받는 누리’ (하나의 ‘나’ 참조)

위 그림은 처자식의 집(여덟의 ‘여’ 참조)

위 그림은 환숫, 사내, 숫다 로(‘셋’ 참조).

[이상 이 글의 전체적인 해석]

비나이다.

계집과

사내가

땅 위에서 얼렸(섹스)나이다.

비나이다

빛님께

둘이서 비나이다

땅(겨집)과

뱀(사내)가

땅에 서서

열고 나가겠나이다.

둘이 하나 되어

씨를 뿌렸사오니

빛님이시어
처자식 집이 가득하게
세워주소서.

　이상으로 보아 이는 하늘에 비는 기천문(祈天文)인데, 이는 씨앗을 뿌리었으니 농사가 잘되게 해달라고 빈다는 것보다 남녀가 결합했으니 자식을 많이 낳게 해달라고 비는 것으로 본다.
　그 이유는 말이 생기고 그 말로 어떤 비석이라도 세울 정도이었다면 중요한 일이거나 강력한 자극이 있어야 하는데 원시 조상들이나 현대인들한테도 가장 중요한 것은 바로 자식 농사였기 때문이다.

[참고자료IX] # 우리 국보가 되는
창성조적서비(倉聖鳥跡書碑) 해독

그간 글쓴이는 최치원 이후 아무도 해독하지 않은 신지녹도문 [진본 천부경]을 해독했고 평양 법수교 아래 있다는 기천문도 해독했다.

그러나 아직도 최치원이 갱부작첩, 즉 다시 시첩으로 썼다는 81자가 천부경인 줄 아는 사람들은 그 최치원의 81자 원본이 되는 신지녹도문 [진본 천부경]이나 영변지의 신지녹도문조차 어떤 자의 낙서쯤으로 알고 그런 글자가 있었다는 사실조차 인정하지 않는다.

이 신지녹도문은 지금 중국 섬서성 백수현에 있는 창성조적서(倉聖鳥跡書碑)와 똑같고 지금 당장이라도 우리가 볼 수 있으며 그 내용은 코뿔소 술두르미와 근사하다.

단 신지녹도문 [진본 천부경]에 보이지 않는 새 글자가 12자가 더 있다고들 하는데 실은 같은 글자가 두 개로, 새로운 글자는 11자가 추가되어 있을 뿐이다.

이 글자를 중국인들은 창힐(倉詰)은 자기네 한자를 만들었으니 聖 자를 붙여 창성(倉聖)이라 하고 따라서 그 창힐의 글이 써진 '창성조적서비'를 창힐이 한자를 만드는 과정을 적은 것이라고 중국인들은 자신들의 국보라고 하나 아래에서 보듯 글쓴이가 이를 해독해 보면 이는 창힐이 환숫의 밝달나라를 세우는 것을 보고 쓴 견문록일 뿐이다. 따라서 영변지의 신지녹도문 글자가 어떤 애들 장난이라고 하는 자는 이렇게 자신의 짧은 상식으로 제가 아는 것 이외에 남의 이론은 인정하지 않으려

하는 자일 뿐으로 본다.

이 창성조적서 비문을 쓴 창힐은 환숫의 신하 신지한테서 6년간이나 글자 만드는 법을 배워 돌아간 자이다. 즉 우리 치우천황과 그렇게 싸우던 황제헌원의 아들 창힐이 헌원이 죽자 고향으로 돌아간 것이다.

따라서 이 창성조적서 비문 내용은 창힐이 환숫의 밝달나라를 세우는 것을 보고 쓴 견문록이 확실한데 그 증거는 아래 창성조적서비 해독문에도 나오지만 그보다 먼저 지금 한자는 금문해독에서 보았듯이 우리 조상이 그림으로 그려 쓰던 그림 글씨를 중국인들이 갑골문으로 때를 묻혔고 이 갑골문은 진시황 때 대전 소전을 통하여 예서, 해서로 변했으며 그 해서가 지금 우리가 쓰는 한자로 변한 것은 우리 삼국 초이기 때문에 구태여 창힐이 한자를 만들었다면 우리 금문을 갑골문으로 때는 묻히는 법을 말했을 것인데 그렇더라도 그때는 묻히는 과정이 그렇게 28자로는 부족했을 것이며 또 그렇다면 이 창성조적서 비문에 금문과 갑골문이 같이 써져 있어야 한다.

그러나 이 창성조적서 비문은 신지녹도문에 불과 11자가 추가되어 있을 뿐 아니라 그 11자마저도 실은 신지녹도문을 그대로 모방한 것이니 이는 분명 창힐이 한자 만드는 과정은 아니란 말이고 중국인들은 이 신지녹도문을 헤독할 줄 모르니 히는 말일 뿐이라는 것이다.

따라서 금문이나 금문을 근간으로 하는 이 신지녹도문은 어느 외국 석학이 할 것이 아니라 우리 말 우리 상식을 가진 우리가 해야 하는데 이것은 순수했던 우리 조상이 그린 그림 글자이니 이 해독도 대학교수보다 어린이가 하면 더 쉽게 할 수 있다.

이 창성조적서 비문 모든 글자를 해독해 보는데 이는 글쓴이가 먼저 해독했던 [신지녹도문 진본 천부경]이나 평양 법수교 아래 있다는 [기천문]을 해독했던 글자, 또 이 '창성조적서비' 글자 뜻과 조금이라도 다르면 이는 글쓴이가 아직까지 해온 모든 신지녹도문의 해독도 다 잘못한 것이 된다.

영변지의 '창성조적서비'

이 비문을 역시 우측에서 내려 읽으면 다음과 같은데 우선 여기서 신지녹도문 [진본 천부경]의 '셋' 을 환숫으로 보는 것은 이미 설명했고 또 '넷' 의 겨집이나 다섯 '다' 를 곰네 등으로 보는 이유 역시 말이 많지 않던 그때 곰네는 바로 겨집을 의미했기 때문이며 겨집은 바로 누리인 땅이기 때문이다.

따라서 그들이 아들을 낳았으면 당연히 밝달 임금인데 밝달임금은 형제가 셋이고 누이가 넷이라는 것도 이 '창성조적서비' 로 밝혀지니 이는 우리의 국보가 아닐 수 없다.

다음은 이런 글자는 우리 순박한 우리 조상이 지은 글자이니 우리는 누구나 해독할 수 있으므로 읽는이들도 글쓴이의 해독이 무리가 있는지 함께 연구해 보시고 잘못되었으면 지적해 주시라.

1. 위는 신지녹도문 [진본 천부경] 여덟의 '여', 겨집들이 기도하더라 (웅녀와 호녀가 환웅께 아기 배길 빌더라).

2. 위는 신지녹도문 [진본 천부경] 넷, 겨집(곰네)이 사람인 넷이 되고자 하니

3. 위는 신지녹도문 [진본 천부경] 여섯의 '섯', 사내(환숫님)도 기도에 응하여

4. 위는 신지녹도문 [진본 천부경] 아홉의 '아', 그 업구렁(숫)로

5. 위는 신지녹도문 [진본 천부경] 다섯의 '다', 굴 구멍(여음)에서

6. 위는 신지녹도문 [진본 천부경] 아홉의 '홉', 그 삼지창 같은 숫으로

7. 위는 신지녹도문 [진본 천부경] 다섯의 '섯' 빛이 누리에 교합하듯

8. 위는 신지녹도문 [진본 천부경] 하나의 '하', 온 빛을

9. 위는 신지녹도문 [진본 천부경] 여의 '여', 후방위로 교합해 주더라.

10. 위는 신지녹도문 [진본 천부경] 열, 환숫은 열어야 하므로

11. 위는 신지녹도문 [진본 천부경] 일곱의 '일', 아들 딸 낳고

12. 위는 신지녹도문 [진본 천부경] 일곱의 '곱', 함께 기도하는 것이기에

13. 위는 신지녹도문 [진본 천부경] 하나의 '나', 환숫은 누리에 빛을 내

리고

14. 위는 신지녹도문 [진본 천부경] 둘, 누리(곰네)는 그 빛을 두른 것이다.

15. 위는 (새 글자 1. 사내 아래 겨집) 곰네는 환숫의 삼지창을 둘러서

16. 위는 (새 글자 2. 하늘을 나는 영혼 얼 子) 하늘에 나는 영인 얼을

17. 위는 (새 글자 3. 빛 받는 나무) 환숫의 빛을 받더라.

18. 위는 (새 글자 4. 천지기운 교합으로 된 어미) 곰네는 천지의 기운이 교합되어 어미가 되고자

19. 위는 (새 글자 5. 다리 사이 통로) 그 다리 사이 통로로

20. 위는 (새 글자 6. 새 아들) 새 아들(밝달임금)을 낳더라.

21. 위는 (새 글자 7. 삼지창 위에 환숫) 삼지창을 가진 환숫님은

22. 위는 (새 글자 8. 이 글자는 일곱의 '일' 자의 씨를 일구러 어디든 갈 수 있는, 가야만 하는 아들 셋 위에 하늘이 있고 땅 아래에는 감자 씨 등과 마찬가지로 일구러 온 사내를 기다리는 딸들 넷이 있다.) 하늘 아래, 아들 셋과 땅 아래 넷의 딸들을 두고

23. 위는 (새 글자 9. 환숫과 곰네가 밝달에 서서 새 알의 기둥을 세움) 새 땅위에 천신과 지신의 알을 낳을 기둥을 박고

24. 위는 (새 글자 10. 알을 받는 그릇, 터전) 새 터전에

25. 위는 (새 글자 11. 번갯불) 번개 치듯 빛을 내리니

26. 위는 (이는 새 글자가 아니고 신지녹도문 천부경 하나의 '나' 와 같은 빛 받는 누리) 그 빛은 누리에 나리는 빛과 같고

27. 위는 신지녹도문 [진본 천부경] 여덟의 '여', 여덟의 집(새 나라)을 세워

28. 위는 신지녹도문 [진본 천부경] 셋, 셋인 환숫의 길이 이어지게 하더라.

위 해독을 붙이면

1. 겨집(웅녀와 호녀)이 환웅께 아기 배길 빌었는데

2. 곰네만 사람인 넷이 되고자 하니

3. 환숫님도 기도에 응하여

4. 그 업구렁이(숫)로

5. 굴구멍에서

6. 그 삼지창 같은 숫으로

7. 빛이 누리에 교합하듯

8. 온 빛을

9. 후방위로 교합해 주더라.

10. 환숫은 열어야 하므로(홍익인간)

11. 아들 딸 낳고

12 함께 기도하는 것이기에

13. 환숫은 누리에 빛을 내리고

14. 곰네는 그 빛을 두른 것이다.

15. 곰네는 환숫의 삼지창을 둘러서

16. 하늘에 나는 영이며 얼인

17. 환숫의 빛을 잡더라.

18. 곰네는 천지의 기운이 교합되어 어미가 되려고

19. 그 다리 사이 통로로

20. 새 아들(밝달임금)을 낳더라.

21. 삼지창을 가진 환숫님은

22. 하늘아래, 아들 셋과 땅 아래 네 명의 딸들을 두고

23. 새 땅위에 천신과 지신의 알을 낳을 기둥을 박고

24. 빛을 받는 새 나라에

25. 번개 치듯 빛을 나리니

26. 그 빛은 누리에 나리는 빛과 같고

27. 여덟의 집(새 나라)을 세워

28. 환숫의 길이 이어지게 하더라.

이상과 같이 해독하지 않으면 다른 뜻으로는 해독이 되지 않으며 창힐이 한자 만드는 기록이라는 말은 어불성설이고 따라서 이 창성조적서 비문은 중국의 국보가 아니라 우리의 국보라는 것이다.

따라서 이 창성조적서 비문은 신기하게도 코뿔소 술두르미 해독문 내용과 일치하니 아마 환숫님과 같이 왔던 3천명 백성이 곰네족과 동하여 일년 내내 축제를 벌일 때 새겨진 것으로 보이는 코뿔소 술두르미를 보고 창힐도 그 신지녹도문에 자신이 11자를 더 만들어 견문록을 새긴 것으로 본다.

[참고자료X] 응국 묘지 도자기 금문 해독
(5,000년 전 성예찬문이며 성지침서)

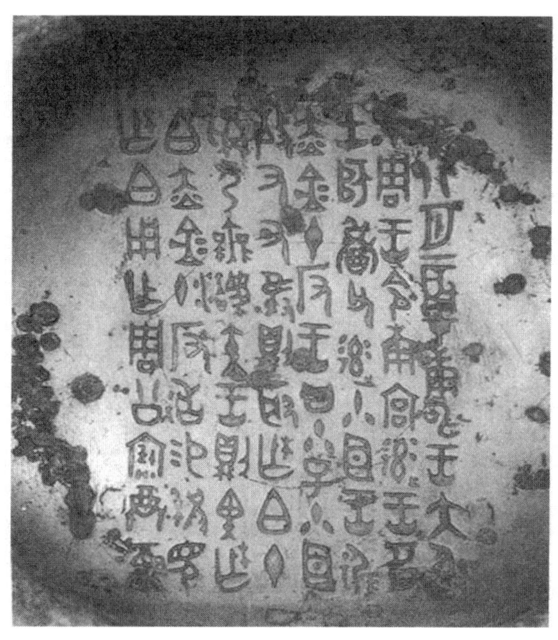

　하남(河南) 평정산(平頂山)의 응국(應國) 묘지에서 2005년 발굴되었다는 도자기에 새겨진 명문이다. 우리 역사의 비밀 사이트에서 퍼왔다.

　이는 금문이 분명하고 글쓴이는 처음 보는 문장인데, 자획이 모호한 부분이 많은 것이 흠이나 하여간 우리 역사에서 상당히 중요한 글이고, 환웅이 3천명의 무리와 함께 고조선 개국지로 내려와 곰족과 동화하여 단군을 낳는다는 단군실화가 기록된 미국 브런티지 박물관 소장 코뿔소 술두루미 또는 창성조적서비와 명문과 같은 내용이다.

우측 첫째 줄부터 아래로 한 글자씩….

1. 첫 글자는 자획이 모호하나 '서로 등을 지고 있는 사람' 으로 보인다.

2. 중국 금문학자들은 이 그림글자를 달(月), 또는 뱀蛇 자로도 해독했는데, 우리 상식으로 '달' 이란 '땅' 이면서 '겨집인 陰' 이 되기도 하고, '뱀' 은 '남근' 을 뜻하기도 한다.

3. 자획이 모호. 氏?

4. 환웅木 아래 門이며 이는 '숫이 겨집에 들어감' 을 뜻함, 중국 금문학자 미해독.

5. 중국인들은 龍, 또는 번개라는 電으로 해독했는데, 우리 상식으로 '용' 이나 '번개' 는 '어우러짐' 을 뜻한다.

6. 중국 금문학자는 물론 王 자로 해독했는데, 우리말로 '왕' 이란 '잇 큼', 즉 '해, 하늘같이 크다' 는 말이고, 이 글자는 하늘 ─ 아래 네 활개를 편 사람인 大 자 밑에 다시 땅이 있다. 즉 '하늘과 땅 사이에 가장 큰 것이 사람' 이란 말이다.

7. 大(네 활개를 편 사람).

8. 자획이 모호하나 '사람' 이 엎드려 무엇인가 하고 있다. 이 엎드린 사람을 중국 금문학자도 人으로 보고 있다.

둘째 줄

1. 자획 모호

2. 중국 금문학자들은 周로 해독하고 있으나 이는 '門 아래 ㅂ이나 □ 가 있는 글자로 '여인네 집' , 하기는 여음이란 숫을 두르는 것이니….

3. 王.

4. 위는 A 가 아니고 '△' 이며, 그 아래 '겨집' 이 엎드려 있다. 이를 중
   국 금문학자는 명령의 令, 命으로 해독.

5. 환웅木 아래 門이며 이는 '숫이 겨집에 들어감' 을 뜻함. 중국학자
   미해독.

6. 중국학자는 帝王住所 宮室의 '宮' 자로 해독하는데, 이는 '집 안에
   알이 쌓인 것' 이니 큰 이의는 없다.

7. 이 글자는 가운데 실타래(누에고치)가 있고 그 주위에 점이 두 개씩
   있으며, 왼쪽 점 두 개 아래는 ㄱ 같은 것이 있는데 이 글자는 중국
   학자는 미해독이나, 그 표시는 行 자나 道 자같이 십자로이고 그 중
   간에 고치이니 '알을 승계한다' 는 뜻이 있다.

8. 王.

9. 자획 모호. 보이는 머리글자는 중국학자들이 '달(月)' 로 보는 글자
   인데, 달이 둘이면 '多' 자 로 '저녁이 많다' 는 뜻이다. 즉, '저녁마
   다' 란 뜻이다.

셋째 줄

1. 王

2. 중국학자들이 '스승 師' 로 해독하는 글자인데, '누에고치인 알 두
   개' 는 '연속' 을 말하고, 옆은 '사내' 이니 '스승이란 생명을 연속시
   키는 방법을 가르쳤' 던 모양이다.

3. '출산이 가능한 여음 아래 술단지로 여음을 축복한다' 는 말이다.
   중국학자 미해독.

4. 중국학자들은 父 자로 해독하는데, 우리말로 '아비' 는 지애비 등 '남

편' 이 되기도 한다. 이 그림은 '남근을 손으로 받드는 겨집의 손' 이다.

5. 이 글자도 가운데 '실타래(누에고치)가 있고 그 주위에 점이 두 개 씩' 있으며 왼쪽 점 두 개 아래는 ㄱ 같은 것이 있는데, 이 글자는 중국학자는 미해독이나, 그 표시는 行 자나 道 자같이 십자로이고 그 중간에 고치이니 '알을 승계한다' 는 뜻이 있다.

6. 중국학자들은 '小' 자로 보는데 당시 우리 상식으로는 그냥 '점 세 개' 로 '세 사람', 또는 환숫의 악사, 풍백, 운사, 우사로 본다.

7. 중국학자는 '눈(目)' 으로 보는데 글쓴이의 해독은 눈이니 '살핀다' 는 뜻으로 본다.

8. 王.

9. '사내가 알을 보고 있' 고 그 뒤에는 '물고기꾸러미' 인데, 이는 '물 건' 이며 '돈' 이다. 이 글자 전체는 중국학자는 미해독이나 부분적 으로는 해독.

넷째 줄

1. '大(사람) 밑에 불(火)' 인데, 이는 '사내가 불을 놓는다' 는 것도 되 고, '밝힌다' 는 뜻도 된다. 중국 금문학자 부분적 해독.

2. 'ㅿ 이 위아래' 로 있어 '환숫을 받든다' 는 말인데, 좌측 것은 '남 근', 우측 점 둘은 '알' 이다. 중국학자 미해독.

3. 중국 금문학자는 이 글자를 '열十 자의 시작' 으로 보는데, 이는 금 문 七에서 보듯 우리말 '일곱' 이고 이는 '알(씨)을 가지고 결국 十 자로 확산하려' 는 글자.

4. 중국학자는 '反' 자로 해독하고 復也라는 토를 달아 놓았는데, 이 는 '막힌 벽을 더듬는 글자' 이므로 '反復' 이라면 말이 된다.

5. 王.

6. 자획이 모호하나 ㅂ과 같고 그렇다면 '받는 뜻의 여음'.

7. 이 글자도 중국학자들은 '小' 자로 보는데 당시 우리 상식으로는 그냥 점 세 개로 '세 사람', 즉 풍백, 운사, 우사로 본다.

8. 중국인들이 子로 보는 글자지만, 하늘같이 큰 머리를 이고 하늘을 날고 있으니 '하늘의 정기'로 본다.

9. 이 역시 중국학자들은 '小' 자로 보는데 그냥 점 새 개로 '세 사람'이며, 풍백, 운사, 우사의 뜻이다.

10. 중국학자들은 '눈(目)'으로 보지만 '살핀다'는 뜻이다.

다섯째 줄

1. 자획 모호.

2. 중국학자들은 손手 자로 보는데, 이는 '손'이지만 또 '손을 내민다'는 뜻이 있다.

3. 자획 모호, 역시 '손'이지만 '손에 알을 잡은 것' 같기도 하다. 중국학자 미해독.

4. 새(鳥)를 받들고 있는데, 여기서 '새'란 우리말로 '새것'을 말하기도 한다. 중국학자 미해독.

5. '조개(여음)'과 '숫을 세운 사내'. 중국학자나 세계 어느 학자도 인류 최초의 돈은 조개인 패전(貝錢)이었다. 하지만 금문을 해독해 보면 조개를 돈으로 썼던 일은 없다. 또 만약 조개 돈을 썼다면 바닷가 사는 사람들은 모두 갑부였을 것이다. '조개貝'란 '여음'이고, '이 여음이 돈 대신 썼다'는 것이 금문해독상 분명한데, 이것을 착각한 것이다. 우리말 '쪽애〉조개, 쪽 = 성인낭자'. 쪽 = 결혼한 여

인의 머리장식 등.

6. 통나무에 구멍을 파서 만든 '쪽배(여음)를 받드는 사내 손'. 중국인 미해독이나 兪 자를 해독해보면 알 수 있음.

7. 환웅木을 보면서 후미교접(중국학자는 北, 背 자로 해독)하는 한 쌍.

8. 중국학자는 '흰 백(白)' 자로 해독하지만 원래 白은 하늘 ㅇ의 주인 인 '해'로, ㅇ 가운데 점이 있고 이것이 중국인들에 의해 日이 되었 는데, 그 위에 빛 금인 /은 햇빛이므로 白은 '흰 햇빛'이다.

9. 이 글자 역시 중국학자는 十으로 보지만 금문 七에서 보듯 '씨를 가지고 결국 十자로 확산하려는 우리말 일곱'.

여섯째 줄

1. 자획 모호하나 '알(씨)이 있는 아래에 ㅅ이 잠자는 ㅈ(자지)'이 있 고, 왼쪽에서 '사내 숫'이 있다. 중국학자 미해독.

2. 중국학자는 '耂'로 보는데, 실은 '숫이 시들시들한 늙은이'.

3. 환숫의 숫대인 ㅿ을 사내와 겨집이 받들고 있다. 중국학자 미해독.

4. 남근을 겨집이 받들고 있다. 중국학자 미해독.

5. 일곱이 알을 배어 숫아오르다. 중국학자 미해독.

6. 이 역시 하늘아래 땅위 가장 큰 사람을 ㅂ으로 받드는 왕족. 중국학 자 미해독.

7. 조개인 여음을 찌르려는 사내의 숫. 중국학자 미해독.

8. 도깨비 탈. 이 도깨비 탈은 중국인들은 갑옷, 공갈협박을 한다는 甲, 畏, 鬼 자로 해석하지만, 이는 동두철액(銅頭鐵額)을 했다는 치 우천왕의 탈이고, 지금 붉을 악마의 원조이다. 즉, 도깨비란 당시 쇠를 녹이는 접시가 우리말로 도가니이고, 그 제철 기술을 가졌던

사내가 '도가니아비〉독아비〉도깨비' 이다. 당시 국가 제1급비밀인 제철기술은 왕족만이 가졌고, 무위도식하던 왕족이 많아지자 농민들의 농기구를 만들어주기 위해 지방에 파견했는데, 그 왕족들은 현지주민들로부터 술밥을 제공받는 이외에 절대 금품을 요구하지는 않았다. 따라서 도깨비들한테 잘 보이면 금은 보화보다 더 중한 농기기를 공짜로 얻을 수 있었다. 그리고 당시는 결혼제도가 없었으므로 동네 겨집들과 관계를 가지려면 그녀들이 사람을 알아보고 정이 들지 못하게 탈을 썼는데, 그것이 바로 붉은 악마들이 애용하는 도깨비 탈이니 당시에 벌써 그 탈이 있었다는 말이다.

9. 환웅목을 앞에 두고 후방위 교접. 중국학자는 후방위 교접을 北 또는 背로 해독.

일곱째 줄

1. 먼저 말한 '빛(白)'.

2. 大(사람) 밑에 불로 밝힌다. 중국학자 미해독.

3. 먼저 설명, ▵ 이 위아래로 있어 '환숫을 받든다' 는 말인데 좌측 것은 '남근', 우측 점 둘은 '알' 이다.

4. 금문의 七과 냇물.

5. 먼저 말한 '벽, 반복'.

6. ㅂ 위에 싹.

7. 빛을 탄 쪽배. 중국학자는 '물위에 배' 로 보지만 이는 삼수변이 아닌 '빛' 參 참조.

8. 싹을 살피는 사내. 우측 글자를 중국인들은 兒으로 해독하는데, '씨놀음(씨름) 승자나 맏이가 제를 올리' 므로 '제주' 로도 본다.

9. 중국학자는 覓으로 해독하는데, 이는 눈 아래 사람으로 '살피는 사
    내'.

여덟번 째 (마지막 좌로부터 첫 번째)

1. 후방위교접(나중에 중국인들에 의해 北, 背자가 됨).

2. 먼저 말했듯이 '흰 백(白) 자의 원형' 으로 '빛' 을 의미함.

3 이는 '사다리를 세우는 사내' 이고, 중국학자들은 用 자로 해독.

4. 후방위교접(나중에 중국인들에 의해 北 자가 됨).

5. 먼저 말했듯이 중국인들은 周로 해독하고 있으나, 이는 '門 아래
    ㅂ이나 口' 가 있는 글자로 '여인네 집', 하기는 여음이란 숫을 두르
    는 것이니….

6. 八과 같은 출구에 아래 입(여음).

7. 중국학자는 보물 寶자로 해독하나, '보물' 이란 꼭 물건뿐이 아닌
    '자식' 도 해당.

8. 술독을 받드는 두 사람(제사, 축제).

9. 자획 모.

모호한 글자가 있으나 윗글을 종합해 말을 붙여 보면

우측 첫째 줄에서 아래로

1. 남녀가 서로 등지고 있으면.

2. 겨집에게서.

3. 氏가 나올 수 없다(원시 우리말에서 바람도 '바람' 이고 바람을 막는 벽
    (壁)도 '바람' 이듯, 능동과 수동이 없다).

4. 환숫의 남근이라도.

5. 용이나 번개같이 어우러져야.

6. 하늘아래 땅위 가장 위대한 사람(王)이 되고.

7. 무엇인가 하는 사람이 나온다.

둘째 줄

1. 자획 모호?

2. 겨집의 집에.

4. 왕이 들어가려면.

5. ▵아래 겨집이 엎드려야.

6. 숫(사내, 남근)이 들어가서.

7. 집안에 알이 쌓이고.

8. 생명이 계승된다.

9. 하늘아래 땅위 가장 위대한 사람(王)은.

10. 달(밤)이 많아야 한다. 자주 와야 한다.

셋째 줄

1. 하늘아래 땅위 가장 위대한 사람(王)은.

2. 생명 연장을 가르치는 스승이 되어야 하는데.

3. 먼저 알 구멍에 경배드려야 하고.

4. 겨집은 남근을 받들어야 하며.

5. 세 사람이(풍백, 운사, 우사).

6. 살피어.

7. 왕이.

8. 알을 살피는 데 물건(돈)을 쓰게 한다.

넷째 줄

1. 사람이 불을 밝히려면.

2. ∆(사람, 셋, 환웅, 남근)을 위아래로 세우고 알들을 위해 남근을 내밀어야 하는데.

3. 일곱(씨를 일구는 사내)은.

4. 막히지 않게 반복하라.

5. 王의 ㅂ?(그릇)은.

6. 많은.

7. 정기를.

8. 많은.

9. 눈(目)으로 살펴야 한다.

다섯째 줄

1. 자획 모호.

2. 손과 또.

3. 알을 쥐려는 손이.

4. 새(새것).

5. 조개(새 조개= 처녀여음)를.

6. 통나무에 구멍을 판 배처럼 새 구멍을 뚫어 받들고(당시인은 출산여부를 모르는 처녀 여음보다 이미 출산 경험이 있는 애기 엄마 여음을 더 선호).

7. 환웅木을 앞에 두고 후방위 교접을 하되.

8. 빛인.

9. 일곱이 배가 불러지게 해야 한다(일곱이 여덟, 아홉이 되게 한다).

여섯째 줄

1. 알(씨)은 다리 사이의 ㅈ(자지)를 보살피어.

2. 늙어 시들기 전에.

3. ㅿ을 사내와 겨집이 세운다.

4. 남근은 겨집이 살피어.

5. 알(씨)을 가진 일곱이 솟게 해야 한다.

6. 왕족이.

7. 조개(여음)를 취할 때는.

8. 도깨비 탈을 쓰고.

9. 환웅木을 앞에 놓고 후방위 교접으로 한다.

일곱째 줄

1. 빛과.

2. 빛을 밝히는 사내는.

3. ㅿ(사람, 셋, 환웅, 남근)을 위아래로 세우고 알들을 위해 남근을 내밀어야 하는데.

4. 일곱이 개울물 흐르듯 해야 하며.

5. 막힘이 없이 반복한다면 .

6. ㅂ(여음)에서 싹이 나고.

7. 빛을 타게 된다.

8. 그 싹을 살피고.

9. 감시해야 한다.

여덟 번째 줄 (좌측에서 첫 번째 줄)

1. 후방위 교접으로.

2. 빛을 향하여.

3. 사다리를 세우고.

4. 후방위 교접으로.

5. 門아래 입이 열리면.

6. 八과 같은 통로 구멍 아래 입에서 보물이 나온다.

7. 술독을 받들고.

8. 축제를 벌이게 된다.

* 이 금문 문장은 오직 생식만을 최우선으로 삼던 조상들의 사고인데, 어떤 중국의 금문학자도 그들 한자 해독으로는 말이 연결될 수가 없으며 또는 미국 어떤 박사라도 이 문장을 말이 되게 해독할 수는 없다. 그러나 우리 상식, 우리말을 하는 사람이면 유무식을 물론하고 아무나 할 수 있는 것이다.

[참고자료 XI] 계연수의 천부경 요해

(1899. 己亥10월 撰)

이 글도 아래 쓰인 신지녹도문자 해독과 직접적인 관계는 없으나 아래 글들의 참고자료이고, 이 글을 글쓴이는 워낙 우둔해서 그런지 원문을 번역해 놓고도 솔직히 말하면 이게 도대체 무슨 소리를 하는지 모르겠다. 그러나 그래도 소위 민족의 뿌리를 밝히려는 계연수 선생도 이두로 써진 최치원 81자가 한자로 써 있다 하여 한자의 뜻으로만 해석하려 한 것에는 유감이다.

第一章 一始

一始無始一

穿理經曰 无 無無無之无 一 壹壹壹之一 無無無之无 一中之无 大道之理 壹壹之一 无中之一 大德之機 无始一而始无 數象理之无極一始无始一 機體用之一本 右 解大一之始

제일장 一始

일은 시작이 없는 데서 일이 시작 되었느니라.

천리경3)에 가로되, 없음은 없고 없는 데서의 없음이며 하나는 하나 하나 하나의 하나이니라. 없고 없고 없는 데서의 없음은 하나 가운데서의 없음이니 대도(大道)의 이치요, 하나 하나의 하나는 없음 가운데 하나이니 큰 덕의 기틀이라. 하나의 시작이 없다는 시작의 없음은 수리상의 극이 없다

3_ 일종의 천부경의 해설서로 계연수는 이를 자주 인용하고 있음.

는 것이고, 하나가 시작이 없는 데서 하나가 시작되었다 함은 기체(機體) 씀의 한 근본이니라. 위는 대일(大一)의 비롯음을 해석하는 것이다.

第二章 三極

析三極 无盡本

始於一而析三爲極 極無盡而本相自在 三爲天地人三極之象 析三之象 象極於无中之一 外一圓而向內 機成於天極 是天復一无之理 內二方而對外體成於地極 是地載萬有之象 間三角而貫中(兼內外) 用成人極 是人參三才之數 右解大一之本

제이장 삼극

삼극을 쪼개도 그 근본은 다하지 않는다.

하나로 비롯된 것을 셋으로 쪼개어 극이 되나 극은 다함이 없고 본 상은 그대로니라. 삼은 천지인 삼극의 상(象)이 되니 삼으로 쪼갠 상이 없음 가운데 하나의 극의 상이니라. 밖(外) 일원(一圓)4)이 안을 향하여 천극(天極)의 기틀을 이루니 이는 하늘이 일무(一无)의 이치를 다시 한 것이고, 안(內) 이방(二方)5)이 밖을 대하야 지극(地極)의 몸체를 이루니 이는 땅이 만유(萬有)의 상을 실었음이요, 사이(間) 삼각(三角)6)이 가운데를 관통하여(내외를 겸하여) 인극(人極)의 용도를 이루니 이는 사람이 삼재(三才)의 수에 참여함이라. 위는 대일(大一)의 본을 해석한 것이다.

第三章 一三

天一一 地一二 人一三

圓方角象之體 一二三數之用 理在其中 一中一而環 一圓之始 一正二而對一 二方之始 一支三而互一 三角之始 右解大一之理

제삼장 일과삼

4, 5, 6_ 一圓, 二方, 三角은 天一 地二 人三의 三極을 말하며 기호로 'ㅇ', 'ㅁ', 'ㅅ'을 말한다.

천일(天一)은 하나이고, 지일(地一)은 둘이며, 인일(人一)은 셋이니라.

원방각(圓方角)은 상(象)의 몸체요, 일 이 삼은 수(數)의 쓰임이니 이치가 그 안에 있다. 하나 가운데 하나의 고리는 일원의 시작이요 하나를 본(正)으로 한 둘이 하나를 대하는 것은 이방의 시작이요, 하나의 갈림인 삼이 하나를 대하는 것은 삼각의 시작이니라. 위는 대일의 이치를 해석함이라.

第四章 無匱

一積十鉅 无匱化三

一者眞理之一 萬事擇於有萬而貴取一也 十者極數之零 億土(本大地今改) 交南北於東西而功成十 故一積一而爲十 一鉅十而化三 積一之體 體具於十 化三之用用變於九 故環積一而中鉅化三 圓無不環 對積二而正鉅化三 方無不對 互積三而支鉅化三 角無不互 右解大一之機

제사장 궤가 없음

일을 쌓아서 십으로 크게 하면 궤가 없는 셋으로 화하느니라.

일은 진리의 일이니 만사를 만사 있음에서 택하여 귀한 하나를 취한 것이며, 십은 수가 다한 영이나 억토(본래 대지로 지금 고침)를 동서에서 남북으로 교차하게 하여 열(十)을 이루는 공이 있다. 그런고로 하나를 쌓아서 열이 되게 하고 하나에서 커진 열이 셋으로 화하나니 일을 쌓는 몸체는 십에서 갖춘 몸체이고, 삼으로 화한 쓰임새는 아홉에서 변한 쓰임새라 고로 일을 쌓은 고리가 큰 화삼(化三)의 가운데가 되면 원은 고리 아닌 것이 없고, 둘을 쌓아 상대되는 것이 큰 화삼의 근본이 되면 방(方)은 상대가 되지 않는 것이 없고, 셋을 쌓아 사귀는 것이 큰 화삼의 가지가 되면 각(角)이 사귀지 않는 것이 없다. 위는 대일의 기틀을 해석함이다.

第五章 二 三

天二三 地二三 人二三

天二謂日月 地二謂水陸 人二謂男女 三謂兼三才而兩之也 故中正支體之
理 環對互用之機 一環一而中二三 圓之成 一對二而正二三 方之成 一互三
而支二三角之成 右解大一之象

제 오장 二 三

천이(天二)는 삼이고 지이(地二)도 삼이며 인이(人二)도 삼이니라.

천이는 해와 달을 이름이요, 지이는 물과 육지를 이름이며, 인이는 남녀
를 이름이고, 삼은 삼재8)를 겸하고 있음을 이름인데, 이것이 두 개씩이니
라. 그런고로 가운데며 근본인 가지는 몸체의 이치요, 고리가 서로 대하고
있음은 쓰임새의 기틀이라. 한 고리의 일이 이와 삼의 가운데 함은 원의 이
름이요, 일이 이와 상대하여 이삼을 근본으로 하고 있는 것은 방의 이름이
며, 일이 삼과 서로 하여 이삼으로 갈리는 것은 각의 이름이니라. 위는 대
일의 상을 해석함이다.

第六章 大合

大三合六 生七八九

三謂天地人 六謂陰陽剛柔仁義 故一生二而大三 二運三而合六 大三之理
理生於无合六之機 機運於一 中生一而環運合六圓无不中 正生二而對運合
六方無不正支生三而互運合六角無不支 穿理經曰 一二三. 積六 天地人始一
成六之象 一二三. 鉅九 圓方角化三變九之體 一六六 六六三十六 大道生生
无窮之理 一九九. 九九八十一大德運運不盡之機 盖天地萬物 氣化以成形
理卽賦而化三 六焉水 七焉火 八焉木 九焉金. 十焉土 第次而成也 右解大一
之體

제육장 큰 합침

큰삼(大三)이 합하여 육이 되고(合六) 칠, 팔, 구를 낳느니라.

삼은 천지인을 이름이요, 육은 음양(陰陽)과 강한 것과 유한 것과(鋼柔)
인과의(仁義)니라. 그런고로 일이 이를 낳아 대삼(大三)이 되고 이가 삼을

운행시켜 합육이 되니 대삼의 이치는 없는 데서 생기는 이치이고, 합육(合六)의 기틀은 일에서 운행된 기틀이라. 중(中)이 일을 낳아 합육으로 고리되어 운행되면 '원'은 가운데 아닌 것이 없고, 정(正)이 둘을 낳아 합육과 마주 운행되면 '방'은 바르지 않은 것이 없고, 지(支)가 삼을 낳아 합육과 서로 운행되면 '각'은 가지가 아닌 것이 없느니라. 천리경에 가로되 일이 삼의 적육(積六)7)은 천지인이 일에서 비롯되어 육을 이루는 상이요, 일이 삼의 거구(鉅九)8)는 원방각이 셋으로 화하여 구로 변하는 몸체라. 일육은 육, 육육은 삼십육은 대도(大道)가 무궁한 이치에서 낳고 낳음이요, 일구는 구구 팔십일은 대덕(大德)이 다하지 않는 기틀에서 운행되고 운행됨이라. 무릇 천지만물이 기(氣)가 화함으로써 형상이 이루어지고 이(理)는 곧 화삼(化三)을 부여하나니 육의 수(水)9)와 칠의 화(火)와 팔의 목(木)과 구의 금(金) 그리고 십의 토(土)가 차례로 이루느니라. 위는 대일의 몸체를 해석함이라.

第七章 運環

運三四 成環五七

歲有四時而時各有三月 地有四方而方各有三形 人有四體而體各有三骨節 是謂運三四 五 五行 空間平等 七 七曜 時間自由 是謂五七成環而中有人間最爲尊貴故穿理經曰 外圓內方老少陰陽 循環不息 先天始成之理 內圓外方 上下奇一錯綜無停 後天 交之機 一在六中者 理之一生於中而運於內六居

7_ 쌓은 여섯.

8_ 큰 아홉.

9_ 六은 水, 七은 火, 八은 木, 九는 金, 十은 土로 바로 오행을 말하는 것인데, 글쓴이 소견은 중국의 음양오행설이 생기기 이전의 천부경에 오행이 등장한다는 것에 동의할 수가 없고, 천부경도 진리이며 음양오행설도 진리기 때문에 천부경 속에 자연히 음양오해의 진리가 들어 있다고도 볼 수가 있으나 천부경은 음양 양극의 철학 이외에 천지인 삼극의 철학이기 때문에 양극의 철학으로 천부경을 다 설명할 수는 없다고 본다.

一中者 機之六 成於中而環於外 是也 右解大一之數

제칠장 고리가 운행되다

三四를 운행하여 五七의 고리를 만든다.

해는 사시(四時)가 있고, 사시는 각기 삼개월이 있고, 땅은 사방이 있고, 사방은 각기 세 가지의 형태가 있고, 사람은 사체(四體)가 있고, 사체는 각기 세 개의 골절이 있나니, 이것이 三四를 운행하는 것이요. 五는 오행(五行)이니 공간은 평등하며 七은 七曜日10)이니 시간은 자유라. 이것이 五七로 고리를 이루고 인간 가운데 있어서 가장 존귀한 것이라. 고로 천리경에 가로되 밖은 둥글고 안은 모져서11) 노소(老少) 음양이 순환하여 쉼이 없으니 선천(先天)이 비로소 이루어지는 이치요, 안은 둥글고 밖은 모져서12) 상하와 홀과 짝과 섞기고 모이는 것이 쉼이 없으니 후천(後天) 교접의 기틀이라. 一이 六 가운데 있다는 것은 이치의 一이 가운데서 나와서 안에서 운행하는 것이고, 六이 一 가운데 머무른다는 것은 기틀인 六이 가운데서 이루어져서 밖에 고리를 하고 있음이라 하니 바로 이것이다. 위는 대일의 수를 해석함이라.

第八章 妙衍

一妙衍萬往萬來 用變不動本

杏村先生曰 一者大一眞元之體 玄妙自能之力 穿理經曰 中宮造化之原也 妙衍之理 一 由是而生 八門變化之機也 往來之機一從此而運 二三四五乃一之妙先天萬往之數 七八九十 是一之衍 後天萬來之用 天下事一盖自遭之而可動哉 此理甚明不動爲本 穿理經又曰 一始本而成六 六成中而具於十 六妙

10_ 오천년 전 하느님 말씀이라는 천부경 해설에 서양 문명의 칠요일이 들어간다는 것은 좀 억지인 것 같다.

11_ 원방각의 원 안에 정사각형이 들어 있는 모양.

12_ 원방각의 정사각형 안에 원이 있는 모습.

一而用爲五 六衍一而變爲七五用妙而 又妙 前宇宙之萬往 七變衍而又衍 後宇宙之萬來 上下經緯-妙衍 一極而六中不易 古今往來- 用變六合而一本不動 故曰 一妙衍 一本 本者萬理之極也 象理之道- 從此而化 六中 六中者萬機之極也 體用之由 由是而合 故曰 不動本 右解大一之用

제팔장 묘연

일은 묘연(妙然)하여 수없이 오고가도 그 쓰임새는 변하나 근본은 변하지 않는다.

행촌선생이 말씀하시기를 '일' 이라고 하는 것은 대일(大一)의 참된 으뜸의 몸체요 자기능력의 힘이 현묘한 것이니라. 천리경에 가로되 가운데 궁(宮)은 조화의 원천이니 묘연(妙衍)의 이치는 이로 말미암아 생기고 八門은 변화의 기틀이니 왕래의 기틀이 이것을 좇아서 운행되느니라. 이, 삼, 사, 오는 이는 일의 묘(妙)니 선천의 수없이 가는 수요, 칠, 팔, 구, 십은 이는 일의 연(衍)이니 후천의 수없이 오는 쓰임새라 하니 천하의 일이 무릇 스스로 만나서 가히 움직이는 것이라 이 이치는 심히 밝아서 근본이 흔들리지 않게 되느니라. 천리경에 또 가로되 일로 비롯된 근본이 여섯을 이루고 육으로 이룬 가운데 열을 가추고 육의 묘한 일이 다섯을 쓰게 하고 육의 연(衍)한 일이 칠을 변하게 한다. 오는 묘(妙)를 쓰고도 또 묘하니 앞 우주의 수없이 가는 것이요 칠은 연(衍)이 변하고 또 연 하니 뒤 우주의 수없이 옴이라 상하와 날줄과 씨줄이 묘연하니 일극의 육은 가운데가 바뀌지 않고 고금의 왕래는 쓰임새가 변하니 육으로 합한 일은 흔들리지 않는 근본이다. 그런고로 가로되 일이 묘연한 것이라. 일은 근본이니 근본이란 것은 모든 이치의 극이니라. 민상 이치의 도는 이것을 좇아서 화히고 육은 가운데니 육이 가운데라는 것은 모든 기틀의 극이니라. 몸체의 씀으로 연유됨은 연유된 이것의 합인고로 가로대 흔들리지 않는 근본이니라. 위는 대일의 씀을 해석한 것이다.

第九章 中一

本心 本太陽昂明 人中天地一 一終无終一

本 卽心 心卽神明 主宰人物之本形 本卽日 日卽太陽 君臨天地之中心 中心之理極於本 與天地昂其道 本形之機極於中 與日月明其德 理機一化合於本形 道德昂明於中心 故曰 人中天地一 右解大一之中

제구장 가운데의 일

본은 심이니 태양을 근본으로 하고 사람은 천지의 일 가운데로 하니 일은 일의 마침이 없는 데서 마치느니라. 본은 즉 마음이요, 마음은 곧 신명(神明)이니 인물의 근본형태를 주재함이요, 근본은 바로 해(日)요, 해는 바로 태양이니 천지의 중심에 군림하는지라. 중심이라는 이치는 근본에서 극을 하여 천지와 더불어 그 도를 드높이며 본 형상의 기틀은 가운데에 극을 하여 일월과 더불어 그 덕을 밝게 하여 기틀의 이치가 본형에서 화합하고 도덕이 중심에서 밝게 휘날리나니 그런고로 가로되 사람 가운데 천지의 일이니라. 위는 대일의 가운데를 해석함이라.

글쓴이 분석

우선 계연수는 그가 최치원의 81자의 글을 태백산에서 탁본해서 단군교당에 보낼 때 다음과 같이 말했다.

"저는 평소 스승으로부터 다음과 같은 말을 들었습니다. '동방을 개천하신 단군은 신인이시다. 천부인 세 개를 가지시고 하늘로부터 세상에 내려오셔서 덕화(德化)를 크게 펴신 지가 지금 4,000여 년이 되었는데 도대체 천부인 세 개가 어떻게 생긴 물건인조차도 알 수가 없으나 하여간 천부(天符)는 설교의 경이다.'"

(桂延壽書搭天符經原本於妙香山石壁送來時書云僕嘗聞之師東方開荒之祖檀君

神人持天符三印自天降世德化大行于今四千餘年事在鴻)

라 했다면 최치원의 81자의 원본은 신지녹도문일 것이며 그렇다면 당시
는 글자도 없어 환웅은 그 하느님 설교의 경을 글자가 아닌 말씀으로 전
해 가지고 왔고(口傳之書) 그래서 신지를 시켜 신지녹도문을 만들었다는
말도 알고 있었을 것이다.

그렇다면 단군으로부터 대략 2,500년 후 중국의 문왕이나 공자 때 나
온 음양론이나 춘추전국시대에 나온 오행설로 어찌 그 신지녹도문 천부
경의 해설서를 풀 수 있으며 더구나 '칠요일' 이란 말은 일제 초, 그러니
까 계연수 때나 나온 말인데 어찌 그런 말로 최치원 81자의 원본인 신지
녹도문을 풀 수 있다는 말인가? 특히 그는 천리경(穿理經)을 주로 인용하
고 있는데 그 천리경은 언제 나온 글인가?

이 계연수의 천부경 해설서는 최치원이 [신지녹도문 진본 천부경]과
는 별도로 81자 천부경을 만들었다는 말로 최치원 천부경 해석은 될망
정 그 원본이라는 신지녹도문의 해설서는 아니라고 본다.

[참고자료XII] 김영의의 천부경 풀이

가장 풀이가 잘 되었다는 노주 김영의의 천부경 주해. 참고 자료 (1887년).

天符經 註解 蘆洲金永毅

檀君天符經神誌篆見於古碑文崔文昌候孤雲解其字刻于太白山今按其文簡而奧要而正與伏羲大易之理莫不 '月+勿밑에口？合而煙晦深用慨然詳加註解以發其意

단군의 천부경 신지의 전자(篆字)를 옛 비문에서 발견하고 최창후 고운은 그 글자를 풀어 태백산에 새겼는데, 지금 그 글을 더듬어 보니 간소하고 오묘하며 요약되되 정확하여 복희씨의 큰 주역의 이치와 더불어 모호한 것이 아닌 게 아니나 개연히 깊이 생각해서 자세히 주해를 하려는 것이 그 뜻의 발로이다.

一始無始一

道者一已矣 故一爲始而無始於一者也 狀道之體莫如一 達道之妙莫如一一之意大矣哉

일은 일의 시작이 없는 데서 시작된다.

도는 하나일 따름이다. 그런고로 일의 시작은 일의 시작이 없는 데서 시작되는 것이다. 도 상태의 몸체가 일만 같지 않고 도를 통달한 묘함이 일만 같지 않으니 일의 뜻은 큰 것이라.

析三極

析分也 極者天地人之至理也 擊辭曰六爻之動三極之道也 道生一 一生二
二生三 至于三而變化不窮 故曰三生萬物

셋으로 쪼개다.

쪼갠다는 것은 나누는 것이다. 극(極)이라고 하는 것은 천지인의 지극한
이치다. 격사(擊辭)13)에 가로되 육효(六爻)14)의 움직임이 삼극의 도니라 하
였으니 도는 일을 낳고, 일은 이를 낳고, 이는 삼을 낳아 삼에 이르면 변화
가 무궁한 고로 가로되 삼이 만물을 낳는다고 하느니라.

無盡本

一爲天下之大本而分之爲三極 三極旣立萬理咸由此出而大本無有窮盡也

근본이 다함이 없다.

일은 천하의 큰 근본이 되어 삼극으로 나뉘고 삼극은 이미 일어서서 만
가지 이치가 여기서 나와 다 함유(咸由)하니 큰 근본은 궁진(窮盡)15)함이
없느니라.

天一一 地一二 人一三

是卽三極也 天得一而爲一 地得一而爲二 人得一而爲三 乃一 一之分也
道一而在天爲天道 在地爲地道 在人爲人道 分之爲三극 合之爲一本也.

천일은 일이요, 지일은 이요, 인일은 삼이다.

이것이 바로 삼극이라. 하늘은 일을 얻어 일이 되고, 땅은 일을 얻어 이가
되며, 사람은 일을 얻어 삼이 되니 이에 일은 일의 나눔이라. 그런고로 하나
의 도는 하늘에 있으면 하늘의 도가 되고 땅에 있으면 땅의 도가 되며 사

13_ 역의 해설서.

14_ 역 여섯개 괘.

15_ 끝이 있어 다되는 것.

람에 있으면 사람의 도로 나뉘어 삼극이 되며 합하면 한 본이 되느니라.

一積十鉅

一數之始也 十數之終也 自一而始 積之爲 十則鉅矣 河圖之十數 爲天地
造化之本也 其理亦爲暗合

일을 쌓으면 십으로 커진다.

일은 수의 시작이요 십은 수의 마침이라. 일로부터 시작해서 십으로 쌓
은즉 큰 것이니라. 하도(河圖)16)의 십수는 천지조화의 근본이 되는데 그 이
치도 역시 심오하니라.

無匱化三

一而積十 自此而盡 千變萬化 無有竭匱而其本則皆由於三極之變化也.

장애 없음은 삼극이 화한 것

하나를 열로 쌓는다 함은 이로부터 나아가서 수없이 변하고 화하여 갈
궤(竭匱)17)가 없으니 그 근본인즉 다 삼극의 변화에서 말미암음이라.

天二三 地二三 人二三

一分爲二自然之理 擊辭日 天立之道日陰與陽 地立之道日柔與剛 人立之
道日仁與義 兼三才而兩之. 故易 六劃而成掛.

하늘도 이삼이요, 땅도 이삼이며, 사람도 이삼이니라.

일을 나누면 이가 되는 것은 자연의 이치라. 격사에 이르되 하늘의 도 세
움을 가로되 음이 양과 더불어 한다 하며 땅이 도 세움을 가로되 유한 것이
강한 것과 더불어 한다 하며 사람의도 세움을 인(仁)이 의(義)와 더불어 한

16_ 옛날 중국 복회(伏羲)씨 때 황하에서 용마가 지고 나왔다는 일월성신을 그린 그림. 55점으로
　　이룸. 낙서(洛書)와 함께 주역의 기본이 됨.
17_ 다되고 걸림이 있는 것.

다 하니 삼재(三才)는 두 가지씩을 겸했느니라. 그런고로 주역에서는 육획으로 괘가 성립되느니라.

大三合六生七八九

一分爲二而二培於一 故曰六 天地人各得其二二合之爲六 自六而加一二三則 生七八九矣 盖數之於九而循環生 其用不窮焉 洛書之九數 爲天地造化用也 其亦與此暗合.

대삼(大三)의 합은 육이고 칠팔구를 낳느니라.

일을 나누어 이가 되고 이는 일의 배이니라. 그러므로 가로되 육이니라. 천, 지, 인이 각기 이를 얻어서 합하니 육이 되며 육에서 일, 이, 삼을 더하면 칠, 팔, 구를 낳게 되느니라. 무릇 아홉이라는 수는 순환하여 낳게 되는데 그 쓰임새가 궁진함이 없느니라. 낙서(洛書)18)의 아홉 수는 천지 조화의 쓰임새가 되느니라. 그 또한 이같이 심오한 것과 더불어 하느니라.

運三四成環五七

三者極之本也 四者自三而生也 是原化之位故曰運三四 六者三極之大合也 七者自六而生也 是亦原化而五爲六先七爲六後 故曰成環 旣言合六又言成環則不言六而在其中矣.

삼이 사를 운행하여 오와 칠로 고리를 이루다.

삼이라고 하는 것은 극의 근본이요. 사는 삼으로부터 나온 것인데 이는 근원이 화한 위치인고로 가로되 삼이 사를 운행했다 함이요 육은 삼극의 큰 합침인데 칠이라고 하는 것은 육으로부터 나온 것이라. 이 여시 근원이 화한 것으로 오는 육의 먼저가 되고 칠은 육의 뒤가 되니 그런고로 고리를 이루었다 하는데 이미 말한 합한 육은 다시 말하면 고리를 이룬 것이므로

18_ 繫辭 참조.

육은 말하지 않아도 그 가운데 있는 것이다.

一妙衍萬往萬來用變不動本

中庸曰 其爲物不貳則 其生物不測 不貳者一也 一之運推衍無窮 散而萬往 卷而萬來 往者一本萬殊 成者(來者?)萬殊而一本也 其妙用之變化不可測度 而其爲本則未嘗有所動作也

일의 묘연함은 만 번 가고 만 번 와서 쓰임새는 변함이 있으나 근본은 움직이지 않는다.

중용에 가로되 그 물건 됨이 둘이 아닌즉 그 낳는 물건을 측량할 수 없다 했는데, 둘이 아니라는 것은 하나라는 것이다. 일의 묘한 운행은 추연19)이 무궁하여 흩뜨려 놓으면 만 번 가고 접으면 만 번 오는데 간다는 것은 하나의 본이 만 번 다른 것이요, 이룬다는 것(온다는 것?)은 만 번 다른 것이 한 본으로 되는 것이니 그 묘한 쓰임새의 변화가 가히 잣대로 측량할 수가 없어서 그 본됨인즉 흔들리는 바가 일찍이 없었느니라.

本心本

心之本卽道之一也 故自人而言則道之本 亦吾心之也 記曰人者天地人心也 亦此義也

마음의 근본에 근본을 하고

마음의 근본은 곧 도의 하나라. 고로 사람으로 말한즉 도의 근본이요 또한 나의 마음이라. 기(記)에 가로되 사람이라는 것은 천지인의 마음이라 했으니 또한 이 뜻이니라.

19_ 밀고 넓힘.

太陽昂明

心之光明如天地太陽 無所不照 孟子曰日月有明用光必照焉 言道之有
本也.

태양의 밝음을 우러르다.

마음의 광명은 천지의 태양이 비치지 않는 곳이 없는 것과 같으니라. 맹
자 가라사대 일월에 밝음이 있음은 반드시 비추는 데 그 빛을 쓴다고 했으
니 도에는 근본이 있음을 말함이니라.

人中天地一

天地人一也 人中於天地一而爲三才也 人能不失其本心之一則天地萬物
本吾一體 所謂立天下之大本者也 得之於此義

사람 가운데 천지의 일이 있다.

천지인은 하나이다. 천지의 일이 사람 가운데 있어서 삼재(三才)가 되는
것이요, 사람은 능히 그 본심의 일을 잃지 않은즉 천지만물이 나와 일체의
근본이 되므로 이른바 천하의 대본이란 것을 세우게 된다는 것은 이 뜻에
서 얻은 것이니라.

一終無終一

道者一而已矣 故一爲終而無終於一者也 孔子曰吾道一以貫之 釋氏曰萬
法歸一 老子曰 得其一萬事畢 精微之論復何以加於此哉.

일은 일의 마침이 없는 데서 마치느니라.

도라는 것은 하나일 따름이다. 고로 일이 마쳤다는 것은 일의 마침이 없
다는 것이다. 공자 가라사대 나의 도는 일로써 뚫는다 하였고, 석가 가라사
대 만법은 하나로 돌아온다 하였으며, 노자 가라사대 그 하나를 얻으면 만
사가 끝난다 하였으니 자세한 논쟁을 어찌 이에서 더할 것인가?

이상 노주 김영의(蘆洲 金永毅) 천부경 주해(天符經 註解)는 최치원의 81자 해석에는 부족함이 없을 것 같으나 그가 모두에서 말한

檀君天符經神誌篆見於古碑文崔文昌候孤雲解其字刻于太白山今按其文簡而奧要而正與伏羲大易之理莫不 '月+勿밑에口? 合而煙晦深用慨然詳加註解以發其意

(단군의 천부경 신지의 전자(篆字)를 옛 비문에서 발견하고 최창후 고운은 그 글자를 풀어 태백산에 새겼는데, 지금 그 글을 더듬어 보니 간소하고 오묘하며 요약되되 정확하여 복희씨의 큰 주역의 이치와 더불어 모호한 것이 아닌 게 아니나 개연히 깊이 생각해서 자세히 주해를 하려는 것이 그 뜻의 발로이다.)

와 크게 상치된다. 왜냐하면 그는 모두에서 "단군의 천부경 신지의 전자(篆字)를 옛 비문에서 발견하고 최창후 고운은 그 글자를 풀어 태백산에 새겼는데…"라 해놓고 그 해석은 모두 단군으로부터 대략 2,500년 후의 문왕 공자때 나온 역경(易經)으로 풀이하고 있다는 점이 우선 시대 착오적인데 그렇다면 구전지서(口傳之書)로 보아 아직 글자도 없던 신지, 단군 때 벌써 역경이 있었단 말인가?

따라서 이 해석도 계연수의 해석과 같이 신지녹도문 [진본 천부경] 하나 둘 셋 … 열과는 별도로 최치원 천부경을 만들었다는 말이며 따라서 이 해설서는 최치원 천부경 해설서는 될망정 그 원본이라는 신지녹도문의 해설서는 아니라고 본다.

[참고자료 XIII] 천부경에 대한 독자 토론

　이번에는 글쓴이 카페 독자 토론란에서 글쓴이와 토론했던 천부경 내용이다. 글쓴이 카페에서 주장하는 진본 천부경은 16자의 신지녹도문이고 그 내용은 지금 우리 숫자가 된 하나 둘 셋 … 열이라고 이미 글쓴이 카페에 올려놓았었다.

　그러나 자신은 동서양 철학의 전문가이며 따라서 천부경에 대해 10년간이나 연구하였으니 자신의 이론만이 정론이라고 주장하시는 독자님 중에 한 분은 자신의 천부경 해독 결과를 올리며 글쓴이의 글을 반박했기 때문에 그 내용도 여기에 올리는 것이다.

독자님 천부경 해석

天符經 [천부경] 직역

一始無始一

하나(one, many)가 비롯됨은 무(emptiness, fullness)에서 비롯된 하나이며,

글쓴이 분석

　우선 독사님의 천부경 해식 중 구구한 실명은 위 큰 뜻에서 빗어나지 않으므로 지면상 생략하고 큰 뜻만 올린다.

　여기서 우선 구역질이 나는 것은 우리 한국 사람은 ‘하나’ 나, ‘비롯됨’ 이 무엇인지 잘 모를 테니 (one, many), (emptiness, fullness)라는 영

자 토까지 붙여 주었다는 것이다.

아니 반론자가 아무리 동서양 철학의 전문가라 해도 우리가 언제부터 영어만 썼기에 영어로 토를 붙여야 알아듣고 또 대략 5천년 전의 하느님 말씀을 해독한다면서 도대체 영자로 토를 달아야 하는 이유는 무엇인가?

여기 나오는 ‘一’은 최치원 당시 빛인 한(하나)를 우리말로 적을 수 없으니 할 수 없이 한자를 빌려 이두로 쓴 것으로 그 뜻은 숫자가 아니라 우리 한민족이라는 ‘한’으로 뜻은 많다, 희다, 밝다, 넓다 등 무려 20여 가지의 좋은 뜻이 들어 있다고 했다.

독자님 천부경 해석

析三極無盡本

셋으로 나뉜다 할지라도 그 근본은 다함이 없으니,

글쓴이 분석

이 해석은 크게 이의가 없다.

독자님 천부경 해석

天一一 地一二 人一三

하늘의 하나는 하나요, 땅의 하나는 둘이요, 사람의 하나는 셋이니라.

글쓴이 분석

하늘의 하나는 하나요. 땅의 하나는 둘이요, 사람의 하나는 셋이라고 한다면 이게 무슨 소리인가?

글쓴이는 하늘의 한(핵심)은 '한' 이요. 땅의 한은 우리말 '두름' 이요 사람의 핵심은 사내라고 했다.

또 반론을 하신 독자님과 같이 해석하면 당시 숫자가 있었다는 말이 되지만 위에서 말했듯이 이 [신지녹도문 진본 천부경]이 전해진 후 거의 천년이 지나서야 우리에게 숫자가 생겼고 중국은 그보다 5백년이 더 늦으며 일본은 그보다 또 천년이 뒤에야 숫자가 생겼다는 것은 역시 글쓴이의 졸저 [천부인 ㅇ ㅁ △]에 써 있듯이 중국, 일본 숫자와 금문 갑골문을 분석해 보면 알 수 있다.

독자님 천부경 해석

一積十鉅無櫃化三

하나부터 쌓고, 열을 크게 펼치면, 무를 둘러싼 셋의 조화가 나오느니,

글쓴이 분석

여기서 우선 오자를 지적하면 위 櫃가 아니라 匱자이지만 그냥 넘어간다.

또 해석도 하나부터 무엇을 쌓고 무엇을 크게 열면 무를 둘러싼 셋의 조화가 나온단 말인가? 도대체 이게 무슨 말인가?

우선 이 천부경이 전해질 무렵에는 아무런 글자가 없었고 숫자도 없었다. 그래서 천부경은 하느님이 말로 전해주셨다 했고(天符經 天帝桓因之 口傳之書) 그래서 환숫은 이 말이 변질될까봐 그 신하 신지로 하여금 이 말을 보관하는 방법을 명했고 그래서 신지는 사냥을 나갔다가 사슴을 발견, 활로 쏘았으나 빗나가 사슴이 도망가자 그 발자국을 보고 말을 보관하는 방법도 이렇게 하면 될 것이라고 만든 글자이기 때문에 그 글

자는 인류 최초의 글자이고 이를 신지녹도문이라 한다는 말이 [규원사화]나 [환단고기] 등 많은 우리 사서에 쓰여 있으며 이 글자를 대략 4천 년 후 최치원이 다시 시첩으로 만들었기에 최치원 81자는 갱부작첩(更復作帖)이라는 말도 고운집이나 여러 사서에 많이 쓰여 있다.

독자님 천부경 해석

天二三 地二三 人二三

하늘도 둘과 셋의 조화요, 땅도 둘과 셋의 조화요, 사람도 둘과 셋의 조화로서,

글쓴이 분석

이 말은 위 天一一 地一二 人一三의 뜻에서 독자님은 一은 天, 二는 地, 三은 사람으로 보았다.

그렇다면 이 해석을 여기 天二三, 地二三, 人二三의 독자님의 해석과 연결해 보면

"하늘은 땅과 사람의 조화요. 땅도 땅과 사람의 조화요. 사람도 땅과 사람의 조화다" 라는 말이 되는데 이게 말이 되는가?

땅이 땅과 사람의 조화, 사람은 땅과 사람의 조화? 어떻게 땅이 땅과 조화이고 사람이 땅과 사람의 조화란 말인가? 다시 말하면 이 천부경의 핵심인 天地人에서 하늘은 땅과 사람의 조화라면 당연히 땅은 하늘과 사람의 조화이고 사람은 하늘과 땅의 조화이어야 할 텐데 뭐라? 땅은 땅과 사람의 조화, 사람은 땅과 사람의 조화라면 땅과 사람한테는 왜 하늘이 빠졌는가?

여기 나오는 숫자를 이두로 풀어 보자. 여기 一은 아직 숫자가 나오기

전 우리말 햇빛이고 二는 두르마기같이 두르는 '두름'이며 三은 우리말
서다, 세우다인 동시에 사람이며 서는 것이 붙어 있는 사내라 했다.

따라서 天二三 地二三 人二三의 해석은

(1) "하늘은 둘러서(땅과 사람을) 세워졌고 땅도 둘러서(하늘과 사람) 세
워졌으며 사람도 둘러서(하늘과 땅) 세워졌나니" 할 수도 있으나 아랫말
과 연결되려면

(2) 하늘은 두리서(땅과) 사람을 만들고 땅도 두리서(하늘과) 사람을 만
들고 사람도 두리서(남녀) 완전한 사람이 되나니라 하는데 여기서 '두리
서'는 숫자 같지만 "둘러서 함께한다"는 우리 말이기도 하다.

독자님 천부경 해석

大三合六生七八九

큰 셋(천지인)이 합치면 여섯이 되고, 일곱, 여덟, 아홉(만물)이 나오며,

글쓴이 분석

여기서 大三이 천지인이라 하는 것이 좋다 해도 그 천지인이 무엇과
합쳐서 여섯이 되며 또 그 여섯은 무엇이기에 거기서 일곱, 여덟, 아홉
(만물)이 나오는가? 또 그 일곱, 여덟, 아홉이 왜 만물인가? 또 최치원 천
부경 풀이에서 六生 七八九에 어떤 뜻이 들어 있다고 유치원생 숫자 가
르치듯 숫자 노름인가?

독자님 천부경 해석

運三四成環五七一妙衍

셋(천지인)을 운영하여 넷(음양, 사계절)이 완성되면 다섯(오행)으로 고리

를 이루어(돌아와) 일곱(칠요)과 모두 하나(only one의 한)가 되는 묘한 흐름
을 보이니,

글쓴이 분석

이 글을 읽는 독자님들은 한번 야후나 다움 등 검색창에서 음양이 시
작되는 주역과 오행이 시작된 시기가 언제부터인지 검색해 보시라.

독자님 천부경 해석

萬往萬來用變不動本

수만 번을 오고 가며 쓰임이 변한다 할지라도 그 근본은 움직이지 않느
니라.

글쓴이 분석

一妙衍萬往萬來用變不動本의 글쓴이 해석은

한은 묘연해서 만 번 왕래해 그 쓰임새는 달라도 근본은 변하지 않는다.

독자님 천부경 해석

本心本太陽昻明

근본 마음은 근본 태양(진리)을 우러러 향한 밝음이고,

글쓴이 분석

글쓴이는 이 최치원 81자 중 핵심인 '一', 즉 '하나, 한' 이란 바로 햇
빛이라 했는데 그 증거가 여기 本心本太陽昻明이나 아래 人中天地一에
나오며 또 독자님이 그간 '하나 한' 을 숫자로 풀이한 것이나 天二三 地

二三 人二三 해석이 얼마나 잘못되었는지도 나온다.

따라서 本心本太陽昻明의 정확한 해석은 "그 환숫의 빛을 받는 사람들의 본심은 本 太陽인 환숫님을 우러름에 있나니"가 된다.

독자님 천부경 해석

人中天地一

사람의 중앙에는 하늘(우주마음, 허공, 하나님)과 땅(자연, 만물)의 이치가 있어 크게 하나(great one의 한)이며,

글쓴이 분석

먼저 님의 해석한 天二三 地二三 人二三에서는 하늘이 빠졌었는데 여기에서는 드디어 등장한다.

그렇다. 사람은 하늘과 땅이 둘러서 만들어진 존재이므로 사람 속에는 하늘과 땅이 들어있다.

이렇게 해석해야 위

天一一 地一二 人一三

天二三 地二三 人二三

大三合六生七八九

運三四成環五七과 연결이 되고 말이 된다. 그러나 님의 해독을 보라 문단마다 따로 떨어져 콩가루가 되고 그마저도 말도 되지 않는다.

[참고자료 XIV] 삼국사기에서 말하는 [진본 천부경] 하나 둘 셋 … 열

01 들어가는 말

이 글은 글쓴이가 위 [진본 천부경] 하나 둘 셋 … 열을 해독한 다음 고구려 백제 신라인도 이 [진본 천부경] 하나 둘 셋 … 열을 썼다는 증거를 제시하는 글이다.

고구려 백제 신라인들은 신지녹도문 [진본 천부경] 하나 둘 셋 … 열이 전해져서 그 뜻이 무엇인지 잘 알고 있었다고 본다. 따라서 그들은 이 [신지녹도문 진본 천부경]을 말했는데 단 우리 글자가 없으니 그 기록을 적는 사관(史官)은 중국의 한자를 빌려다 적는 과정에서 우리말을 그대로 적을 수 없으니 이두로 적을 수밖에 없고 그 기록을 참고하여 우리 역사를 적어야 하는 고려 때 김부식은 할 수 없이 그 기록을 따라야 하니 김부식 당시만 해도 한자가 정착된 시기에는 그 문장은 거칠고 졸렬할 수밖에 없고 따라서 이두를 해독하지 않고 그대로 썼으니 삼국사기에 우리 국조의 이름인 밝달임금, 또는 조선(朝鮮) 소리가 빠진 것이나 그 후 중일연의 [삼국유사]에는 그 이두가 정착된 시기이나 [삼국유사]에는 단군과 조선 소리가 등장하고 우리는 그제야 단군과 조선이 우리 역사의 시원이 되는 줄 안다. 따라서 이 기록만 보고 김부식의 삼국사기는 우리의 국조소리가 빠졌으니 차라리 일연의 삼국유사만 못하다는 단재 신채호

부터 삼국사기를 폄하하는데 이 말은 재고해야 할 필요가 있다고 본다.

단 여기서는 수많은 삼국사기 이두 중에 [신지녹도문 진본 천부경]과 관련된 것과 삼국시대 중요한 사건 단어만 올린다.

02 김부식이 말하는 삼국인들 역사서가 엉터리인 이유

이는 고구려 초기 성벽에 등장하는 인물 이름은 한자로 써 있지만 거의 우리식 이두이며 또 그 문장도 중국 한문 문장이 아니라 중국인들이 무식하다는 우리식 문장이기 때문이다. 이는 삼국사기를 쓴 김부식도 다음과 같이 말했다.

"…항차 신라 · 고구려 · 백제는 개국 때부터 삼국으로 우뚝 솟았고, 중국과는 예의로 관계를 맺어올 수 있었습니다. 범엽의 [한서]와 송기의 [당서]에는 모두 열전이 있습니다. 따라서 중국에 대해서는 상세한 기록이 있지만, 고구려 백제에 대해서는 소략하게 다루어 상세한 기록이 보이지 않습니다. 또한 삼국의 기록은 문장이 거칠고 바르지 않을 뿐 아니라 사적들이 누락된 경우가 있습니다. 이리하여 임금과 왕후의 선악, 신하의 충성과 간사함, 국가사업의 평안과 위기, 백성의 안녕과 혼란에 관한 사실들이 후세에 교훈으로 전하여질 길이 없었습니다. 그러므로 마땅히 재능과 학문과 견식을 겸비한 인재를 찾아 권위 있는 역사서를 완성하여 자손만대에 전함으로써 우리의 역사가 해와 별같이 빛나게 해야 할 것입니다. 그러나 소신은 원래 훌륭한 인재도 아니며, 심오한 지식도 갖추지 못한데다가…."

(…況惟〈新羅〉氏·〈高句麗〉氏·〈百濟〉氏, 開基鼎峙, 能以禮通於〈中國〉. 故〈
范曄〉『漢書』·〈宋祁〉『唐書』, 皆有列傳. 而詳內略外, 不以具載. 又其古記, 文字蕪,
事迹闕亡. 是以君后之善惡, 臣子之忠邪, 邦業之安危, 人民之理亂, 皆不得發路以垂
勸戒. 宜得三長之才, 克成一家之史, 貽之萬世, 炳若日星. 如臣者, 本非長才, 又無奧
識….)

따라서 김부식은 그 삼국 사관들이 고구려 초 성벽에 써져 있듯이 삼
국 초 우리 어순으로 써진 한문 문장을 졸렬하다 한 것이며 또 그 이두
로 쓴 말에 우리 국조가 없다 한 것은 생략하고, 우선 그 삼국인들이 썼
다는 무식하다는 문장을 한문이 아닌 우리말 이두의 발달사부터 본다.

03 이두의 발달사

우리말과 글자의 발달사를 추정해 보면 초기 우리말은 천부인으로 만
들었으므로 하느님 때는 天地人을 뜻하는 ㆍ ㅡ ㅅ. 단 세 마디뿐이었고
밝달임금 때에도 ㄱㄴㄷ…ㅎ의 자음 뜻과 지금 우리말의 어근으로 보아
많아야 20여 단어로 그저 이심전심으로 살았다는 것이며 심지어 삼국
초만 해도 아래 삼국어 비교에서 보듯이 말이 너무 적어 지금 우리말로
는 중복되는 말이 너무 많은데 예를 들면 사람이 사는 것(生)도 '사' 이
며 물건을 사는 것(買)도 '사' 이다. 또 지금도 그렇지만 눈(眼)=눈(雪) 달
(月)=달(地, 음달, 양달), 말(言), 말(馬) 등과 같이 한 음에 십여 가지 뜻이
들어 있는 것이 많으므로 삼국 초만 해도 우리말은 아주 적었다는 것을
알 수가 있다.

– 중략 –

04 현재 남북한 학자들이 삼국사기 이두 해석을 제대로 할 수 없는 이유

우리말은 있으나 그 말을 적을 수 있는 우리 글자는 가림토가 있기는 하나 이는 모음혼동으로 단어는 적을 수 있으나 문장은 적을 수 없었을 것이니 할 수 없이 우리가 만들었던 금문을 중국인들이 자기네 말에 맞추어 발달시킨 중국 한자를 역수입해다가 쓴 것이라 했고 그것으로 우리말을 적자니 제대로 적을 수 없어 중국식 문장이 아닌 한자의 뜻과 음을 빌려 우리말로 적은 것이 이두라 했다.

따라서 이 이두로 쓰여 있는 처용가 등 향가로 된 쉬운 이두는 이두 학자라면 누구나 해독할 수 있다. 그러나 정말로 이두가 많이 쓰여 있고 또 중요한 사서는 삼국사기, 삼국유사 등인데 이 삼국사기 등에 쓰여 있는 이두문은 거의 고구려, 백제, 신라 등 삼국인들이 쓰던 말을 당시 사관이 우리 글자가 없으니 한자를 빌려 음과 뜻을 취해 쓴 기록인데도 그 이두를 모두 정확히 푼 학자는 글쓴이가 보기에는 아직까지 없다고 본다. 그렇다면 그 이유가 무엇인가?

고구려, 백제, 신라인들의 당시 말은 우리말과 글자의 표상이 되는 '천부인 ㅇ ㅁ ㅿ'과 또 '하나 둘 셋 … 열'이라는 [신지녹도문 진본 천부경]을 말끝마다 인용했으니 그들이 쓰던 이두를 해독하려면 당연히 먼저 '천부인 ㅇ ㅁ ㅿ'과 신지녹도문 [진본 천부경]을 해독할 줄 알아야 하다.

그러나 현재 우리 남북한 학자들은 이 천부인 ㅇ ㅁ ㅿ과 신지녹도문 [진본 천부경]을 연구한 사람이 단 한 사람도 없는 것으로 아니, 따라서 현재 남북한 어문학자들은 당연히 삼국인들이 쓰던 이두를 모를 것이고 그저 이두 해석을 세종이후 중세어만 의존하다 보니 그 이두가 중세어나 현대말로 왜 그렇게 이해해야 하는지 그 이유를 모를 뿐 아니라 해석한다 해도 남의 다리 긁기로 해석을 할 수밖에 없다는 것이다.

05 모죽지랑가(慕竹旨郞歌)와 풍요(風謠)의 예

1) 모죽지랑가(慕竹旨郞歌)

(권2「紀異」孝昭王代 竹旨郞)　　　　　　(梁柱東 풀이)

이두 풀이에 국보적 존재라는 양주동 박사의 이 모죽지랑가(慕竹旨郞歌)를 올리는 이유는 앞으로 이 삼국사기에 올리는 글쓴이의 이두 풀이가 과연 제대로 풀었는가 보기 위해서다.

물론 이 慕竹旨郞歌가 쓰여질 무렵의 한자음이나 우리말이 좀 달랐겠지만 대략 양주동 박사의 풀이나 글쓴이 해석이 대동소이하다는 점과 또 이두 풀이를 처음 대하는 독자는 왜 그렇게 풀이되는지 알기 위해서 자세한 풀이를 한 것이다.

[양주동 해석]
去隱春皆理米 ― 간 봄 그리매 ― 간 봄을 그리워함에

〔글쓴이의 자세한 풀이〕
去(거) ― 가다, 떠나다 등. 뜻 '가다' 를 취함.

隱(은) – 숨다, 가리다 등. 음 ‘은’을 취함.

春(춘) – 봄 등. 뜻 ‘봄‘을 취함.

去隱春 – 가은봄＞가는 봄

皆(개) – 모두 등. 음 ‘개’를 취함.

理(리) – 다스리다, 이치 등. 음 리를 취함.

米(미) – 쌀 등. 음 ‘미’를 취함.

皆理米(개리미) – 개리미＞그리매.

去隱春皆理米 – 가는봄 그리매

[양주동 해석]

毛冬居叱沙 哭屋尸以憂音 – 모든 것사 우리 시름 – 모든 것이 서러워
시름하는구나

〔글쓴이의 자세한 풀이〕

毛(모) – 털 등. 음 ‘모’를 취함.

冬(동) – 겨울 등. 음 ‘동’을 취함.

居(거) – 살다 등. 음 ‘거’를 취함.

叱(질) – 꾸짖다, 욕하다 등. 음 ‘질(짓)’을 취함. ‘질’, ‘짓’은 바느질.
서방질 등과 같이 행위를 뜻함.

沙(사) – 모래 등. 음 ‘사’를 취함.

毛冬居叱沙(모동거질사) – 모동거짓사〉모든 짓이사〉모든 것이.

哭(곡) – 울다. 시름 등. 뜻 ‘시름’을 취함.

屋(옥) – 집, 우리 등. 뜻 ‘우리’를 취함.

尸(시) - 주검 등. 음 '시' 를 취함.

以(이) - ~써, ~부터 등. 음 '이' 를 취함.

憂(우) - 걱정, 근심 등. 뜻 '근심' 을 취함.

音(음) - 소리 등. 뜻 '소리' 를 취함.

哭屋尸以憂音 - 시름하는 우리 시이 근심 소리 > 시름하는 우리의 근심소리.

毛冬居叱沙 哭屋尸以憂音 - 모든 것이 우리의 시름하는 근심소리.

[양주동 해석]

阿冬音乃叱好支賜烏隱 - 아름 나토샤온 - 아름다움 나타내신

〔글쓴이의 자세한 풀이〕

阿(아) - 언덕 등. 음 '아' 를 취함.

冬(동) - 겨울 등. 음 '동' 을 취함.

音(음) - 소리 등. 뜻 '소리' 를 취함.

阿冬音(아동음) - 아 동 음 소리 > 아름다음 소리.

乃(내) - 이에, 너 등. 음 '내' 를 취함.

叱(질) - 꾸짖다. 등 . 음 '질(짓)' 을 취함.

好(호) - 좋다 등. 뜻 '좋다' 를 취함.

支(지) - 가르다, 가지 등. 음 '지' 를 취함.

賜(賜) - 주다 등. 뜻 '주다' 를 취함.

烏(오) - 까마귀 검다, 아아!, 탄식하는 소리 등. 뜻 '탄식하는 소리' 를 취함.

隱(은) - 숨다 등. 음 '은' 을 취함.

乃叱好支賜烏隱 — 내 짓 좋은, 주네, 아 아!, 은 〉내 짓의 좋은 기분을
들게 해주는군.

阿冬音乃叱好支賜烏隱 — 아름다운 소리, 내 짓이 좋은 기분을 들게
해주는군.

[양주동 해석]
皃史年數就音墮支行齊 — 즈싀 살쯈 디니져 — 얼굴이 주름살을 지으
려고 하는구나.

〔글쓴이의 자세한 풀이〕

皃(모) — 貌 자와 같은 자 — 얼굴, 모양, 등. 뜻 '얼굴' 을 취함.

史(사) — 역사, 세월 등. 음 '사' 를 취함.

年數(년수) — 햇수 등. 뜻 '햇수' 를 취함.

就(취) — 이루다, 나아가다 등. 뜻 '이루다' 를 취함.

音(음) — 소리 등. 음 '음' 을 취함.

墮(수) — 따르다 등. 뜻 '따르다' 를 취함.

支(지) — 가르다, 가지 등. 음 '지' 를 취함.

皃史年數就音墮支 — 얼굴 사 년수 취하음을 따라가지. 〉얼굴이 늙어
가지.

行(행) — 가다, 걷다, 다니다 등. 뜻 '가다' 를 취함.

齊(재) — 재계, 공경 등. 뜻 공경을 취함.

行齊 — 가는 것이 존경스럽다.

皃史年數就音墮支行齊 — 얼굴 늙어 감이 존경스럽네.

[양주동 해석]

目煙廻於尸七史伊衣 눈 돌칠 사이예. 눈 깜박할 사이에

〔글쓴이의 자세한 풀이〕

目(목) – 눈 등. 뜻 '눈' 을 취함.

煙(연) – 연기, 깜짝 등. 뜻 '깜작' 을 취함.

廻(회) – 돌 다 등. 뜻 '돌다' 를 취함.

於(어) – 어조사. 음 '어' 를 취함.

尸(시) – 주검 등. 음 '시' 를 취함.

七(칠) – 일곱 등. ㅇ,ㅁ 칠을 취함.

史(사) – 역사 등. 음 '사' 를 취함.

伊(이) – 저 등. 음 '이' 를 취함.

衣(의) – 옷 등. 음 '의' 를 취함.

目煙廻於尸七史伊衣 – 눈 깜짝 돌어 시칠 사이의 〉눈 깜짝 사이에

[양주동 해석]

逢烏支惡知作乎下是 맛보옵디 지오 리. 만나 뵈올 기회를 지으리이다

〔글쓴이의 자세한 풀이〕

逢(봉) – 만나다 등. 뜻 '만나' 를 취함

烏(오) – 가마귀, 아아! 탄식 등 감탄사 등. 뜻 '감탄사' 를 취함.

支(지) – 가지, 가르다 등. 음 '지' 를 취함.

惡(악, 오) – 악하다, 모질다 어찌 등. 음 '오' 를 취함.

逢烏支惡 – 만나지오 〉만나지요.

知(지) — 알다 등. 뜻 ‘알다’ 를 취함.

作(작) — 짓다 등. 뜻 ‘짓다’ 를 취함.

乎(호) — 어조사,

下(하) — 아래 등. 음 ‘하’ 를 취함.

是(시) — 이것 등, 음 ‘시’ 를 취함.

知作乎下是 — 앎 지음을 하시 > 알게 됨을 하시리

逢烏支惡知作乎下是 — 만나지요. 알게 됨을 하시리

[양주동 해석]

郎也慕理尸心未行乎尸道尸 郎이여 그릴 ㅁ ㅅ ㅣ 녀올길. 낭이여 그리운 마음의 가는 길에

〔글쓴이의 자세한 풀이〕

郎(랑) — 젊은 사내, 님. 뜻 ‘님’ 을 취함.

也(야) — 어조사. 음 ‘야’ 를 취함.

慕(모) — 그리워하다. 사모하다 등. 뜻 ‘그리워하다’ 를 취함.

理(이) — 이치 등. 음 ‘이’ 를 취함.

尸(시) — 주검 등. 음 ‘시‘를 취함.

心(심) — 마음 등. 뜻 ‘마음’ 을 취함.

未(미) — 아니다 등. 음 ‘미’ 를 취함.

行(행) — 다니다 등. 뜻 ‘다니다’ 를 취함.

乎(호) — 어조사 등.

尸(시) — 주검 등. 음 ‘시’ 를 취함.

道(도) — 길 등. 뜻 ‘길’ 을 취함.

尸(시) – 주검 등. 음 '시'를 취함.

郎也慕理尸心未行乎尸道尸 – 님 야. 그리운 이시 마음미 가시는 길 시. 〉

　　　　　　　　　　　　님이여 그리시미 마음미 가시는 길 시. 〉

　　　　　　　　　　　　임이여 그리운 마음에 가시는 길에

[양주동 해석]

　逢次叱巷中宿尸夜音有叱下是　다봇ᄆ술히 잘밤 이시리. 다북쑥 우거진
마을에 잘 밤인들 있으리이까

〔글쓴이의 자세한 풀이〕

逢(봉) – 만나다 등. 뜻 '만나다'를 취함.

次(차) – 버금, 다음 등. 뜻 '다음'을 취함.

叱(질) – 떠드는 소리 등. 음 '질, 짓'을 취함.

巷(항) – 거리, 마을 등. 뜻 '거리'를 취함.

中(중) – 가운데 등. 뜻 '가운데'를 취함.

宿(숙) – 자다 등. 뜻 '자다'를 취함.

尸(시) – 주검 등. 음 '시'를 취함.

夜(야) – 밤 등. 음 '야'를 취함.

音(음) – 소리 등. 음 '시'를 취함.

有(유) – 있다 등. 뜻 '있다'를 취함.

叱(질) – 꾸짖는 소리 등. 음 '질, 질'을 취함.

下(하) – 아래 등. 음 '하'를 취함.

是(시) – 이것 등. 음 '시'를 취함.

逢次叱巷中宿尸夜音有叱下是 – 만나다. 다음. 짓, 거리. 중에. 잘시,

밤, 음, 있 짓, 하시.>만날 다음 짓 거리 중에 잘 시 밤 음 이짓까 하시>만날 다음번 거리 중에 잠자며 밤을 보낼 데가 있을까?

〔글쓴이 전문〕

去隱春皆理米 – 가는 봄 그리매

毛冬居叱沙 哭屋尸以憂音 – 모든 것이 우리 근심소리.

阿冬音乃叱好支賜烏隱 – 아름다운 소리, 내 짓이 좋은 기분을 들게
해주는군.

兒史年數就音墮支行齊 – 얼굴 늙어 감이 존경스럽네.

目煙廻於尸七史伊衣 – 눈 깜짝 사이에

逢烏支惡知作乎下是 – 만나지요. 알게 됨을 아시리.

郎也慕理尸心未行乎尸道尸 – 임이여 그리운 마음, 가시는 길에

逢次叱巷中宿尸夜音有叱下是 – 만날 다음번 거리 중에 잠자며 밤을
보낼 데가 있을까?

2) 풍요(風謠) – 梁柱東 풀이

이 풍요(風謠)는 신라 선덕여왕 때 명승(名僧) 양지(良志)가 영묘사의
불상인 장륙존상(丈六尊象)을 만들 때, 이 일을 도와주려고 찾아오는 성
안의 남녀가 흙을 운반하면서 부른 것을 당시 우리글이 없었으므로 이
두로 적어 놓은 것을 양주동 박사가 풀어 놓은 것인데 잘못된 것 같아
다시 풀어 본다.

즉 아무리 이두 풀이에 국보적 존재라지만 양주동의 풀이나 일반적
풀이대로 절에 공덕 닦으러 오는 사람들을 서러운 무리라고 스님 입장
에서 비하하여 노래를 지었다면 말이 되지 않고 이 노래가 고려 때까지

노동요로 쓰일 이유가 없다.

따라서 그 일하러 오는 무리를 서러운 무리가 아닌 오히려 반가운 무리로 해석해 본다.

[양주동 해석]

來如來如來如 — 오다 오다 오다 - 오다 오다 오다

〔글쓴이의 자세한 풀이〕

來(래) — 오다. 뜻 '오다' 를 취함.

如(여) — 같다. 뜻 '같다' 를 취함.

來如來如來如 — 오는 것 같군, 오는 것 같군. 오는 것 같군 〉오시는 군.

[양주동 해석]

來如哀反多羅 — 오다 서럽다라 - 오다 서럽더라

〔글쓴이의 자세한 풀이〕

來(래) — 오다. 뜻 '오다' 를 취함.

如(여) — 같다. 뜻 '같다' 를 취함.

哀(애) — 슬프다. 불쌍히 여기다, 음 '애' 를 취함.

反(반) — 되돌림, 반대. 음 '반' 을 취함.

多(다) — 많다. '다' 의 음 '다' 를 취함.

羅(라) — 벌어지다. 그물. 음 '라' 를 취함.

來如哀 反多羅 — 오네 애 반다라. 〉오네 애 반가라. 〉오시네요 반가워라.

[양주동 해석]

哀反多矣徒良 ㅡ 셔럽다 의내여. 셔럽다 우리들이여

〔글쓴이의 자세한 풀이〕

哀(애) ㅡ 슬픔 등. 음 '애'를 취함.

反(반) ㅡ 되돌림, 반대. 음 '반'을 취함.

多(다) ㅡ 많다 등. 음 '다'를 취함

矣(의) ㅡ 어조사 등. 음 '의'를 취함.

徒(도) ㅡ 무리 등. 뜻 '무리'를 취함.

良(량) ㅡ 이두에서는 에, 를 등 접미사.

哀反多矣徒良 ㅡ 애 반다의 무리가 에 〉에 반가운 무리가요.

[양주동 해석]

功德修叱如良 來如 功德. ㅡ 功德 닷가라 오다. ㅡ 공덕 닦으러 오다

〔글쓴이의 자세한 풀이〕

功德(공덕) ㅡ 공덕. 뜻 공덕을 취함.

修(수) ㅡ 닦다 등. 뜻 '닦다'를 취함.

叱(질) ㅡ 시끄런 소리. 음 '질(짓)'을 취함('질'은 바느질, 대패질, 서방

　　　　질, 계집질 등으로 보아 '짓'과 같은 행위).

如(여) ㅡ 같다 등. 뜻 같다를 취함.

良(량) ㅡ 이두 접미사 에, 를 등.

來如(래여) ㅡ 오는 것 같다, 오다.

功德(공덕) ㅡ 공덕

功德修叱如良 來如 功德 — 공덕 닦을 짓 같으니, 공덕 〉공덕 닦으실 짓 하러 오시니, 공덕. 〉공덕 닦으시러 오시니. 공덕.

〔글쓴이의 전문〕

來如來如來如 — 오시는군, 오시는군, 오시는군.

來如哀反多羅 — 오시네요 반가워라.

來如哀 反多羅 — 반가운 무리가요.

功德修叱如良 來如 功德 — 공덕 닦으러 오시니, 공덕.

이상과 같이 글쓴이는 아무리 석학이 푼 것이라도 말이 되지 않으면 다시 풀듯이 아래 삼국사기 이두도 풀어 본다.

06 고구려 말과 중세어, 현대어 비교 분석의 예

다음은 이두가 무엇인가 이해를 돕기 위하여 몇 가지 예를 든다. 단언하건대 다음 나오는 이두문 중 1) 波衣, 2) 首 등은 음이 지금 음과 비슷하니 대략 알 것이나 다음 4), 5)번부터는 차츰 어려워하다가 11) 於斯, 12) 功木(熊)에 가서는 그 해석을 아예 포기할 것이기 때문이다.

1) 고구려어	중세어	현대어
波衣	巖, 바회	바위

波(파) - 물결 등.

衣(의) - 옷 등.

波衣 - 뜻인 '물결의 옷'으로 이해하려면 말이 되지 않으므로 이두
　　　음 파의 > 바회 > 바위로 봐야 한다.

　　2) 고구려어　　　　중세어　　　　　　　　　　　현대어
　　　　首　　　　　　　牛, 쇼(한자 발음 영향으로 복모음)　　　소

　首(수) - 머리 등의 뜻이나 음 '수'는 아래아점 음 ᄉᆞ이고 이는 ㅏ,
ㅓ, ㅗ, ㅜ, ㅡ, ㅣ의 중간음이니 세종은 이 음을 분류하기도 했으므로
그 중간음도 살리고자 아래아점 발음도 자음 밑에 점으로 살려 놓았으
니 위 쇼의 원음은 ᄉᆞ로 사, 서, 소, 수, 스, 시 중 '소'를 취한 것이다.
그러나 중세어에서 '소'라 하지 않고 '쇼'라 한 것은 당시 중국 한자음
을 받아들였던 것이지 원래 우리 모음에 그런 복모음은 없다.

　예 天 - 하날텬, 春香傳 - 춘향뎐, 牛-쇼우 등.

　- 중략 -

　　12) 고구려어　　　　중세어　　　　　　현대어
　　　　功木　　　　　　熊(고마, 곰)　　　　곰

功(공) - 공로, 공치사 등.

木(목) - 나무 등.

功木 - 고구려인들은 곰을 왜 功木이라 했는지는 그간 학자들이 밝혀
놓은 글이 없으므로 글쓴이가 추리해 보면 다음과 같다.

　곰네와 환숫을 하필 功木이라는 글자를 쓴 이유는 삼국인들은 전해지

는 대로 곰네, 환숫이라 말했을 것이나 이 말을 듣고 글로 써야 하는 사관은 우리 글자가 없었던 그때 功의 음에서 ㄱ을 취하고, 환숫을 木이라 쓴 것인데 그 사관도 최소한 신지녹도문 [진본 천부경] 하나 둘 셋 … 열의 전설이 전해져 환숫을 의미하는 셋은 木자이므로 木으로 표현해 곰네와 환숫을 功木이라 기록한 것이고 그들의 기록을 보고 삼국사기를 써야 하는 김부식은 그대로 적을 수밖에 없어 功木이라 쓴 것으로 본다.

  - 중략 -

07 고구려, 백제, 신라는 각각 다른 민족의 다른 나라인가?

이 글은 평양 출판사간 한국문화사 영인 북한 어문사학자 김수경의 [고구려, 백제, 신라 언어연구]를 그대로 영인하듯 쓰고 글쓴이의 의견을 달았다.

이 글의 대략적 취지는 지금 이남의 이기문(李基文) 교수, 김완진(金完鎭) 교수 등은 고구려, 백제, 신라 삼국은 완전 다른 말을 쓰는 다른 민족이었다는 것이며 이숭녕(李崇寧) 교수는 고구려, 백제, 신라의 삼국이라는 것은 이미 그것이 방언의 종별을 나타내는 것으로 결코 외국어의 관계가 아님을 알아야 한다면서도 삼국어가 같다는 어떤 뚜렷한 증거는 제시하지 못하고 있다.

1) 이기문 교수

* …오늘의 국어가 단일어이므로 고대에 있어서도 고구려 백제 신라의 언어가 단일했으리라는 선입견에 지배되어 온 것인 듯하다. 그러나 이런 태도는 비판되지 않으면 안 된다(국어사개설, 1961년 초판, 개정판 1972년, 서울, 32쪽).

* …우리나라에 있어서의 언어의 단일성은 통일 신라 이후에 성취되기 시작했던 것이다(한국어, 형성사, 서울, 1967, 75쪽).

* …종래 우리 학자들은 현대, 또는 중세 조선어가 단일 언어라는 사실에서 고대의 신라, 백제, 고구려의 언어도 단일했으리라는 선입견을 가지고 있었다.

* …그러나 가령 고구려 인명 및 지명을 면밀히 조사해보면 우리는 그것이 신라어와는 다른 언어였다는 결론에 도달하게 된다. 필자는 10여 년간 고구려 자료를 연구한 결과 자못 흥미 있는 몇 가지 가설을 세울 수 있었다. 첫째는 위에서 말한 바와 같이 고구려어는 신라어와는 다른 언어라고 봐야 한다는 것이다. 둘째는 비록 다른 언어이기는 하지만 고구려어는 신라어와 상당히 가까운 친족관계에 있었다는 것이다(한국말의 조상, '월간중앙,' 1973년 3호, 234쪽).

2) 김완진(金完鎭) 교수

한국어 발달사(음운사)의 저자 김완진 교수는 "이제는 삼국시대 국가의 언어가 서로가 상당한 차이를 가진 다른 말로서, 방언들이 아닌 다른 언어들이었다는 것으로 상정하는 일이 일반화 되었거니와…" (한국문화사대계 V, 159쪽).

3) 이숭령(李崇寧) 교수

* 이숭령 교수는 한국 방언사에서 "고대 국어에서 고구려, 백제, 신라의 삼국어라는 것은 이미 그것이 방언의 종별을 나타내는 것으로 결코 외국어의 관계가 아님을 알아야 한다"(한국문화사대계 V, 345쪽).

* …백제어에 대하여 … 고구려와 동일한 언어라기보다는 피차 가까운 언어라고 보아야 한다.

* …백제는 본시 남방계인 마한어에, 남하하여 세력을 잡은 부여계의 언어가 우세하였으나 마한어와의 사이에 언어 투쟁으로 혼효와 수정이 나타났을 것으로 보아야 한다(이숭령, 한국방언사, 한국문화사대계 V, 347쪽).

4) 글쓴이(구길수 분석)

이상을 보면 이기문 교수는 가설이라 정해놓고 고구려, 신라 말이 다른 말이라 했으나 김완진 교수는 이를 확정해 놓고 삼국어는 완전 다른 말이라는 것이니 그렇다면 삼국은 완전 이민족이 살았던 것이 되고 이런 주장이 일반화되었다면 이런 주장을 하는 사람들도 많은 모양이다.

그렇다면 그들은 왜 이런 어처구니없는 주장을 했는가? 그 근원은 일제 식민사학으로 올라간다.

일본의 역사학자 이노우에 히데오(井上秀雄)는 다음과 같이 노골적으로 말했다.

"고대 조선에서 남북으로 민족이 달랐으며 언어 지명도 달랐었다."

이것을 최초로 지적한 사람은 쓰보이 구마조(坪井九馬三) 박사였다(고대조선의 문화경역, 조선학보 제24집, 48쪽).

결국 위 삼국은 다른 민족이었다는 학자들은 일제 식민학자의 말을 그대로 인용하는 것 같으니 이는 이병도뿐 아니라 지금까지 그 식민사학의 교육을 받은 교수들이 계속해서 그들 식민사학을 전할 것이니 문제가 아닐 수 없다.

이상과 같이 이들이 삼국사기를 인용, 삼국 말이 달랐다는 주장의 근거이나 이 삼국사기 이두를 자세히 풀어 위 식민사학에게 논리적으로 대처한 글을 글쓴이는 아직 읽지 못했다. 따라서 글쓴이는 이 삼국시대 이두를 논리적으로 풀어 위 식민사관 교수들의 말이 얼마나 허황된 것인가를 밝히고자 한다.

지금 우리가 고구려, 백제, 신라의 말을 찾아볼 수 있는 기록은 오직 삼국유사, 삼국사기 등이고 그것도 인명, 지명, 관직명 등이며 그 자료가 너무 부족하나 이것은 대개 이두로 써져 있으므로 이두로 풀어 보면 당시 사회상과 당시 말을 대강 짐작해 삼국 말이 같다는 것을 알 수 있다.

– 중략 –

08 고구려, 백제, 신라의 벌판이라는 뜻의 '벌' 이두 지명

다음은 삼국사기에서 같은 뜻이라는, 고구려 벌판이라는 '벌' 홀(忽)자와 백제말 부리(夫里), 신라말 화(火)가 써진 지명들이다. 먼저 고구려 벌이라는 뜻의 홀(忽).

1) 고구려 벌이라는 말 忽

忽本(홀본), 買忽(매홀), 召尸忽(소시홀), 奈兮忽(나혜홀), 沙伏忽(사복홀), 馬忽(마홀), 烏阿忽(오아홀), 也尸忽(야시홀), 伏忽(복홀), 冬音忽(동음홀), 冬比忽(동비홀), 冬斯忽(동사홀), 內未忽(내미홀) 등등.

이 고구려말 '忽(홀)', 백제말 '夫里', 신라 말은 '火' 와 같이 벌판이라는 '벌' 과 연관지으려면 천상 아래 아점 블 → 벌로 보아야 한다.

忽(홀) – 소홀히 하다, 갑자기, 돌연, 다하다, 멸하다, 말하다 등의 뜻, 그러나 이 중 '갑자기' 는 '불이나케' 와 같은 뜻이고 또 홀연(忽然)이란 갑자기, 부리나게 일어나는 것이니 이를 불→ 벌로 보는 것이다.

단 여기서 벌이란 평지 들판이 아니라 산비탈, 언덕 등도 다 포함되나 당시는 강이나 내는 벌이 아니었고 뭍인 물보다 높은 '뭍' 만 벌이었다.

이상을 보면 고구려, 백제, 신라 사람들은 다같이 '벌' 이라 한 것을 우리 글자가 없는 고구려 사관은 忽이라 적은 것뿐이고 백제는 夫里, 신라 사관은 火로 적은 것뿐이다. 즉 삼국 사관은 이두문법이 달라서 서로 다르게 적은 것이고 김부식은 삼국사기에서 그대로 적은 것뿐이니 그 삼국인은 절대 다른 말을 쓰는 다른 민족이 아니었다는 것을 말하며 위 우리 학자들의 다른 민족이었다는 말을 반박한다.

* 忽本(忽本)

忽(홀) – 부리나케 → 블 → 벌.

本(본) – 고향, 뿌리 등.

忽本(홀본) – 벌 뿌리, 즉 주몽이 나라를 세운 벌의 뿌리란 말이다.

* 買忽(매홀)

買(매) — '물건을 산다' 인데 엉뚱하게 비슷한 뜻으로 산다(生)의 뜻을
　　　　 차용했다. 그러나 한편 그때만 해도 말이 적었던 시대로 보
　　　　 기 때문에 살기 위해 물건을 사(買)는 것이나 사(生)는 다같은
　　　　 삶이었을 것이니 같은 글자를 썼을 수도 있다.

忽(홀) — 부리나케→ 불> 블 > 벌.

買忽(매홀) — 돈 주고 산 벌이 아니라 사람이 살 수 있는 벌 > 사는
　　　　　　 벌 > 살 벌.

* 끔尸忽(소시홀)

끔(소) — 부르다, 어떤 결과를 가져오게 하다, 청하다, 이 외 대추(棗)
　　　　 의 뜻이 있다.

尸 — 주검, 시체, 제사 지낼 때 신위에 어린아이를 앉히는 시동(尸童).

忽(홀) — 불 > 블 > 벌.

끔尸忽(소시홀) — (1) 대추가 익어 떨어지는 벌, 즉 대추벌. (2) 우리말
　　　　　　　　 숯았다의 숯이 > 소시를 음차한 숯은 벌.

* 奈兮忽(나혜홀)

奈(나) — 어찌, 나락(奈落).

兮(혜) — 어조사. 에와 같은 접미사.

忽(홀) — 불 > 블 > 벌.

奈兮忽(나혜홀) — (1) 떨어질 위험이 있는 벌, 낭떠러지가 있는 벌, 즉
　　　　　　　　 낭떠러지 벌. (2) '나' 는 원래 사내의 대표 환웅의
　　　　　　　　 빛이 웅녀 땅에 내리는 것인데 훈몽자회에도 日—나

일이라고 하고 토로 군왕의 지표(郡王之表)라 했으
니 나는 사내의 대표인 환웅이다.

奈兮忽(나혜홀) – 사내들이 씨름이나 군사 훈련을 하던 사내 벌.

* 沙伏忽(사복홀)

沙(사) – 모래, 사막, 모래벌판 등.

伏(복) – 엎드리다, 숨다, 굴복하다. 등.

忽(홀) – 불 > 블 > 벌.

沙伏忽(사복홀) – 모래한테 져야 하는 벌, 모래벌판.

* 馬忽(마홀)

馬(마) – 말, 산가지, 투호(投壺)할 때 득점을 세는 물건, 크다, 크다의
        비유 등.

忽(홀) – 불 > 블 > 벌.

馬忽(마홀) – 말을 키우는 말 벌.

* 烏阿忽(오아홀)

烏(오) – 까마귀, 검다 등.

阿(아) – 언덕, 구석, 산비탈 등.

忽(홀) – 불 > 블 > 벌.

烏阿忽(오아홀) – 검 비탈 벌.

* 也尸忽(야시홀)

也(야) – 어조사, 또한, 잇달다 등.

尸(시) – 주검 등.

忽(홀) – 불＞블＞벌.

也尸忽(야시홀) – 야시는 여우(방언으로 야시 같은 년) 여우 벌, (여우가
　　　　　　　많은 공동묘지).

* 伏忽(복홀)

伏(복) – 엎드리다, 숨다 등.

忽(홀) – 불＞블＞벌.

伏忽(복홀) – 伏의 뜻 '숨다'로서 숨 벌.

* 內未忽(내미홀)

內(내) – 안, 들다, 어머니 등.

未(미) – 아니다, 아직 하지 못하다, 아직 그렇지 않다, 미래 등.

忽(홀) – 불＞블＞벌.

內未忽(내미홀) – (1) 내륙의 안(內)이 아닌 벌, (2) 장산곶처럼 육지에
　　　　　　　서 튀어나온 곳, 즉 우리 방언 "주둥이를 내밀다"의
　　　　　　　내민 벌＞내미 벌.

이상으로 보면 대강 위 한자로 써진 고구려 지명을 짐작할 수 있다.

그렇다면 백제의 지명에서 벌판이라는 벌은 온조와 비류의 도읍지 彌
鄒忽(미추홀)을 빼놓고는 거의 夫里로 쓰여 있고 또 북한 어문학자 류렬
이 말하는 부분에는 고구려말이나 신라말도 夫里나 火 등을 썼으니 위
이기문 교수, 박완진 교수 등의 말처럼 고구려 말과 다르게 보여 삼국이
다른 민족 같으나 이 夫里라는 지명도 한번 이두 풀이로 보자. 다음은

백제 말 벌이라는 뜻의 夫里.

2) 백제 벌이라는 말 夫里

彌鄒忽(미추홀), 所夫里(소부리), 古良夫里(고량부리), 古沙夫里(고사부리), 末冬夫里(말동부리), 夫夫里(부부리), 毛良夫里(모량부리), 半奈夫里(반나부리), 波夫里(파부리) 등등.

* 彌鄒忽(미추홀) – 온조와 비류의 도읍지.

彌(미) – 두루, 널리, 오래, 그치다 등.

鄒(추) – 周대의 나라이름.

忽(홀) – 불 > 블 > 벌.

彌鄒忽(미추홀) – 음차로 널리 미친 벌 > 미추 벌. 주몽의 제2부인 소서노(召西奴), 즉 잘난 계집이라는 뜻의 솟은네가 제1왕비 예씨 소생인 유리태자(瑠璃太子, 누리 태자)가 나타나 왕권을 이어 받고 주몽은 그간 전투의 상처로 병석에 누워 있자 유리 태자에게 동조하는 무신들이 소서노의 아들 비류와 온조의 생명을 위협하므로 소서노는 산동반도에 살고 있던 불한, 밝한(弁韓, 卞韓)의 유민들이 바다를 건너와 사는 지금 서울, 인천 부근 지방으로 내려와 백제(百濟)라는 나라를 세운다.

이 나라가 百濟인 것은 원래 붉한, 밝한의 뜻은 천지인 삼한 중 하늘, 하느님 등의 하 +우리말 약방의 감초격 접미사 이 = 해이니 해는 白이고 濟는 '건널 제' 로, 해 유민이 건너온 것인데 白濟가 아니고 百濟라 함은 온 누리를 비추는 해(白)라는 것도 모든 것을 의미하는 온이고 지금 우리가 쓰는 百 역시 숫자 이외에 온 세상이라는 말같이 모든 것을 의미하는 '온' 이니 白濟 = 百濟가 된 것이다.

이 백제 유민이 나라도 세우지 못하고 살던 곳은 전에 고구려의 전신인 마한 땅이었으므로 고구려 주몽의 영향권이 미치던(미추던) 벌이었고 이를 미추홀(彌鄒忽 > 미추는벌 > 미추벌이라 한 것으로 본다.

따라서 이 彌鄒忽 이름만 봐도 당시 백제 초기는 고구려 주몽의 영향권 안에 있었음을 알 수 있다. 그러나 그 후로는 백제 지명에 고구려 지명인 忽 자가 없어지고 그 대신 夫里라는 지명이 나타나는 것은 백제 서민들은 이어서 '벌' 이라는 말을 썼을 것이나 역시 우리 글자가 없어 이를 한자로 적어야 하는 사관은 차츰 고구려의 영향권에서 벗어나 자기네 백제식 이두로 夫里라 쓴 기록을 김부식이 그대로 인용한 것으로 본다. 따라서 다 같은 '벌' 이라는 말이 고구려의 忽과 백제의 夫里가 다르니 다른 민족이 살았다는 말은 참으로 이두 하나 해석할 줄도 모르는 무식한 학자들 말이다.

* 所夫里(소부리)

所(소) - 바, 일정한 곳이나 지역. 지위, 자리, 위치, 경우 등.

夫(부) - 지아비, 사내, 장정 등.

里(리) - 마을, 거리, 주거지 등.

夫里(부리) - 불이 > 버리 > 벌.

所夫里(소부리) - 여기서 所의 뜻은 없으므로 한자 뜻이 아니라 우리
　　　　　　　　말 소(牛)를 말하고 夫里는 불이 > 븰이이므로 발,
　　　　　　　　벌, 볼, 불 등을 말하니 위 고구려 忽과 같은 벌이다.
　　　　　　　　따라서 소부리는 (1) 소 벌. (2) 소는 그 뿔이 솟았으
　　　　　　　　므로 소인데 이는 말이 진화하여 솟 벌로 신라의 서
　　　　　　　　라벌같이 으뜸, 섯벌 뜻도 된다.

* 古良夫里(고량부리)

古(고) – 옛것, 오래 되다 등.

良(량) – 좋다, 어질다, 뛰어나다, 아름답다, 경사스럽다, 공교하다, 편
안하다, 순진하다, 잘 , 능히, 진실로, 정말 등의 뜻이 있지만
이두에서는 어, 에, 을 등 토씨로도 쓰인다(예 처용가 脚烏伊
四時良羅 가로리 네시어라).

夫里(부리) – 불이＞버리＞벌.

古良夫里(고량부리) – (1) 예부터 있었던 벌, 옛 벌. (2) 고량의 음차 고
량 벌.

* 古沙夫里(고사부리)

沙(사) – 모래 등.

夫里(부리) – 불이＞버리＞벌.

古沙夫里(고사부리) – (1) 옛날에는 모래벌(옛 모래 벌을 옥토로 개간한
모양) 옛 모래벌판 같으나 (2) 古에서는 음 고를
그대로 취하고 沙에서는 ㅅ을 취하여 곳 벌, (장
산곶같이 튀어 나온 벌).

* 末冬夫里(말동부리)

末(말) – 끝 등.

冬(동) – 겨울 등.

末冬夫里(말동부리) – 끝, 겨울 벌이라 해 가지고는 말이 안 되므로 음
차한 말, 즉 말을 많이 쳐 말똥(馬糞)이 많았던
말똥 벌.

* 夫夫里(부부리)

夫(부) – 지아비, 사내, 장정 등.

夫夫里 – 사내들이 합동농장이나 훈련 , 회의 등으로 자주 모이던 사
　　　　내 벌.

* 毛良夫里(모량부리)

毛(모) – 털, 사람, 동물의 살갗, 식물의 줄기, 잎, 열매 등에 난 털, 양
　　　　등의 모(섬)섬유, 가볍다, 경솔하다, 길, 날짐승 등.

良(량) – 좋다, 어질다, 뛰어나다, 아름답다, 경사스럽다, 공교하다, 편
　　　　안하다, 순진하다, 잘 , 능히, 진실로, 정말 등의 뜻이 있지만
　　　　이두에서는 어, 에, 을 등 토씨로도 쓰인다.

毛良(모량) – 머리털, 머리.

毛良夫里(모량부리) – (1) 머리 벌이라고 해도 말은 되나 (2) 풀이나 나
　　　　　　　　무가 우거져 가축이 많은 짐승 벌.

* 半奈夫里(반나부리)

半(반) – 반, 한창, 한참, 절정, 조각, 떨어진 한 부분 등.

奈(나) – 어찌, 나락(奈落) 등.

半奈夫里(반나부리) – 거주지에서 한참 떨어진 벌. 떨 벌.

* 波夫里(파부리)

波(파) – 물결, 물결이 일다, 파도가 일다, 주름 등.

波夫里(파부리) – 물결 벌이라고 해 가지고는 말이 안 되니 (1) 우리가
　　　　　　　먹는 파 밭, 즉 파를 많이 심는 파 벌. (2) 강물이 갈

려서 흘러가는 가닥, 갈라져 나온 계통의 뜻이 있으
니 요즘말로 삼각주(三角洲)일 수도 있다. 따라서 물
갈림 벌일 수도 있다.

3) 신라 벌이라는 말 火

音里火(음리화), 仇火(구화), 柒巴火(칠파화), 阿火(아화), 居知火(거지화),
推火(추화), 西火(서화), 比自火(비자화), 推良火(추량화), 達句火(달구화), 舌
火(설화), 雉省火(치성화), 奴斯火(노사화), 切也火(절야화), 史丁火(사정화),
干火(간화), 屈阿火(굴아화), 퇴화(退火), 비화(比火), 加主火(가주화), 斯同火
(사동화), 적화(赤火) 등등. 그러나 이 火는 고구려인들도 썼다.

* 音里火(음리화)

音(음) – 소리, 음악, 가락, 글 읽는 소리 음신(音信), 성(姓) 등.

里(리) – 마을, 거리, 주거지 등.

火(화) – 뜻은 불(火)이지만 불의 세종 전 우리말 발음은 아래아점 불이
　　　　고 이는 발, 벌, 볼, 불, 블, 빌이므로 이두문에서는 벌을 취함.

音里火(음리화) – 풍악 치며 놀기 좋은 벌, 놀 벌.

* 仇火(구화)

仇(구) – 원수, 원망하다, 짝 등.

火(화) – 뜻은 불(火)이지만 불의 세종 전 우리 발음은 아래아점 블이
　　　　고 이는 발, 벌, 볼, 불 등이므로 이두문에서는 벌을 취함.

仇火(구화) – (1) 짝 지어진 짝 벌. (2) 仇 짝은 짜개진 뜻도 있으므로
　　　　짜개진 골, 즉 짜개진 벌＞짝 벌로도 본다.

* 柒巴火(칠파화)

柒(칠) – 漆자와 同자, 옷, 옷 나무, 옷 칠 하다, 검은 칠 등.

巴(파) – 땅이름 등.

火(화) – 뜻은 불(火)이지만 블 > 벌.

柒巴火(칠파화) – 옷나무 벌.

* 阿火(아화)

阿(아) – 언덕, 구석, 산비탈 등.

阿火(아화) – 구석진 벌, 구석 벌.

* 居知火(거지화)

居(거) – 살다, 있다, 앉다, 차지하다 등.

知(지) – 알다, 깨닫다, 느끼다, 분별하다, 기억하다, 들어서 알다, 보
　　　아서 알다, 사귀다, 나타나다, 다스리다 등.

居知火(거지화) – 살 만한 벌, 살 벌.

* 推火(추화)

推(추) – 밀다, 추천하다. 천거하다, 변천하다, 옮다, 받들다 등.

推火(추화) – 밀어 추천할 만한 벌, 밀 벌.

* 西火(서화)

西(서) – 서쪽, 서쪽으로 향하다, 새가 깃들이다.

西火(서화) – (1) 서쪽 벌. (2) 천부인상 서고 솟는 뜻의 ㅅ을 취하여 섯
　　　벌. (3) 사람이 깃들일 수 있는 벌.

* 比自火(비자화)

比(비) – 견주다, 모방하다, 본뜨다, 따르다, 쫓다. 무리, 나란히.

自(자) – 스스로, 자기, 저절로, …로부터, 어조사.

比自火(비자화) – (1) 나란한 나란 벌. (2) 나란 > 나라 > 나라 벌(국유지).

* 推良火(추량화)

推(추) – 밀다, 추천하다. 천거하다, 변천하다, 옮다, 받들다 등.

良(량) – 좋다, 어질다, 뛰어나다 등이나 이두에서는 어, 에, 을 등 토
　　　　씨로도 쓰인다.

推良火(추량화) – 推火(추화)와 같이 밀어 추천할 만한 벌, 밀 벌.

* 達句火(달구화)

達(달) – 통달하다, 다다르다, 미치다, 나오다, 꿰뚫다, 자라다, 깨닫
　　　　다, 정통하다, 생기다, 통하게 하다, 엇갈리다 등.

句(구) – 글귀, 문장이 끊어지는 곳, 굽다, 굽어지는 곳 등.

達句火(달구화) – (1) 엇갈려 꾸부러진 굽 벌, (2) 꿰뚫려 끊어진 벌.
　　　　　　　　(3) 우리말 달구지를 음차한 달구지 > 달구 벌 등으
　　　　　　　　로 해석할 수 있으나 그보다 (4) 심신을 달구는 벌 >
　　　　　　　　달구벌.

* 舌火(설화)

舌(설) – 혀, 목관악기에 끼워 소리를 내는 물건, 관역의 좌우의 귀 등.

舌火(설화) – 혀벌 > 셔벌 > 셔불 > 서울.

* 雉省火(치성화)

雉(치) – 꿩, 성장(城牆) 척도의 명칭, 담 등.

省(성) – 살피다, 분명하다, 깨닫다.

雉省火(치성화) – 꿩 벌, 꿩 사냥 벌, 사냥 벌.

* 奴斯火(노사화)

奴(노) – 계집종, 노예, 자기의 낮춤 말, 놈 등.

斯(사) – 사물을 가리키는 대명사 이, 어조사, 則과 같은 뜻을 나타낸
　　　　다, 쪼개다, 가르다 등.

奴斯火(노사화) – 종이나 신분 낮은 사람들이 몰려 사는 벌, 종 벌. 참
　　　　고로 명마산 기슭이 노사화였을 것이다.

* 切也火(절야화)

切(절) – 끊다, 갈다, 문지르다, 바로잡다, 고치다 등.

也(야) – 어조사, 또, 또한 등.

切也火(절야화) – 내 등으로 땅과 땅이 끊어진 벌, 끈 벌.

* 史丁火(사정화)

史(사) – 역사, 기록된 문서, 사관(史官), 문필에 종사하는 사람.

丁(정) – 사내, 장정, 젊은이, 당당하다, 성하다.

史丁火(사정화) – (1) 역사적으로(예로부터) 젊은이의 벌 > 젊 벌, (2)
　　　　사고(史庫)를 지키는 젊은이 벌. 옛 글씨 벌.

* 干火(간화)

干(간) – 방패, 막다, 범하다, 그러나 이 干은 ‘신라의 왕 마립간(麻立

干, 마리 큰 = 머리, 우두머리), 각간(角干), 뿔 큰, 주먹을 뿔큰 쥐다' 와 같은 큰이다. (신라 왕관은 보통 山자처럼 생긴 뿔이 서 너 개가 겹쳐 있으나 영의정인 角干의 관모는 큰 뿔 하나만 붙어 있 었음. 따라서 각간의 우리말은 주먹을 뿔큰 쥐다에서 보듯 '큰' 으 로도 통한다.)

干火(간화) - 큰 벌.

* 屈阿火(굴아화)

屈(굴) - 굽다, 굽히다, 물러나다, 베다, 자르다 등이나 여기서는 屈의
　　　　음차 굴 구멍인 굴(窟).

阿(아) - 언덕, 구석, 산비탈 등.

屈阿火(굴아화) - 굴 언덕 벌.

* 퇴화(退火)

退(퇴) - 물러나다, 그만두다, 피하다, 떨어져 나가다, 떠나가다, 돌아
　　　　가다, 옮기다, 겸양하다, 뉘우치다, 물리치다, 멀리하다, 떨어
　　　　뜨리다, 줄이다, 그만두다, 나긋나긋 하다, 무르다 등.

퇴화(退火) - (1) 주거지와 떨어진 떨 벌, (2) 땅이 무른, 무른 벌, (3)
　　　　물러나다의 물을 취하여 물(水)이 많은 물 벌.

* 비화(比火)

比(비) - 견주다, 모방하다, 본뜨다, 따르다, 쫓다. 무리, 나란히.

比火(비화) - (1) 比自火(비자화) 같은 나란한 벌, 나란 벌. (2) 나라 벌
　　　　(국유지).

* 加主火(가주화)

加(가) – 더하다, 있다, 처하다, 입다, 몸에 붙이다 등.

主(주) – 주인, 임금, 공경, 대부 등.

加主火(가주화) – 더해진(반역 등으로 몰수한) 임금 벌, 임금 벌(나랏 벌).
　　　　　　　　이상을 보면 신라에서 반역 등으로 몰수한 땅은 임
　　　　　　　　금벌이 되었던 모양.

* 斯同火(사동화)

斯(사) – 사물을 가리키는 대명사 이, 어조사, 則과 같은 뜻.

同(동) – 한 가지, 서로 같게 하다, 함께, 다같이 등.

斯同火(사동화) – 同의 뜻을 빌린 동아리 벌(합동농장 등).

* 적화(赤火)

赤(적) – 붉다, 발가숭이, 아무것도 없다, 비다.

적화(赤火) – 벌거숭이 붉은 벌 > 붉 벌.

이상 한자 기록만 보면 고구려, 백제, 신라 세 나라 벌판이라고 쓴 한
자가 고구려는 위에서 보듯 買忽(매홀), 召尸忽(소시홀) 등 忽(홀)자와 백
제는 所夫里(소부리), 古良夫里(고량부리) 등 夫里, 그리고 신라는 音里火
(음리화), 仇火(구화) 등 火자로 써 있다 하여 다르므로 위 어문학자들은
분명 말도 달랐으며 따라서 우리 민족은 다른 민족이라고 보는 것 같다.

그러나 고구려의 모든 忽로 써진 말과 백제의 모든 夫里, 신라의 모든
火가 그렇게 써 있다 하여 삼국인들은 실제 말도 그 한자와 같은 발음으
로 했을 것 같은가?

이는 그 삼국인들은 다 같은 우리말로 벌이라 말했을 것인데 우리 글

자가 없으니 그 기록을 적는 학자는 할 수 없이 한자 이두로 쓰되 같은 나라에서도 다른 말로도 쓰듯 다르게 기록한 것 아닌가? 그런데 위 학자들은 이 이두를 풀어 볼 생각은 하지 않고 글자가 다르니 말도 달랐다 하는 것은 참으로 어처구니가 없는 말이라 생각되고 또 이 말들이 방언이라고 한 학자의 말도 그것은 방언이 아니라 이두 쓰는 방법이 다른 것이므로 방언과는 다르다는 근거는 대지 못하고 있다고 생각된다.

09 고구려, 백제 지명이 원명과 달라진 것은 신라 35대 경덕왕의 소행

다음 나오는 고구려어는 아래에 제시되듯이 거의 청산현은 본래 고구려 가화압이었다(菁山縣本高句麗加支達縣)라는 등 고구려 지명을 그 후에 바꿔 부르게 된 동기는 고려 때 김부식의 삼국사기별전(三國史記 列傳)만 보더라도 신라 제35대 경덕왕(景德王)의 소행으로 본다.

즉 삼국을 통일했다는 신라 제29대 태종무열왕 이전부터 신라는 동족인 고구려, 백제보다 당나라를 더 섬겼고 따라서 당나라군의 힘을 빌려 무리한 삼국통일을 하긴 했으나 그 고구려나 백제 유민의 반항에 진정한 통일을 하지 못했고 그 아들 30대 문무왕도 역시 아버지의 뒤치다꺼리를 하느라고 일생을 바쳤다.

특히 백제는 전부터 일본과 친했고 수많은 백제 유민이 요즘말로 보트피플로 일본에 갔으므로 백제 땅에 남아 있던 그 백제유민이 일본으로 건너간 백제 유민을 자주 청하여 신라를 괴롭히자 문무왕은 죽어가면서

까지 자신이 용이 되어 신라를 지킨다는 것이 바로 지금 그 동해가에서 멀지 않은 곳의 문무대왕암 해중릉으로 보니 이는 신라를 약탈하는 왜 도적을 방어하기 위한 것이 아니라 백제유민이 본국을 되찾으려는 것을 승자의 기록으로는 왜적을 방어하기 위한 무덤이라는 것일 것이다.

그리고 그 뒤의 신라 모든 왕들도 이 고구려 백제 유민들이 자기 조국과 고향을 위하여 반항하는 것에 못 견디다가 결국 신라 제35대 경덕왕(景德王)은 그 유민들의 고향까지 말살하려고 고구려, 백제의 옛 이름까지 모두 당나라 식으로 바꾼다.

즉 경덕왕 12월, 사벌주를 상주로 고치고, 1주 10군 30현을 소속시켰다. 삽량주를 양주로 고치고, 1주 1소경 12군 34현을 소속시켰다. 청주를 강주로 고치고, 1주 11군 27현을 소속시켰다. 한산주를 한주로 고치고, 1주 1소경 27군 46현을 소속시켰다. 수약주를 삭주로 고치고, 1주 1소경 11군 27현을 소속시켰다. 웅천주를 웅주로 고치고, 1주 1소경 13군 29현을 소속시켰다. 하서주를 명주로 고치고, 1주 9군 25현을 소속시켰다. 완산주를 전주로 고치고, 1주 1소경 10군 31현을 소속시켰다. 무진주를 무주로 고치고, 1주 14군 44현을 소속시켰다는 이 사실이 고려 말 때 써진 삼국사기 별전에 있다.　　　　　　　　　　－ 중략 －

10 고구려말 자료원문과 이기문, 박병채 해석에 대한 구길수의 분석

* 고구려말 加尸 – 자료원문 犁山縣本加尸達忽.

(가시의 자료원문 리산현은 본래 가시달홀이었다.)

이기문 교수 – 읽는 방법은 없고, 뜻 – 犁, 중세국어 – 가래.

박병채 교수 – 읽기는 kal, 뜻 – 犁, 중세국어 – 가래, 갈(耕).

〔구길수 분석〕

우선 위(리산현은 본래 가시달홀이었다)는 삼국사기를 그대로 번역한 말이다. 그러나 이렇게 번역해 가지고는 우리는 무엇을 말하는지 모른다. 따라서 이두로 써진 지명까지 우리말로 풀어 본다.

위 문장을 직역하면 밭 가는 산 懸은 본래 가래달홀이라 해야 하는데 이렇게 보는 이유는.

犁 – 얼룩소 리(駁也), 쟁기 려(耕田具), 밭갈 려(耕也), 밤떨어질 유(栗然也), 犂然 – 위 이기문, 박병채는 여러 뜻과 여러 음 중에 쟁기 려(耕田具), 밭갈 려(耕也)로만 보고 하는 말 같다.

그러나 지금도 그렇지만 더구나 땅이 부족하지 않았던 옛날에 山에 밭을 간다는 犁山이라는 이름은 말이 되지 않고 따라서 고구려인들이 그런 이름을 붙일 리도 없다. 차라리 밤나무가 많아 밤이 떨어진다는 뜻인 栗然也의 뜻으로 봐야 다음 加尸達忽과 연결이 유현하게 된다.

그렇다면 이기문은 밤나무 산이라면 무리가 없을 것을 왜 犁 자의 수많은 뜻 중에 가래만 보아 밭 가는 산현(犁山縣), 즉 산에서 밭을 간다는 해석은 이해할 수 없고 박병채 역시 그런 식이니 독자들은 그 해석에 더 헷갈릴 것 같다는 생각이다.

다음 이 글의 전문은 犁山縣本加尸達忽, 즉 리산현은 본래 가시달홀이라 했으니 그 리산현과 가실달홀 사이에는 어떤 연관성이 있어야 한다. 이는 옛 사람들이 아무리 지명을 바꾼다 해도 전연 옛 이름과 무관

하게 바꾸지는 않으니 서로 어떤 연관이 있어야 하는데 그렇다면 加尸
가 무엇이기에 밤나무 산인 栗山縣으로 바꾸었을까?

加(가) – 더하다 등.

尸(시) – 주검 등.

加尸 – 주검을 더하다. 아무리 지명이지만 말이 되지 않는 말로 지명
을 지을 리가 없다.

글쓴이는 ㄱ 속의 뜻은 가장자리이므로 지금 갓길의 갓이나 가시어머
니, 가시아버지(장인장모의 북한말) 또는 가시나(갓인애. 경상도 처녀)가 모
두 갓(邊)이다. 따라서 위 加尸(가시)는 뜻이 아닌 음을 빌려 우리말 갓
이>가시인 가장지리 갓(邊)으로 봐야 한다. 즉 당시 사람이 모여 살던
동네가 아니라 변두리란 말이다.

다음 達은 음달, 양달, 아사달 하는 땅의 우리말이다.

이렇게 되면 栗山縣本加尸達忽의 번역은 栗山縣(밤나무 뫼縣)은 본래
갓달벌이었다가 되어 加尸達忽이라는 전 고구려 말이나 栗山縣이라는
후기 말이 무리가 없게 된다.

懸(현) – 중국식 행정단위

栗山縣本加尸達忽 – 밤나무 산인 리산현(栗山縣)은 본래 갓달벌이었
다.

이렇게 해석하면 위 이기문 교수의 중세국어 가래라는 것이나 또 박
병채 교수의 읽기가 kal이며 중세국어는 가래, 갈(耕)이라는 것과 180도
달라지고 따라서 전문 해석상 무리가 없이 통한다.

다음 우리 어문학자 이기문 교수나 박병채 교수의 읽기는 '가래>갈'
이 되어 kal이라 하고 중세국어는 가래는 밭을 가는 기구이므로 갈 –

(耕)이라 한 모양이다. 그러나 여기서 지적하고 싶은 것은 북한의 어문학자들은 그래도 중세어 표현을 우리 한글로 썼는데 남한의 대다수 어문학자들은 우리 한글, 엄밀히 말하면 어느 소리건 못 적을 소리가 없는 세종의 훈민정음보다 꼭 국제발음 기호로 적는데 그렇다면 이 이두 공부도 외국인들이 하라는 것인지 또는 한글이 그 국제 발음기호보다 정확한 소리를 적을 수 없어서 그러는지 알 수 없다.

즉 '갈' 이라 발음할 것을 kal이라 적어 놓으면 갈보다 칼에 가깝게 제음을 정확하게 표시할 수 없는데도 꼭 영자를 쓰는 이유가 무엇인가?

이런 것은 아무리 한국이 국제화 시대에 있다 해도 너무나 서구의 알파벳을 써야만 체면이 서고 유식하다고 할 것 같아 그러는 게 아닌지 모르겠으며 이런 면은 아무리 폐쇄적이라 해도 북한 어문학자들 읽기인 우리 한글을 쓰는 것을 따라야 할 것 같다.

단 아래에 제시되는 이기문, 박병채의 국제음성기호는 김수경 저 [고구려, 백제, 신라어 언어연구]로 인쇄가 흐릿하여 혹 오자가 날 수도 있으므로 확인하고 싶은 독자는 원문을 확인하시라.

– 중략 –

* 고구려말 功木 자료원문 功木達一云熊閃山.
(공목의 자료원문 공목 땅은 또한 웅섬산이라 한다.)
이기문 – 읽기 Goŋ. 뜻 – 熊. 중세국어 – 곰, 고마.
박병채 – 읽기 Goŋmok, koma, 뜻 – 熊, 중세국어 곰 고마.

〔구길수 분석〕
이 역시 이 글의 주제인 功木達은 우리 민족에게 아주 중요한데 위 두

교수는 熊閃山의 熊자만 보고 위와 같이 해석했다.

功(공) – 공, 공로, 일, 직무 등.

木(목) – 나무 등.

功木 – 공목이라고 하면 그 음이나 뜻으로 말이 되지 않고 더구나 중세어 곰이라는 熊과 연결도 되지 않으며 특히 功木達一云熊閃山의 熊閃山과 연결이 되지 않는다. 따라서 이 말도 되지 않는 뜻을 그간 남북 학자들은 아무도 설명한 글을 글쓴이는 발견하지 못했으므로 글쓴이가 天地人 [天符印] ㅇ ㅁ ᅀ 으로 만들었을 수밖에 없는 ㄱㄴㄷ…ㅎ 속의 뜻과 이 신지녹도문 [진본 천부경] 하나 둘 셋 … 열으로 풀어 보면,

우리말 곰, 고마를 이두로 적으면 위에서 말했듯이 원래 ㄱ의 주체는 구무인 곰네이므로 功에서 ㄱ을 취한 것이고 환숫을 뜻하는 신지녹도문 [진본 천부경] 셋은 木이르로 이 木자를 취해 功木이라 하면 곰네와 환숫이다.

達(달) – 펴다, 통달하다 등의 뜻이 있으나 여기 이두에서는 음달, 양달 하는 우리말 '달' 로 음취한 것이다.

功木達 – 곰네와 환숫의 땅.

熊(웅) – 작은곰, 곰이라는 한자에는 큰곰 비(羆) 자가 있는데 이는 알래스카나 그 외 지방의 회색, 또는 불곰 등 큰 곰을 뜻하고 熊은 주로 검고 작은 곰네 종족이 토템으로 삼았던 반달곰이다.

閃(섬) – 번뜩이다 등의 뜻이나 여기서는 섬기다의 '섬' 을 음취했다.

熊閃山 – 곰을 섬기던 산.

功木達一云熊閃山 – (1) 곰 나무 땅은 또한 곰을 섬기는 산이라 한다.

(2) 곰네, 환숫 땅은 또한 곰네가 환숫을 섬기던 땅이라 한다.

- 중략 -

이 곰네족이 곰을 토템으로 삼고 수호신으로 섬겼으며 그 땅에 환숫이 내려와 빛을 비추고 동화하여 살았다는 증거는 KBS 역사 스페셜에서 방영한 [요하, 홍산문명]의 유물로도 나타나는데 사진과 설명은 먼저 제시했다.

*고구려말 多勿 자료원문 麗語謂復舊土爲多勿.

(다물 자료원문 고구려어로 옛 땅을 회복하는 것을 다물이라 한다.)

이기문 읽기. 중세국어 없고 뜻만 復舊土.

박병채 읽기. 뜻, 중세국어 없음.

〔구길수 분석〕

이기문의 뜻이 復舊土라 한 것은 옳은 말이다. 그러나 옛 땅을 복구한다는 復舊土를 고구려인들은 왜 多勿이라 했을까?

역사를 공부하는 사람들은 고구려인들이 고토회복(古土回復)을 多勿이라 했다는 것은 다 아는데 多勿은 그 음이나 뜻으로 보더라도 옛 땅 회복과는 아무런 상관이 없다. 그러나 고구려인들이 고토회복을 왜 다물이라 했는지에 대해서 밝혀 놓은 학자는 아무도 없다.

多(다) - 많다 등의 뜻이나 여기 이두에서는 우리말 입 다물다의 다.

勿(물) - 말다 등의 뜻이나 여기 이두에서는 우리말 입 다물다의 물.

多勿 - 다물은 자기 위아래 입술을 붙여서 입을 다무는 것과 같이 자기 옛 땅을 붙이는 것이지 남의 땅을 침략하는 것이 아니다. 따라서 주몽의 다물 정책은 잃었던 옛 조선의 땅을 도로 회복하는 뜻이니 이도 이

두를 알아야 우리 역사를 논할 수 있다는 말이다.

麗語 – 고구려 말.

謂(위) – 이루다, 말하다 등.

復(복) – 회복하다 등.

舊(구) – 옛, 옛날.

復舊土 – 옛 땅을 회복하다.

麗語謂復舊土爲多勿 – 고구려 말에 이르기를 옛 땅을 회복하는 것을 다물이라 한다.

– 중략 –

　　*고구려말 密 자료원문 三峴縣一云密波兮.

(밀 자료원문 삼현현은 또한 밀파혜라 한다.)

이기문 읽기 – mil. 뜻 – 三. 중세국어 없음.

박병채 읽기 – mil. 뜻 – 三. 중세국어 없음.

〔구길수 분석〕

위 두 학자 읽기가 원문 주제인 밀(密)이고 뜻이 三인 것은 좋다.

三(삼) – 셋, 세 번, 거듭 등.

峴(현) – 고개, 마루 등.

三峴縣 – 세 고개가 있는 현.

密(밀) – 숲이 빽빽하다. 조용하다, 그윽하다 등.

波(파) – 물결, 내가 갈라져 흐르다, 주름 등.

兮(혜) – 어조사.

密波兮 – 숲이 빽빽한 곳의 물결.

三峴縣一云密波兮 ‒ (1) 세 고개 고을인 삼현현(三峴縣)은 또한 숲 물결 골이라 한다. (2) 여기에 나오는 三峴縣의 三은 환숫이고 密波兮의 密은 나무가 둘이 서 있으니 이 신지녹도문 [진본 천부경] 하나의 햇빛 받는 뜻의 '하' 를 말할 수 있다.

따라서 三峴縣一云密波兮는 환숫 고개는 또한 나무들이 물결치는 곳이라 해독한다.

‒ 중략 ‒

＊고구려어 買尸의 자료원문 蒜山縣本高句麗買尸達縣

(매시의 자료원문 산산현은 본래 고구려 매시달현이었다.)

이기문 읽기 ‒ mair. 뜻 ‒ 蒜. 중세국어 ‒ 마늘.

박병채 읽기, 뜻, 중세국어 없음.

〔구길수 분석〕

위 이기문 읽기, 뜻, 중세국어 다 좋다.

買(매) ‒ 물건을 사다, 살 물건 등이나 여기 이두에서는 살 > 삶(生)

尸(시) ‒ 죽음 등의 뜻.

達(달) ‒ 음달, 양달 하는 땅.

買尸達 ‒ 삶과 죽음을 갈라놓는 땅.

蒜(산) ‒ 달래, 마늘 등.

蒜山縣 ‒ 마늘을 많이 심었던 현.

蒜山縣本高句麗買尸達縣 – 마늘을 많이 심었던 산산현(蒜山縣)은 본래 고구려인들의 삶과 죽음을 갈라놓는 땅이었다.

이게 무슨 말인가? 애초 환웅은 웅녀 땅에 내려와 아이 배기를 원하는 웅녀, 호녀에게 마늘과 쑥을 주며 동굴 속에 들어가 먹으면 사람이 된다고 했다. 여기서 동굴은 천부인 원방각 중 ○이며 마늘은 그 모양이나 음으로 보아 ㅁ이고 쑥은 그 잎의 생김새가 ㅅ 모양이다.

따라서 동굴 속에 들어가 이 마늘과 쑥을 먹으며 하늘과 땅과 사람이 결국 하나라는 하느님의 이 신지녹도문 [진본 천부경] 하나 둘 셋 … 열을 외다 보면 그 짐승 같던 성격도 사람으로 바뀌고 또한 그간 풍토병에 시달리던 모습도 아름다운 여인으로 고쳐진다는 것은 정말 마늘과 쑥을 상식하는 민족은 전 세계에서 우리 민족뿐이고 그래서 그런지 지난번 전 세계를 휩쓸던 조류독감에 우리 민족은 단 한 사람도 걸린 일이 없고 신종플루 등도 다른 나라 사람보다 덜 걸리고 죽은 사람도 다른 질병이나 노환 등 어차피 죽을 사람만 죽었다.

따라서 현대의학이 있을 수 없던 원시에서 마늘과 쑥은 삶과 죽음을 갈라놓는 귀한 약이었고 고구려인들은 그 사실은 잊지 않고 마늘 심는 땅을 별도로 만들어 놓았던 모양이다. 그렇다면 이 역시 이두를 알아야 역사를 논할 수 있다는 말이다.

* 고구려말 伐力 자료원문 綠驍縣本高句麗伐力川縣.

(벌력 자료원문. 녹효현은 본래 고구려 벌력천현이었다.)

이기문 읽기 – 없고. 뜻 – 綠. 중세국어 – 프르.

박병채 읽기 – petli. 뜻 – 綠. 중세국어 – 프르.

〔구길수 분석〕

　박병채의 읽기는 이해가 가지 않으니 생략하고 뜻을 綠. 중세국어 -
프르. 라 한 것은 어느 정도는 옳다고 본다.

　伐(벌) - 치다, 베다, 공적, 공훈, 자랑하다, 방패 등.

　力(력) - 힘 등.

　伐力 - 음이나 뜻으로는 쉽게 이해가 가지 않는 말이나 '벌' 을 벌판
으로 보고 힘을 벌판의 '힘', 즉 푸름으로 본다면 벌력은 푸른 벌판이
되기도 하나 말의 형성은 어떤 자극이 커야 이루어지므로 음 벌을 '씨
름판 벌' 로 보고 씨름판에서 힘은 가장 중요한 요소가 되므로 생식만이
최우선인 당시 씨놀음 으로 보아 '씨름 벌 힘' 으로 본다.

　綠(록) - 초록, 푸른 등의 뜻이나 여기서는 젊은이의 힘으로 본다.

　驍(효) - 날래다, 굳세다 등.

　綠驍 - 젊은이의 굳센 힘.

　伐力川 - 씨름판을 벌이던 모래가 있는 내.

　綠驍縣本高句麗伐力川縣 - 굳센 젊은이가 씨름하는 녹효현(綠驍縣)
은 본래 고구려의 씨름 벌이던 '모래내' 이었다.

　　＊고구려말 別 원문자료. 七重縣一云難隱別.

　　(별 자료원문 칠중현은 또한 난은별이라 한다.)

　　이기문 읽기 국제발음기호 pjəl. 뜻 - 重. 중세국어 블.

　　박병채 읽기 국제발음기호 pjəl. 뜻 - 重. 중세국어 블.

〔구길수 분석〕

　여기에 나오는 七重縣은 신지녹도문 진본천부경 하나 둘 셋 … 열 중

일곱인 사내일 수도 있고 難隱(난은)은 나는(自), 즉 우리말 해인 나(나
日 - 訓蒙字會), 사내의 대표로 임금인 '나' 등으로 본다면 七重縣一云
難隱別은 "사내 책임이 무거운 현은 또한 환숫벌이라 한다"가 될 수도
있다.

　위 참조.

　- 중략 -

　* 고구려말 蘇文 자료원문 蓋蘇文一云蓋金.

　(소문 자료원문 개소문은 또한 개금이라 한다.)

　이기문 읽기 - 없고. 뜻 - 金. 중세국어 - 쇠.

　박병채 읽기, 뜻, 중세국어 없음.

〔구길수 분석〕

　연개소문(淵蓋蘇文)의 성명인 모양인데 항상 말하지만 다시 한 번 그
성씨나 이름 뜻이 무엇인가를 분석해 보는 좋은 기회다.

　여기서 잠시 우스갯소리 하나를 하면 고등학교 역사 시간에 선생님이
학생들에게

　"너희들 '연개소문'의 성씨가 '연개'이고 이름이 '소문'이냐? 아니
면 성씨가 '연'이고 이름이 '개소문'이냐?"

하고 물으면 학생들은 이름이 '개소문'이라는 데만 깔깔대고 웃을 뿐
당연히 모르고 오히려 선생님한테 묻는단다. 그러면 선생님 답은

　"실은 나도 몰라. 아직까지 밝혀 놓은 글이 없거든…. 그러나 너희들
은 걱정 마. 그런 문제는 시험문제에 나오지 않는다." 한다는 것이니 그
간 우리 사서에 밝혀 놓은 곳이 없다.

여기서 우리 성씨와 이름에 대해 잠시 말하면 글쓴이가 전에도 누누이 말했지만 일제가 세금 등을 걷기 위해 호적을 만들어 놓기 전까지 우리 하층 서민들은 성과 특정한 이름이 없었다. 즉 지금 수원 화성을 쌓을 때 기록인 화성성역의궤(華城城役儀軌)만보더라도 그 인부 이름 중에 개동이(介同伊)가 가장 많고 또 노개동(老介同), 소개동(少介同)이가 나온다. 여기서 개동이란 물론 우리말 개똥이이고 노개동이는 늙은 개똥이이며 소개동이는 젊은 개똥이일 뿐 성은 없다.

이를 일제가 이 대감 집에서 머슴을 살면 이가, 박 대감 집에서 종살이를 하고 있으면 박가. 특히 많던 안동김씨 집안에서 머슴사리를 하면 김가인데 전에는 박씨, 이 씨 그리고 근대에는 안동 김씨가 그렇게 많은 것은 정조 이후, 특히 강화도령 철종 때 안동 김씨들은 사실상 왕 노릇을 하며 살았기 때문에 권력과 돈이 많고 따라서 그 첩과 소생도 많았기 때문이라 본다.

그러나 삼국시대 때만 해도 서민들뿐 아니라 행세깨나 하는 사람들도 성이 없고 그저 그 사람의 특징을 잡아 이름을 붙였다고 보는데 이는 먼저 말했듯이 연개소문(淵蓋蘇文)의 성씨는 혹왈 천개소문(泉蓋蘇文)이라 했으므로 연씨도 아니고 천씨도 아닌 '샘씨'가 된다.

또 재론이지만 신라장수 거칠부(居柒夫)도 성이 거씨이고 이름이 칠부가 아니라 우리말 거칠애비이며 요즘말로 하면 터프가이가 된다.

이는 또 우리와 사촌인 인디언도 마찬가지로 얼마 전 상영했던 미국 영화 '늑대와 춤을'에서 인디언 이름 '발길로 차는 새'는 발길로도 새를 잡은 사나이이고, '주먹 짚고 일어서'는 주먹을 짚고 잘 일어서는 사내의 이름일 뿐 그들도 성은 없었다.

淵, 泉 — 샘물.

蓋(개) – 덮다, 씨우다, 덮개, 뚜껑 등.

蘇(소) – 히다, 소생하다, 쉬다 등 솟다.

文(문) – 글, 무늬, 색채, 얼룩 등이나 여기서는 문>물.

淵(泉)蓋蘇文 – 이상 글자의 음이나 뜻으로는 연개소문의 우리말 성과 뜻을 알 수 없다. 그렇다면 이두로 풀어 보자.

淵(泉) – 뜻으로 샘.

蓋(개) – 음으로 개(개울).

蘇(소) – 천부인상 서다 솟다는 ㅅ의 뜻대로 솟다.

文(문) – 무니>무르>물.

淵(泉)蓋蘇文 – 연개소문의 우리말은 '샘개솟물' 이 되며 그렇다면 연개소문의 생가 부근에는 샘솟는 개울이 있었거나 아니면 그의 용맹성이 샘 개에서 솟는 물과 같이 어떤 개울, 강의 수원으로 보는 것이 옳다. 따라서 그의 성은 '샘' 씨이고 이름은 '개솟물' 이 된다.

金(금) – 금, 쇠, 광물의 총칭, 돈 등이고 또 솟다는 뜻도 있는데 애초 쇠는 천부인상 서고 솟는 뜻을 가진 ㅅ이므로 소 + ㅣ = 쇠로 소고기가 쇠고기인 것 같이 소(牛의 뿔)나 쇠(金 – 솟은 광물)가 같은 말이었다.

蓋金 – 개(川)에서 솟다.

蓋蘇文   云蓋金 – 개에서 솟는 물(蓋蘇文)은 또한 '개솟물' 이라 한다.

* 고구려말 朱蒙 자료원문 夫餘俗語善射謂朱蒙.

(주몽 자료원문 부여 속어로 활 잘 쏘는 자를 주몽이라 한다.)

이기문 읽기, 중세국어 없고 뜻만 善射.

박병채 읽기, 뜻, 중세국어 없음.

〔구길수 분석〕

　활 잘 쏘는 이를 주몽이라 한다는 것은 역사학자라면 누구나 다 아는 상식이다. 그러나 朱蒙이 왜 활을 잘 쏘는 뜻인가에 대해 아는 사람은 별로 없다.

　朱(주) - 붉다 이나 붉은 볽이므로 밝도 되어 밝(박)혁거세(朴赫居世)처럼 세상을 밝힐 사람이라는 뜻.

　蒙(몽) - 어리다, 어리석다, 입다, 덮다, 싸다, 받다 등.

　朱蒙 - 세상을 밝힐 어린이라는 뜻이다. 그러나 주몽이 어렸을 때부터 활을 잘 쏘아 부여에 있을 때 우물에서 물을 길어가는 여인들의 물동이를 자주 활로 쏘아 깨는 일이 많았으므로 활 잘 쏘는 아이 주몽이란 별명 때문에 생긴 것이 善射謂朱蒙이니 활 잘 쏜다고 다 주몽은 아니다.

　夫餘(부여) - 고구려 전 주몽이 살던 나라.

　俗語(속어) - 풍속으로 전해지는 말.

　善(선) - 착하다, 잘하다 등.

　射(사) - 쏘다 등.

　謂(위) - 이르다 등.

　夫餘俗語善射謂朱蒙. - 부여속어로 활 잘 쏘는 이를 주몽이라 한다.

　*고구려말 知衣 자료원문 牛岑縣一云牛嶺一云首知衣.

　(지의 자료원문 우잠현은 또한 우령이라 하고 또 수지의라 한다.)

　이기문 읽기, 뜻, 중세국어 없음.

　박병채 읽기 - tii. 뜻 - 쏙, 嶺, 城. 중세국어 - 재(峴, 嶺).

〔구길수 분석〕

우선 이 글의 제목은 知衣가 아니라 首知衣라 해야 될 것 같은데 위 박병채의 읽기나 뜻, 중세국어는 이해가 되지 않는 말이다.

首(수) - 머리. 우두머리 등.

知(지) - 알다 등.

衣(의) - 옷, 입다 등.

首知衣 - 우두머리가 품은 뜻을 알다.

牛(우) - 소의 뜻이나 여기서는 천부인 ㅅ의 뜻으로 소뿔이 서다, 솟다.

岑(잠) - 산봉우리.

牛岑縣 - 산봉우리같이 솟은 현.

嶺(령) - 재, 산봉우리 고개 등.

牛嶺 - 소뿔처럼 솟은 산봉우리.

牛岑縣一云牛嶺一云首知衣 - 소뿔같이 솟은 우잠현(牛岑縣)은 또한 쇠뿔산봉우리라 하고 또는 우두머리(임금)의 품은 뜻을 알게 하는 곳이라 한다.

이상도 주몽의 고구려 건국의 꿈을 알게 하는 글이고 그래서 이두를 제대로 알아야 우리 역사를 제대로 알 수 있다.

＊고구려말 斬 자료원문 楊根縣一云去斯斬.

(참 자료원문 양근현은 또한 거사참이라 한다.)

이기문 읽기 - čam. 뜻 - 根. 중세국어 - 없음.

박병채 일기, 뜻, 중세국어 없음.

〔구길수 분석〕

역시 이기문의 뜻이 根이라 한 것은 이해가 가지 않는다.

斬(참) - 베다, 끊어지다, 매우, 심히 등.

楊(양) - 버들 등.

根(근) - 뿌리 등.

楊根縣 - 버들 뿌리 현.

去(거) - 가다, 잃다, 배반하다 등.

斯(사) - 이것 등 사물의 대명사.

去斯斬 - 나당(羅唐) 연합군을 배반한 고구려의 반군들을 참수하는 사형장.

楊根縣一云去斯斬 - 버들뿌리 양근현(楊根縣)은 또한 나당 연합군을 배반하는 고구려 반군들을 참수하는 사형장이었다. 여기서는 고구려 때 사형장까지 말하니 이는 나당 연합군에게 항복하지 않고 싸우던 고구려군을 처형하던 곳인 것 같다. 이도 이두를 제대로 알아야 우리 역사를 제대로 알 수 있다.

　＊고구려말 吐 원문자료 奈吐郡一云大堤.

　(토 원문자료 내토군은 또한 대제이었다.)

　이기문 읽기 - t'u. 뜻 - 堤. 중세국어 - 없음.

　박병채 읽기 - to. 뜻 - 堤. 중세국어 - 터(基).

〔구길수 분석〕

역시 위 두 학자의 말은 모두 말이 되지 않고 국제발음기호도 잘못됐다.

吐(토) – 토하다, 탄생하다 등.

奈(내) – 어찌 등.

奈吐郡 – 누군가를 탄생한 군. (유명인사가 난 곳.)

大堤 – 큰 제방.

奈吐郡一云大堤 – 누군가를 탄생시킨 내토군(奈吐郡)은 또한 큰 제방이 있는 곳이다. 이 말은 主夫 자료원문 長堤郡本高句麗主夫吐郡과 같이 주몽을 탄생 시킨 고을로 본다.

– 중략 –

*고구려말 巴衣/派衣/派兮 원문자료 孔巖縣本高句麗濟次巴衣縣, 松峴縣本高句麗夫斯波衣縣, 三峴縣一云密波兮.

(파의/파의/파혜 자료원문 공암현은 본래 고구려의 제차파의현이었고 송산현은 본래 고구려의 부사파의 현이며 삼현현은 또한 밀파혜라 한다.)

이기문 읽기 – pa'i. paxe. 뜻 – 巖, 峴. 중세국어 – 바회.

박병채 읽기 – paii. pačie. 뜻 – 峴, 巖. 중세국어 – 바회.

〔구길수 분석〕

巴衣(파의) – 바위.

波衣(파의) – 바위.

波兮(파혜) – 바위.

松峴縣(송산현) – 소나무 고개 현.

夫斯波衣縣(부사파의현) – 사내바위 현.

三峴縣(삼현현) – 세고개 현.

密(밀) – 빽빽하다, 많다 등.

密波兮(밀파혜) - 많은 바위.

孔巖縣本高句麗濟次巴衣縣, 松峴縣本高句麗夫斯波衣縣, 三峴縣一云
密波兮 - 구멍바위가 있는 공암현(孔巖縣)은 본래 고구려 백성을 구제
하던 이의 바위 현이었고 솔 고개인 송현현(松山縣)은 본래 고구려 사내
바위이었으며 세고개현(三峴縣)은 또한 많은 바위가 있었다.

이 부분의 글을 고구려말 密 자료원문 三峴縣一云密波兮, 고구려말
別 원문자료. 七重縣一云難隱別, 그리고 고구려말 夫斯/夫蘇 원문자료
松山縣本高句麗夫斯達縣, 松岳郡本高句麗夫蘇岬과 연관시켜 보면 아
무래도 또 환숫을 등장시켜야 할 것 같다. 즉 여기 松山縣本高句麗夫斯
達縣, 松山縣이라는 소나무 산현의 소나무는 환숫이고 夫斯達縣의 부사
달은 사내가 일구어야 할 땅(곰네, 겨집의 집, 여덟)이며 松岳郡本高句麗
夫蘇岬 역시 같은 말이기 때문이다. 따라서 위에서 환숫, [진본 천부경]
신지녹도문 진본 천부경 하나 둘 셋 … 열과 연관시킨 것은 절대 환숫에
게 집착된 해석이 아니라고 본다.

　- 중략 -

　*고구려말 阿且 자료원문 子春縣本高句麗乙阿次縣.
　(아차 자료원문 자춘현은 본래 고구려 을아차현이었다.)
　이기문 읽기, 뜻, 중세국어 없음.
　박병채 읽기 - ača. 뜻 - 子. 중세국어 - 아츳(아춘 쏠, 아춘아들).

〔구길수 분석〕
이 글의 주제가 阿且(아차)인 것은 맞고 박병채의 읽기가 ača. 인 것은
그런대로 아차를 표현한 것 같으나 뜻이 子, 중세국어가 아츳(아춘 쏠,

아촌 아들)이라 한 것은 크게 착각한 것 같다.

이 대목의 글은 고려 후대에 김부식이 삼국사기를 쓰면서 당시 역시 장군이며 고려에 공을 세워 봉록지를 받은 이성계의 아버지 이자춘의 땅은 고구려 때 '을아차현'이었다는 이야기다. 그런데 뜻이 이성계 아버지 이름이 子春이라 하여 子이고 중세국어가 아츠(아촌 쏠, 아촌 아들)이라는 것은 전연 남의 다리를 긁는 해석이라고 본다. 또 이 글의 제목도 阿且가 아니라 乙阿且(을아차)이어야 한다.

乙(을) – 새 등.

阿(아) – 언덕, 비탈 등.

且(차) – 또 등.

乙阿次 – 음이나 뜻으로는 말이 안 되니 이두로 보자. 우리가 씨름을 하거나 힘을 쓸 때 "으라차"라 한다.

子春縣本高句麗乙阿次縣 – 이자춘 현(子春縣)은 본래 고구려 때 으라차 현이었다.

이상 말도 이두를 알아야 삼국유사, 삼국사기 등 역사서나 또는 오래된 비문을 읽을 수 있어 우리 역사를 제대로 알 수 있다는 말인데 이는 먼저 말한 지금 서울 광진구에서 그 입구가 시작되는 아차산(阿且山)이 이름은 원래 阿且山이므로 우리말로 해맞이 산이라는 말과 같다.

– 중략 –

* 고구려말 於乙 자료원문 泉井口縣一云於乙買串.

(어을 자료원문 천정구현은 또한 어을매곳이라 한다.)

이기문 읽기 – 의. 뜻 – 泉. 중세국어 없음.

박병채 읽기 – 의. 뜻 – 泉. 중세국어 우물.

〔구길수 분석〕

위 두 학자 해석을 전혀 이해할 수 없다.

泉(천) – 샘 등.

井(정) – 우물 등.

泉井口縣 – 샘 우물 입구 현.

於乙 – 어울리다, 얼르다(성교) 등.

買(매) – 물건을 사다 등의 뜻이나 여기 이두에서는 삶, 물살.

串 – 버릇 관, 수표관, 꾀미 천, 쑥 나온 땅이름 곶 등.

泉井口縣一云於乙買串 – 샘 우물입구인 천정구현(泉井口縣)은 물살이 얼르듯(性交) 하는 곳이다.

이상 泉井口縣은 정선 아우라지(어우라지)처럼 물살이 어우러지는 곳인 모양이다. 여기서 어울리다, 아울리다를 말하면서 참고로 우리말 '아름답다' 의 어원은 [천부인 ㅇ ㅁ ㅿ]에서 말했다.

* 고구려말 乙 자료원문 高木根縣一云達乙斬.

(을 자료원문 고목근현은 또한 달을참이라 한다.)

이기문 읽기, 중세어 없고 뜻만 木..

박병채 읽기, 뜻, 중세어 없음.

〔구길수 분석〕

여기서도 주제가 어조사에 불과한 乙이 아니라 達乙斬이다.

乙(을) – 새, 날다 등 어조사.

高木根縣(고목근현) – 높은 나무가 뿌리박은 현.

達(달) – 발달 등의 뜻이나 여기서는 우리말 음달, 양달 하는 땅.

斬(참) ― 베다, 참수하다, 쪼개다, 끊어지다 등.

達乙(달을) ― 달을 > 다를 > 다루다.

達乙斬 ― 죄인을 다뤄서 참수하는 것.

高木根縣一云達乙斬 ― 높은 나무가 뿌리박은 고목근현(高木根縣)은 또한 죄인을 다뤄서 참수하던 곳.

― 중략 ―

　*고구려말 仍伐 자료원문 穀壤郡本高句麗仍伐奴縣.

　(잉벌 자료원문 곡양군은 본래 고구려 잉벌노현이었다.)

　이기문 읽기, 중세국어 없고 뜻만 穀.

　박병채 읽기, 뜻, 중세국어 없음.

〔구길수 분석〕

여기서도 주제가 仍伐이 아니라 仍伐奴이어야 하며 따라서 위 이기문의 뜻 穀은 잘못되었다고 본다.

仍伐(잉벌) ― 이 벌, 그 벌.

穀(곡) ― 곡식 등.

穀壤郡 ― 곡식이 잘되는 땅의 군.

奴(노) ― 계집종, 포로 노예 등.

仍伐奴縣 ― 그 벌은 포로 노에의 현.

穀壤郡本高句麗仍伐奴縣 ― 곡식이 잘 되는 땅인 곡양군(穀壤郡)은 본래 고구려 포로 노예들 현이었다.

이 글을 보면 그 나당 연합군에게 반항하다 포로가 된 이들이 황무지를 일구어 옥토를 만든 모양이고 이 역시 이두를 알아야 역사를 아는 또 하나 역사의 아픔이다.

* 고구려말 位 자료원문 句麗呼相似爲位.
(고구려인들은 서로 부르길 위라고 하는 것 같았다.)
이기문 읽기 – wi. 뜻 – 相似. 중세국어 비슷 – 이슷.
박병채 일기, 뜻, 중세국어 없음.

〔구길수 분석〕

고구려 말 位를 해석하는 글인데 이기문은 여기서도 뜻 – 相似. 중세국어 비슷 – 이슷은 도저히 이해할 수가 없는 남의 다리 긁기로 본다.

位(위) – 자리, 지위, 품위 등 상대에 대한 존칭. 님과 같은 말.

呼(호) – 부르다 등.

相(상) – 서로 등.

似(사) – 같다 등.

爲(위) – 하다 등.

句麗呼相似爲位 – '구려' 사람들은 서로 부르길 님(位)이라 하는 것 같았다.

이 말을 보면 고구려인들은 서로 존경하며 살았단 말인데 여기서 하나 지적하고 싶은 것은 고구려를 그냥 '구려'라 한 것이다. 따라서 고구려는 우리말 구리 > 굴 구멍 > 구리 족에서 나온 말이다. 이 자세한 해석은 졸저 [천부인 ㅇ ㅁ ㅿ 의 비밀]에 있다.

이상과 같이 그간 사학에 써진 삼국의 말들이 서로 다른 것 같으나 역시 이두로 풀어보면 같은 말이었다. 여기에 써진 말들은 그간 전해지는 어문 사학에서 반드시 그렇게 해석해야 말이 되기 때문에 대다수 우리 어문 사학자들도 그렇게 해석하고 북한 대표적 어문학자 류렬도 그렇게 해석하지만 왜 그렇게 읽어야 하고 왜 그런 뜻을 해석해야 하는가에 대해 명확하게 밝힌 글을 글쓴이는 아직 보지 못했다. 따라서 글쓴이는 읽는이들도 이해하기 쉽게 자세히 주를 달아 해석하는데 이 글에서도 보듯 삼국인들은 이 신지녹도문 하나, 둘 셋, … 열을 말했으니 우리 조상 이야기를 한 것이고 아래 류렬 해석도 위와 같아 위 김수경이 그대로 쓴 것을 글쓴이도 그대로 전재한다.

11 북한의 대표적 어문학자 류렬이 말하는 고구려, 백제, 신라 자료에서 공통적으로 보이는 말마디들의 해석에 대한 구길수의 분석

* 머리, 위의 류렬 해석

고구려어

眉乙, 莫離.

뜻 – 머리, 위.

류렬 고구려, 백제, 신라어 공통읽기 – 마라/마리.

백제어

毛良, 高.

뜻 – 머리, 위.

류렬 고구려, 백제, 신라어 공통읽기 – 마라/마리.

신라어

首露, 首陵, 麻立, 麻袖 末, 上.
류렬 고구려, 백제, 신라어 공통읽기 – 마라/마리.

〔머리의 류렬 해석에 대한 구길수 분석〕

우선 북한학자 류렬은 읽기가 한국학자들처럼 구역질나는 국제 발음 기호가 아니라 한글이라는 것이 마음에 든다. 그러나 이왕 우리 음이라면 왜 지금 한글로 표현했는가? 지금 한글은 훈민정음을 창제한 세종보다 더 잘난 한글학자들이 세종이 만든 4글자를 없애고 조립법도 제한해서 어느 나라 말은 물론 물소리, 새소리조차 못 적을 음이 없는 훈민정음 음을 한치 앞에 펼쳐질 국제화 시대도 보지 못하고 망쳐놓은 글자다. 따라서 류렬의 읽기도 훈민정음 음으로 썼더라면 간단하면서도 더 좋았을 것이다.

세종은 결코 필요 없는 글자와 조립법을 만든 것이 아니다. 따라서 우리는 하루빨리 세종의 훈민정음을 되살려야 할 것이다.

고구려말

首乙, 莫離.
首(수) – 머리 등.
乙(을) – 새, 접미사 등.
首乙 – 머리새라고 해가지고는 말이 되지 않으니 여기 이두에서 首는 뜻. 머리, 乙은 '을 > 를' 이라는 접미사로 고구려인들은 머리를이라 한

것을 당시 사관이 우리 글자가 없으니 이두로 旨乙이라 적은 것뿐이다.
이후 글쓴이 해석도 이와 같다.

뜻 – 류렬은 고구려, 백제, 신라 삼국의 공통 뜻을 머리, 위라 했으나
여기서는 엄밀한 의미로는 머리만 해당되나 해나 햇빛이다 하느님이라
고 보면 머리, 위는 같은 뜻이다.

류렬 고구려, 백제, 신라어 공통읽기 분석 – 마라/마리는 아래아점으
로 쓰면 무리이고 이 아래아점은 ㅏ ㅓ ㅗ ㅜ ― ㅣ의 복합음이며 지방
마다 다르게 표한하던 음을 세종이 ㅏ ㅓ ㅗ ㅜ ― ㅣ로 분류한 것이니
훈민정음으로 썼더라면 간단하고 좋았을 것이나 요즘 훈민정음을 제대
로 읽을 사람이 없을 것 같아 현대 한글로 쓴 모양이니 옳은 읽기이다.

참고 – 세종 전에는 사람의 머리도 마리였으나 세종 후로 사람은 머
리, 짐승은 마리로 하여 닭 한 마리, 두 마리 등이라 하고 또 지금 한반도
의 머리산도 애초는 마리산이었으나 불교가 들어온 후로 불교 용어인
마니산(摩尼山)이 되었으니 이도 담당부처에서는 하루빨리 '마리산' 으
로 원명을 복원해야 할 것이다.

莫(마) – 말다, 없다, 저물다 등.
離(리) – 떠나다, 떼어놓다 등.
莫離 – 뜻으로는 말이 되지 않으니 이두로 旨는 뜻인 마리(머리), 離는
음 '리' 로 마리(수장)이라 한 것을 당시 사관이 우리 글자가 없으니 이두
로 莫離라 적은 것뿐이다. 이하도 당시 삼국인은 우리말로 했지만 사관
이 이두로 적었다는 말은 생략한다.
뜻 – 마리(머리). 관직은 영의정쯤 되는 모양이다.

객설, 먼저도 말했지만 연개소문의 아비 관직이 막리지(莫離支)인데 연개소문의 관직은 자신이 大 자 하나를 더 붙여 대막리지(大莫離支), 그 아들은 또 그 아비보다 太자 하나를 더 붙여 태대막리지(太大莫離支)라 했으니 대 막리지 연개소문은 비록 고구려의 명장이라 하나 그 집안 가풍 꼴이 그 모양이니 그 아들 태대막리지로 인하여 고구려가 망하게 된다.

백제말

毛良, 高.

毛(모) – 털, 머리털.

良(량) – 어질다 등이나 이두에서는 에, 을 등 접미사.

毛良 – 머리털 있는 머리.

뜻 – 마리(머리, 수장).

류렬 고구려, 백제, 신라어 공통읽기 분석 – ᄆ리이므로 마라/마리는 옳은 읽기.

高(고) – 신체에서 높은 곳이니 마리(머리).

뜻 – 신체에서 높은 곳(머리).

류렬 읽기 고구려, 백제, 신라어 공통읽기 분석 – 마라/마리는 ᄆ리로 옳은 읽기이다.

신라말

首露, 首陵, 麻立, 麻袖 末, 上.

首(수) – 마리 > 머리.

露(로) – 이슬, 적시다 등이나 여기에서는 '리' 로 접미사.

首露 – 말이 > 마리 > 머리. 머리가 서다.

　류렬 읽기 고구려, 백제, 신라어 공통읽기 분석 – 마라/마리는 ㅁ 리
로 옳은 읽기이다.

陵(능) – 언덕, 큰 언덕, 무덤, 임금의 무덤.

　首陵 – 마리큰(麻立干과 같음)과 같은 뜻이니 역시 마리, 위이다.

　류렬 읽기 고구려, 백제, 신라어 공통읽기 분석 – 마라/마리는 ㅁ 리
로 옳은 읽기이다.

麻(마) – 삼, 베옷 등.

　立(립) – 서다, 세우다 등.

　麻立(마립) – 마립에서 ㅂ이 탈락. 마리 > 머리. 머리가 서다.

　류렬 읽기 고구려, 백제, 신라어 공통읽기 분석 – 마라/마리는 ㅁ 리
로 옳은 읽기이다.

袖(수) – 소매, 소매 속에 숨기다 등.

　麻袖 – 마수의 음을 취해 마수. 맛(맞이) 마수걸이가 첫 거래이듯 ‘마
수’ 는 마지.

　류렬 읽기 고구려, 백제, 신라어 공통읽기 분석 – 마라/마리는 ㅁ 리
로 옳은 읽기이다.

末(말) – 끝 등이나 이두에서는 末의 음 말 > 마리.

　류렬 읽기 고구려, 백제, 신라어 공통읽기 분석 – 마라/마리는 ㅁ 리
로 옳은 읽기이다.

* 벌판의 류렬 해석

고구려어

平, 樂, 貊, 百.

류렬 고구려, 백제, 신라어 공통읽기 – 바라, 버러, 보로, 보루, 보리, 부리, 하라, 허려, … 후리.

백제어

平 > 伐, 夫里 > 平, 胯 > 原.

류렬 고구려, 백제, 신라어 공통읽기 – 바라, 버러, 보로, 보루, 보리, 부리, 하라, 허려, … 후리.

신라어

吐, 隄, 原.

류렬 고구려, 백제, 신라어 공통읽기 – 바라, 버러, 보로, 보루, 보리, 부리, 하라, 허려, … 후리.

〔벌판의 류렬 해석에 대한 구길수 분석〕

고구려 말

平, 樂, 貊, 百

平(평) – 들, 평평하다 등. 이는 平의 뜻을 취했으니 읽기, 뜻 모두 들인 벌이고.

樂(악) – 백제 말 樂安과 같이 벌판 무대에서 풍악을 하던 것이 벌판.

貊(맥) – 북방 벌, 우리 종족 수호신 이름, 해태와 같이 우리 민족 수호신인 맹수의 이름으로 맥족이 살던 벌을 뜻하며 이 맥족은 부여 > 고구려로 이어진다.

百(백) – 일백, 모든 것, 온, 벌판의 모든 것,

류렬 고구려, 백제, 신라어 공통읽기 바라, 버러, 보로, 보루, 보리, 부리, 하라, 허려, … 후리 분석 – 바라, 버러, 보로, 보루, 보리, 부리는 모두 블이므로 옳은 읽기이나 하라, 허려, … 후리의 ㅎ은 하늘의 뜻으로 홀이 되므로 여기에는 해당되지 않는다고 본다.

백제말

平 > 伐. 夫里 > 平, 胯 > 原.

平(평) – 들, 평평하다 등. 이는 平의 뜻을 취했으니 읽기, 뜻 모두 들인 벌이고.

伐(벌) – 치다, 베다 등은 伐의 음을 취했으니 읽기 뜻 모두 벌이다.

胯(과) – 사타구니, 사타구니 부드러운 살, 부드럽게 살찐 모양. 허리에 차다, 팔에 걸다이나 여기서는 胯의 뜻 중 부드러운의 부들을 ㅂ들로 보면 벌판의 벌이 된다.

原(원) – 근원, 들, 벌판 등.

류렬 고구려, 백제, 신라어 공통읽기 바라, 버러, 보로, 보루, 보리, 부리, 하라, 허려, … 후리 분석 – 바라, 버러, 보로, 보루, 보리, 부리는 모두 블이므로 옳은 읽기이나 하라, 허려, … 후리의 ㅎ은 하늘의 뜻으로 홀이 되므로 여기에는 해당되지 않는다고 본다.

신라말

吐, 胯, 原

吐(토) - 토하다, 토하여 땅에 퍼지다, 펴다(舒也) 등이나 여기서는 퍼지다, 펴다의 뜻을 취하여 벌판이 퍼진 것을 말함.

隄(제) - 둑, 언덕, 다리, 교량 등(堤와 同자). 隄가 둑, 언덕, 다리이므로 이 모든 것을 포함한 벌일 수도 있다.

原(원) - 근원, 들, 벌판 등.

류렬 고구려, 백제, 신라어 공통읽기 바라, 버러, 보로, 보루, 보리, 부리, 하라, 허려, … 후리 분석 - 바라, 버러, 보로, 보루, 보리, 부리는 모두 불이므로 옳은 읽기이나 하라, 허려, … 후리의 ㅎ은 하늘의 뜻으로 홀이 되므로 여기에는 해당되지 않는다고 본다.

- 중략 -

* 개, 강, 나루, 바다, 못의 류렬 해석

고구려어

烏阿, 津臨, 屈, 屈於, 江, 活, 淵.

류렬 고구려, 백제, 신라어 공통읽기 - 가라, 거러, 고로, 구루.

백제어

開要, 古祿 > 海, 浦 > 烏 > 津.

류렬 고구려, 백제, 신라어 공통읽기 - 가라, 거러, 고로, 구루.

신라어

屈阿, 屈 > 救, 竭, 河, 闕, 江. 斤烏, 爲良 > 汀.

류렬 고구려, 백제, 신라어 공통읽기 - 가라, 거러, 고로, 구루.

〔개, 강, 나루, 바다, 못의 류렬 해석에 대한 구길수 분석〕

고구려말

烏阿, 津臨, 屈, 屈於, 江, 活, 淵.

烏(오) – 까마귀, 검다 등.

阿(아) – 어덕 등의 뜻이나 여기서는 아름답다, 대답하는 소리, 감탄
　　　　 사 등.

烏阿 – 검은 물가, 검은 개펄아.

津(진) – 나루 등.

臨(임) – 임하다, 내려보다. 낮은 데로 향하다 등.

津臨 – 나루, 낮은 곳. 물은 낮은 곳으로 흐르니 물의 뜻.

屈(굴) – 굽다, 굽히다, 베다, 자르다, 물러나다 등.

於(어) – 어조사 등.

屈於 – 물러나다의 음. 물을 취하여 구비 구비 흐르는 냇물, 강물.

江(강) – 가람,

活(활) – 살다, 소생하다, 생기 있다, 태어나다 등. 삶의 필수 요건인 물.

淵(연) – 못 등.

류렬 고구려, 백제, 신라어 공통읽기. 가라, 거러, 고로, 구루 분석 –
못조차 결국 개나 강이 되어 바다로 흘러드는 개울물이니 옳은 읽기이
고 훈민정음으로 ㄹ, ㄱ이면 된다.

백제말

開要, 古祿 > 海, 浦 > 烏 > 津.

開(개) – 열다, 열리다, 통하다, 통달하다, 비롯하다, 꽃이 피다, 개간하다, 입을 열다, 말하다, 사라지다, 끊다, 비등하다 등.

要(요) – 구하다, 요구하다, 원하다, 바라다, 잡다.

開要 – 개요의 뜻으로는 말이 되니 않으나 백제인들이 개울을 가리키며 "개요!" 하는 말을 사관이 開要(개요)로 적어놓은 이두로 본다.

古(고) – 예날 등.

祿(록) – 복, 행복, 녹봉 등.

古祿(고록) – 예부터 복이다? 좀 난해하나. (1) 고록 고록(꼭록 꼬록) 배가 고파 물만 내려가는 소리, 개울물 흐르는 소리. (2) 古에서 고의 음을 취하고 祿에서 ㄹ을 취해 골, 산골짜기 물이 될 수도 있다.

浦(포) – 강이나 바다의 조수가 드나드는 곳.

鳥(오) – 까마귀, 검다 등.

津(진) – 나루 등.

浦＞鳥＞津.(포＞오＞진) – 포구는 검은 펄이고 그것은 나루.

류럴 고구려, 백제, 신라어 공통읽기. 가라, 거러, 고로, 구루 분석 – 모두 ㄱㄹ, ㄱ람의 물이므로 옳은 읽기이다.

신라말

屈阿, 屈＞救, 竭, 河, 闕, 江. 斤烏, 爲良＞汀.

屈(굴) – 굽다, 굽히다, 굽이굽이, 베다, 자르다, 물러나다 등.

阿(아) – 언덕, 물가, 아름답다, 대답하는 소리 등.

屈阿 – 구비 구비 치는 물아!

救(구) – 구하다, 건지다, 돕다 등.

屈 > 救(굴 > 구) – 구비치는 물 > 목마른 사람의 삶을 구하는 것.

竭(갈) – 물이 마르다, 목마르다, 갈증 등의 뜻이나 여기서는 물의 필
　　　요성을 말함.

河(하) – 물 등.

闕(궐) – 궐에서 치수사업을 벌이던 것.

江(강) – 가람 등.

斤(근) – 도끼, 나무를 베다 등.

烏(오) – 까마귀, 검다 등.

斤烏 – 물기가 있어 벨 수 있는 풀이나 나무가 자라는 곰네의 검누리
　　　나 환숫의 신시(神市–검불)을 우회적으로 말하는 것으로 본다.

爲(위) – 하다 등.

良(량) – 어질다 등이나 이두에서는 에, 등 접미사.

爲良 – 이런 것이 후기 진화된 신라 이두로 이두 학자들을 곤혹스럽
　　　게 하는 대목이다. 즉 爲 한자의 음과 뜻으로는 쉽게 이해가
　　　가지 않는 대목이다. 그러나 여기서 爲는 할 위 자이니 (1) 하
　　　디를 취하고 良은 어질다이니 爲良을 어진 일을 하는 것, 즉
　　　임금이 목마른 백성들에게 우물을 파서 먹일 수 있는 선정을
　　　베푸는 것으로 볼 수 있고. (2) 爲의 뜻에서 할을 취하고 良을
　　　접미사로 보면 할에 > 하래 > 알애 > 아래가 되며 이는 물이 흘
　　　러가는 방향을 말하게 된다. 따라서 汀(정)은 물가, 모래섬 등
　　　의 뜻이 있으니 爲良 > 汀이 된다.

류렬 고구려, 백제, 신라어 공통읽기. 가라, 거러, 고로, 구루 분석 −
모두 ㄱㄹ, ㄱ람의 물이므로 옳은 읽기이다.
− 중략 −

＊성, 성시, 고을의 류렬 해석
고구려어
火＞城, 斬: 槿: 林＞洞
류렬 고구려, 백제, 신라어 공통읽기 − 바라/버러/보로/보루/부리

백제어
夫里＞城
류렬 고구려, 백제, 신라어 공통읽기 − 바라/버러/보로/보루/부리

신라어
夫里: 火＞城
류렬 고구려, 백제, 신라어 공통읽기 − 바라/버러/보로/보루/부리

〔성, 성시, 고을의 류렬 해석에 대한 구길수 분석〕

고구려 말
火〉城, 斬: 槿: 林〉洞
火(화) − 불〉벌.
城(성) − 재 등.

火(화) − 고구려 말에서도 신라말같이 벌판이라는 火자가 나타난다.

그렇다면 삼국인들은 벌판이란 벌을 삼국인들과 같이 썼다는 증거이며 그 삼국 사관이 가끔씩은 忽, 夫里, 火로도 썼다는 말이니 위 이기문 교수나 박완진 교수의 우리가 말이 다르므로 다른 민족이었다는 말은 정말 무식한 소치라 아니 할 수 없다. 단 이 글에서 류렬의 이 글 제목은 성, 성시, 고을이 아니라 벌판이라 했어야 한다.

城(성) — 城이니 사람이 사는 곳.

斬(참) — 나무를 벨 수 있는 사람이 사는 곳.

槿(근) — 무궁화나무, 우리 민족의 이칭. 무궁화 노래 등 사람 사는 곳.

고구려 사람들의 말 중에서 이 무궁화를 뜻하는 槿(근) 자가 나온 김에 무궁화의 역사에 대해 말한다.

환단고기에 의하면 단군 5세 때 근화가(槿花歌)가 있었다는데 그 근화가는 또한 애환가(愛桓歌)라 했으니 애환(愛桓)이란 말은 환인(桓因)하느님이나 환웅(桓雄) 환숫님을 사랑한다는 말이고 그렇다면 하느님, 환숫님은 그때부터 무궁화를 사랑하셨던 모양이며 단군 5세는 물론 고구려 사람들도 거리마다 무궁화를 심었기에 위 성, 성시, 고을을 말하는 고구려 말에 무궁화 나무나라는 槿 자가 들어가는 모양이다.

林(림) : 숲이니 사람이 사는 곳.

洞(동) : 사람이 사는 곳.

백제말

夫里〉城

夫里(부리) : 벌, 벌판.

城(성) : 성이니 사람 사는 곳.

夫里〉城 : 벌은 빈 벌이 아니라 사람 사는 城도 벌인 모양.

신라말

夫里: 火〉城

夫里(부리) : 신라에서도 夫里라는 말을 쓴 모양. 따라서 위 고구려말 忽이나 백제말 夫里, 신라말 夫里는 다같은 벌판이니 삼국말도 같았던 모양이다.

火(화) : 벌, 벌판 이상으로 보면 위 류렬의 이 제목은 성시, 고을이 아니라 아무래도 벌판이어야 했을 것이다.

城(성) : 사람 사는 곳.

斬(참) − 베다, 끊어지다, 매우, 가장, 심히 등의 뜻이나 여기 이두에서는 나무를 베다로 나무를 벨 수 있는 벌이나 나무를 베어 성이나 고을의 집을 짓는 것으로 비약 해석해야 한다.

槿(근) − 먼저 고구려말에서도 말했지만 무궁화나무는 우리 민족의 이칭. 무궁화 노래 등 사람 사는 곳.

고구려 사람들의 말 중에서 이 무궁화를 뜻하는 槿(근) 자가 나온 김에 무궁화의 역사에 대해 말한다.

환단고기에 의하면 단군 5세 때 근화가(槿花歌)가 있었다는데 그 근화가는 또한 애환가(愛桓歌)라 했으니 애환(愛桓)이란 말은 환인(桓因)하느님이나 환웅(桓雄)환숫님을 사랑한다는 말이고 그렇다면 하느님, 환숫님은 그때부터 무궁화를 사랑하셨던 모양이며 단군 5세는 물론 고구려 사람들도 거리마다 무궁화를 심었기에 위 성, 성시, 고을을 말하는 고구려 말에 무궁화 나무나라는 槿 자가 들어가는 모양이며 꽃이란 무궁화란 말이다.

　* 까마귀의 류렬 해석

　　고구려어

　　　烏: 城

　　　류렬 고구려, 백제, 신라어 공통읽기 – 가라/거러/고루/구르, 가다/거디
/고도/구두

　　백제어

　　　浦 > 烏 > 津

　　　류렬 고구려, 백제, 신라어 공통읽기 – 가라/거러/고루/구르, 가다/거디
/고도/구두

　　신라어

　　　烏也: 烏禮: 仇刀 > 烏

　　　류렬 고구려, 백제, 신라어 공통읽기 – 가라/거러/고루/구르, 가다/거디
/고도/구두

〔까마귀의 류렬 해석에 대한 구길수 분석〕

고구려어

烏: 城

烏(오) – 까마귀, 검다, 오호(烏乎) 탄식하는 소리 등.

城(성) – 재, 성, 사람 사는 땅, 도읍, 나라, 등이나 여기 이두에서 재
　　　　(城)는 불탄 재의 검은색으로 본다.

류렬 고구려, 백제, 신라어 공통읽기. 가라/거러/고루/구르, 가다/거디/고도/구두

분석 – 고구려인들은 곰네를 굄이라 말했을 것이고 이를 상징하는 새가 삼족오에서 보듯 까마귀라고도 했을 것인데 이 말을 적던 사관이 우리 글자가 없었으니 烏: 城이라 적은 모양이고 이 말을 인용한 김부식의 삼국사기에서도 그대로 인용할 수밖에 없었으니 고구려인들이 까마귀, 검다를 뜻하는 말이 烏: 城이라는 것이며 이 삼국사기 이두를 해석한 류렬도 고구려인들은 검다를 烏: 城이라 했다는 것인데 그 읽기가 ‘가라/거러/고루/구르, 가다/거디/고도/구두’ 라니 이는 완전 남의 다리 긁기로 본다.

즉 이 글 烏: 城의 뜻은 모두 검다, 감다로 곰네인 굄이라 했어야 한다.

백제어

浦 > 烏 > 津

浦(포) – 개, 강이나 바닷가 등 검은 곳이니 검은 뜻이 있는 烏.

津(진) – 나루도 위와 같다.

그렇다면 백제인들이 곰네를 상징하여 말하던 까마귀, 검다를 사관이 烏 자 이외에 浦, 津이라고도 적은 모양인데 이는 당연히 烏 > 浦 > 津이 돼야 할 것을 浦 > 烏 > 津이라 한 것은 잘못이고 또 류렬 고구려, 백제, 신라어 공통읽기도 그 뜻이 곰네를 상징하는 가마귀, 검은 것이라면 당연히 굄이면 되는데 가라/거러/고루/구르는 갈래로 浦, 津 글자 읽기에는 해당되나 이 글의 뜻인 굄에는 해당되지 않으며 가다/거디/고도/구두는 여기에서는 남의 다리 긁기로 본다.

신라어

烏也: 烏禮: 仇刀 > 烏

烏也(오야) — 也는 어조사이므로 까마귀야.

烏禮(오예) — (1) 禮는 예절이므로 효조(孝鳥)라는 까마귀에서 나온 말. (2) 禮 자를 음차하여 위 也처럼 까마귀예 > 까마귀야.

仇(구) — 원수, 匹也 짝 등.

刀(도) — 칼, 갈다 등.

仇刀(구도) — 짝 칼, 쌍칼, 칼을 만드는 철(鐵)의 뜻은 쇠, 검은 빛 등이므로 신라인들이 금을 말할 때 사관은 검은 쇠의 색을 인용하여 仇刀라 한 모양. 따라서 이 검은 빛은 烏에서 진화한 말이므로 仇刀 > 烏가 아니라 烏 > 仇刀일 것이고 이 신라인들이 하던 말을 사관이 이두 한자로 적은 것은 위와 같다.

류렬 고구려, 백제, 신라어 공통읽기. 가라/거러/고루/구르 분석 — 이 글의 뜻은 까마귀 > 검다이고 이 신라 말 烏也: 烏禮: 仇刀 > 烏도 검다인데 가라/거러/고루/구르, 가다/거디/고도/구두는 모두 남의 다리 긁기로 본다.

* 쇠의 류렬 해석

고구려어

毛乙: 鐵, 蘇: 金; 休

류렬 고구려, 백제, 신라어 공통읽기 — 다라/더러, 사라/서러/수루/서리/시리/사/서/소/수.

백제어

實於 > 鐵也

류렬 고구려, 백제, 신라어 공통읽기 – 다라/더러, 사라/서러/수루/서리/시리/사/서/소/수.

신라어

舍輪: 金輪: 蘇: 金: 省: 松: 坐: 吹: 叱

류렬 고구려, 백제, 신라어 공통읽기 – 다라/더러, 사라/서러/수루/서리/시리/사/서/소/수.

〔쇠(鐵), 류렬 해석에 대한 구길수 분석〕

고구려어

毛乙: 鐵, 蘇: 金; 休

毛(모) – 털, 털 달린 짐승 등.

乙(을) – 새, 접미사.

毛乙(모을) – 털, 털 달린 짐승이 아니라 모을 > 믈 > 물(水)이며 춘추 전국시대 연나라에서 만들어진 오행상 水生金이란 말도 있지만 그보다 최초로 쇠(金 > 銅)를 캐낸 사람은 동두철액(銅頭鐵額)을 했다는 치우 천황이며 그는 물에서 사금을 캐내었기 때문에 쇠와 물은 밀접한 관계가 있다고 본다.

鐵(철) – 애초 선조들은 짐승을 잡아 돌더미 위에서 구워먹다가 그 돌에서 금이나 구리가 녹아 흘러나왔고 그 금빛은 좋고 오래 가나 구리는 처음에는 색이 금빛 같았으나 금방 변했다. 따라서 銅자는 金+同인데 이는 동은 금과 같다는 말이다. 그러나 이 금이나 동은 너무 물러서 무기로 살용할 수가 없으니 금은 그저 장식용으로나 쓰고 동은 주석과 합금 청동을 만든 것이다.

그러나 이 청동도 무르던 차에 더 높은 열 속에서 쇠(鐵)을 발견하게 되었으니 이 철의 원시 옛 글자가 바로 쇠금 변에 동이(東夷)라는 夷자가 붙은 銕이고 그래서 철은 동이가 먼저 발견했다는 것이며 그래서 지금 鐵 자도 金 + 土 + 口 + 王 + 창의 뜻을 가진 戈(과)이다.

蘇(소) - 희다, 소생하다 등이나 여기서는 소를 음차한 것이고 이 소는 소고기가 쇠고기가 되듯 우리 약방의 감초격 접미사 이가 붙어 쇠가 된 것이다.

金(금) - 쇠, 아래아점으로 보면 금이 되니 성씨를 말할 때는 김이 되기도 한다.

休(휴) - 쉬다 등이나 여기서는 뜻 쉬는 수 + ㅣ 이고 수는 ㅅ이므로 소 > 쇠 도 된다.

류렬 고구려, 백제, 신라어 공통읽기. 다라/더러, 사라/서리/수루/서리/시리/사/서/소/수. 분석 - 이 글의 뜻이 쇠를 말하고 문장의 뜻이 毛乙: 鐵, 蘇: 金; 休이니 모두 쇠와 연관이 있으므로 사/서/소/수는 해당이 되나 사라/서러/수루/서리/시리와 같이 ㄹ이 붙으면 엉뚱한 읽기가 되고 더구나 다라/더러는 완전 남의 다리 긁기가 된다고 생각된다.

백제어

實於 > 鐵也

實(실) – 열매, 진실 등이나 (1) 여기 이두에서는 서다, 솟다의 뜻을 가진 ㅅ의 뜻을 빌려 소>쇠. (2) 쇠는 금이나 동보다 실하므로.

於(어) – 어조사.

鐵也(철야) – 쇠 야.

류렬 고구려, 백제, 신라어 공통읽기 분석 – 고구려 읽기 분석과 같음.

신라어

舍輪: 金輪: 蘇: 金: 省: 松: 坐: 吹: 叱

위 글자들을 쇠와 연관시키려면 좀 어렵다.

舍(사) – 집 등이지만 여기 이두에서는 사>ㅅ>소 + ㅣ = 쇠.

輪(륜) – 수레바퀴 등이나 (1) 여기서는 수레바퀴의 ㅅ>ㅅ>쇠. (2) 수레바퀴의 살이 아니라 쇠로 두른 테.

舍輪 – (1) 수레바퀴의 ㅅ>ㅅ>쇠. (2) 수레바퀴 쇠 테.

金輪 – 위와 같음.

蘇(소) – 소 + ㅣ – 쇠.

省(성) – 살피다 등이나 여기 이두에서는 省의 뜻을 빌려 쇠로 만든 칼이나 창을 가지고 적진을 살피다.

松(송) – 소나무 등이나 여기 이두에서는 (1) ㅅ>ㅅ>쇠. (2) 솔잎과 같이 뾰족한 쇠창.

坐(좌) – 앉다, 무릎 꿇다, 죄 짓다 등이나 여기서 쇠와 坐가 연결된다. 즉 쇠는 모든 연장의 기본자리(坐), 앉아 있을 수밖에 없는 죄인의 족쇠.

吹(취) – 불다 등이나 여기서는 철이나 철광석을 녹일 때 풀무를 말하는 것 같다.

叱(질) – 꾸짖다, 욕하다, 혀를 차는 소리 등이나 여기서는 舌火인 혀

불이 셔불＞서울이 되듯 혀 차는 소리의 혀가 셔＞서＞소＞쇠로 전음
된 것 같다,

　　류렬 고구려, 백제, 신라어 공통읽기 분석 – 고구려 읽기 분석과 같음.

　　* 금의 류렬 해석
　　고구려어

　　夫＞富＞金

　　류렬 고구려, 백제, 신라어 공통읽기 – 바/버/보/부

　　백제어

　　碧＞金

　　류렬 고구려, 백제, 신라어 공통읽기 – 바/버/보/부

　　신라어

　　風＞金

　　류렬 고구려, 백제, 신라어 공통읽기 – 바/버/보/부

〔금의 류렬 해석에 대한 구길수 분석〕

고구려어

夫＞富＞金

夫(부) – 사내, 남편 등이나 여기서 금과 관련이 있다면 (1) 금이 많은
부자의 富 자를 음차했거나, (2) 夫 자의 제자 원리는 원래 하늘인 天 보
다 더 위대하여 하늘까지 뚫고 올라간 사내의 대표 환숫(桓雄)을 말한
다. 따라서 높은 이들이 두르는 장식을 말하는 것 같다.

富(부) - 부자 등.

夫＞富＞金 - 높은 이의 장식＞부자＞금.

류렬 고구려, 백제, 신라어 공통읽기. 바/버/보/부. 분석 - 류렬은 이 글의 한자 夫＞富, 또는 신라어 風의 바람을 보고 읽기가 바/버/보/부라 한 것 같으나 이는 완전 착각이다.

이 글의 뜻이 쇠(金)이고 문장도 夫＞富＞金이면 사내(환웅)＞부자＞금이란 말이고 그렇다면 환웅도 쇠붙이 중에 가장 좋은 금과 같고 부자도 금이라는 것이다.

백제어

碧＞金

碧(벽) - 푸르다, 벽옥 등 보석 등이지만 금이 보물이니 벽옥까지 금과 같은 보물로 본 것 같다.

류렬 고구려, 백제, 신라어 공통읽기. 바/버/보/부.

분석 - 류렬은 이 글의 한자 夫＞富나 또는 벽옥이 보석이니 이 보석의 보를 보고 읽기가 바/버/보/부라 한 것 같으나 이도 완전 착각으로 본다. 이 글의 뜻이 쇠(金)이고 문장도 碧＞金이면 곰네 눈에까지 박았던 벽옥도 금과 같이 귀하다는 말이지 금을 말하는 것은 아니다.

신라어

風＞金

風(풍) - '바람, 바람 쐬다' 이나 여기서는 밝달임금을 風月이라 하듯 '바' 를 취해 밝달임금을 금장식으로 본 모양이다.

류렬 고구려, 백제, 신라어 공통읽기 분석 – 위 고구려, 백제와 같다.

* 셋의 류렬 해석
고구려어

密: 三 > 方

류렬 고구려, 백제, 신라어 공통읽기 – 마/모/미러/미루/미디.

백제어

文: 三

류렬 고구려, 백제, 신라어 공통읽기 – 마/모/미러/미루/미디.

신라어

麻: 三, 推良 > 保

류렬 고구려, 백제, 신라어 공통읽기 – 마/모/미러/미루/미디.

[셋의 류렬 해석에 대한 구길수의 분석]

고구려어

密: 三 > 方

密(밀) – 빽빽하다 등이나 여기서 密: 三 > 方이 류렬이 말하는 셋과 연관되려면 三밖에는 해당이 되지 않으므로 다시 환숫을 등장시켜야 한다.

먼저 말했듯이 신지녹도문 [진본 천부경] 셋은 바로 환웅을 뜻하는 소나무 木이라 했다. 또 신지녹도문 [진본 천부경] 하나의 '하' 그림은 나무가 붙어 있으니 密자가 해당되고 이 나무들은 결국 나무 등치(불알)에 쌓는 셋이다.

方(방) – 모지다 등이나 이 방의 뜻은 天地人을 의미하는 天符印 원방각 (ㅇ ㅁ ㅿ) 중 口이며 이는 땅을 뜻하는 누리인 곰네이다. 그렇다면 고구려 등 삼국인들은 비록 환인, 환웅, 단군, 조선 소리는 하지 않았지만 이 密: 三 > 方의 뜻은 "환숫의 빛을 곰네 땅에 내린다"고 한 말을 당시 우리 글자가 없으니 사관이 密: 三 > 方이라 적었고 김부식은 그대로 적었다고 볼 수밖에 없다.

류렬 고구려, 백제, 신라어 공통읽기. 마/모, 미러/미루/미디. 분석 – 이 글의 뜻 셋이나 원문 密: 三 > 方은 환숫과 곰네를 말하지 않으면 말이 되지 않는다.

백제어

文: 三

文(문) – 글, 무늬, 등이나 이 文은 음이나 뜻으로는 전연 셋과 연결이 되지 않는데 백제인들이 왜 썼을까? 하느님의 도는 불교의 心本主意나 기독교의 神本主義가 아니라 天地人 중 사람을 가장 중히 여기는 人本主義다.

즉 天一地一 太一中 太一(성기까지 붙은 사내) 最上貴란 말같이 사람을 이 우주의 주체로 보는 것이다. 따라서 옛 조상은 인류 최초의 하느님의 인본주의적 사상이 적혀 있는 이 신지녹도문 [진본 천부경]만이 글(文)이라고 생각하는 전통이 전해졌다고 보며 따라서 백제인들은 불한(卜韓) 때부터 불교가 들어오기 전까지는 이 전통이 이어져 이런 말이 있었다고 볼 수밖에, 다른 해석으로는 말이 되지 않는데 최만리 상소문 중 文

이란 중국 한자다.

　류렬 고구려, 백제, 신라어 공통읽기. 마/모, 미러/미루/미디 분석 –
위 文이나 셋과 전혀 관계가 없다고 본다.

신라어
麻: 三, 推良 > 保
　麻(마) – 삼 등, 여기서 셋을 뜻하는 말에 麻가 등장한 것은 신라인들
이 셋을 말한 것을 이두가 그렇듯이 그 삼을 삼麻 자로 쓴 것이니 그 麻
는 이 신지녹도문 [진본 천부경] 하나 둘 셋 … 열에서 환웅을 뜻하는
셋 > 三. 삼 麻로 본다.
　三(삼) – 환웅을 뜻하는 셋.
　推(추) – 밀다, 옮다, 변천하다. 천거하다. 추천하다.
　良(량) – 어질다 등이나 이두에서는 에, 어, 을 등 접미사.
　推良 – 우리 민족이 가장 좋아하는 숫자는 바로 환숫의 셋이니 이를
밀어 추천한다는 말로 본다(예 삼월 삼진, 초가삼간, 아들 삼형제, 삼 세 판,
죽어 삼배 살아 삼배 등).
　保(보) – 지키다, 편안하게 하다 등(숫자 셋이 가장 편안하다는 데서 나온
말 같다).
　推良 > 保 – 밀어 추천하는 것은 다리가 세 개인 숫처럼 가장 안전한
셋.

　류렬 고구려, 백제, 신라어 공통읽기. 마/모, 미러/미루/미디 분석 –
이 麻: 三, 麻: 三, 推良 > 保도 文이나 셋과 전혀 관계가 없는 남의 다리

읽기이고 이런 글은 단언하건대 이 신지독도문 [진본 천부경]을 읽어 보지 않은 사람은 아무도 해석할 수 없을 것이다.

* 한, 큰의 류렬 해석
고구려어

韓: 大: 王: 多: 德: 仁: 廣: 加

류렬 고구려, 백제, 신라어 공통읽기 – 가나/가라/하나/하라/가/거/고/구>간 /한.

백제어

漢: 大: 廣: 翰: 韓: 巨: 固

류렬 고구려, 백제, 신라어 공통읽기 – 가나/가라/하나/하라/가/거/고/구>간 /한.

신라어

干: 翰: 邯: 大: 韓: 多

류렬 고구려, 백제, 신라어 공통읽기 – 가나/가라/하나/하라/가/거/고/구>간 /한.

〔한, 큰의 류렬 해석에 대한 구길수의 분석〕

고구려어

韓: 大: 王: 多: 德: 仁: 廣: 加

韓(한) – 우리 한민족이며 대한민국의 한인데 단 大韓民國 앞에 붙은 大 자는 애初나 驛前앞, 理髮을 깎다와 같이 군더더기로 붙은 글자다.

먼저 말했듯이 이 한국이라는 '한' 속에는 크고, 넓고, 밝고, 많다는 등 20여 가지 긍정적 뜻이 들어 있기 때문이다.

그러니까 5,000~6,000년 전 하느님 시대에는 위와 같이 많은 뜻을 말하려면 단순하게 '흔'이면 된다. 이와 같이 우리말의 뿌리를 추적해 올라가면 말이 시작되는 밝달임금 때는 불과 20여 개 단어의 말만으로 살았다는 것은 지금 우리말의 어근으로 밝혀진다.

大(대) – 크다, 넓다, 두루 등.

王(왕) – 임금(백성의 우두머리) 등.

多(다) – 많다, 넓다 등.

德(덕) – 크다, 어질다 등.

仁(인) – 어질다 등.

廣(광) – 넓다 등.

加(가) – 더하다, 넓히다 등.

이상 한자는 우리 말 '한'과 같으니 설명이 필요 없음.

류렬 고구려, 백제, 신라어 공통읽기. 가나/가라/하나/하라/가/거/고/구>간/한. 분석 – 여기서 하나/하라, 한은 우리말 한, 큰의 읽기가 맞지만 가나/가라, 가/거/고/구>간은 여기에는 해당되지 않는다.

백제어

漢: 大: 廣: 翰: 韓: 巨: 固

漢(한) – 강 이름, 한나라 등의 뜻이나 여기서는 우리말 '한'의 뜻으로 쓰임.

大(대) – 크다, 넓다 등.

廣(광) – 넓다 등.

翰(한) – 날개, 머리에 왕관 같은 벼슬이 있는 금계, 빠르게 날다, 붓,
　　　　서한(書翰) 등이나 우리 한민족이라는 '한'.

韓(한) – 크고 많고 넓다는 한민족의 한.

巨(거) – 크다, 많다 등.

固(고) – 굳다, 오르지, 한결같이.

이상 글자들의 설명은 위와 같으니 생략.

류렬 고구려, 백제, 신라어 공통읽기. 가나/가라/하나/하라/가/거/고/
구＞간/한. 분석 – 여기서 漢이 한강이라 하여 '가라' 등 읽기가 될 것
같지만 그 漢은 우리말 크고 밝고 넓다는 한을 뜻하니 이도 하나/하라,
한만 빼놓고는 여기에 해당되지 않는다.

신라어

干: 翰: 邯: 大: 韓: 多

干(간) – 방패 등이나 여기 이두에서는 큰이다, 즉 신라 왕 중에 麻立
　　　　干 등 干이 있는데 이는 마리(머리, 우두머리) 큰을 의미한다.

翰(한) – 백제어와 같다.

邯(감) – 땅이름, 강 이름, 현 이름의 뜻이 있으나 여기서는 위 干을 음
　　　　차한 것.

大(대) – 위 고구려와 같음.

韓(한) – 위 고구려와 같음.

多(다) – 많다, 넓다 로 '한' 과 같음.

류렬 고구려, 백제, 신라어 공통읽기. 가나/가라/하나/하라/가/거/고/구 〉간/한. 분석 - 여기서 漢이나 邯(감)이 강 이름이라 하여 가라 등 읽기가 될 것 같지만 그 漢은 우리말 크고 밝고 넓다는 '한' 을 뜻하니 이도 하나/하라, 한만 빼놓고는 여기에 해당되지 않는다.

이상만 보더라도 고구려, 백제, 신라인들 말은 같은데 단 그 글자를 적는 사관이 다른 이두를 썼다 하여 우리 민족이 다르다는 것은 말이 되지 않고 그들은 환숫이나 곰네, 또 [진본 천부경] 하나, 둘, 셋 … 열을 말했을 뿐이다.

12 북한의 대표적 어문학자 류렬이
말하는 고구려, 백제의 자료에서
공통적으로 보이는 말마디들의
해석에 대한 구길수의 분석

– 중략 –

* 곰의 류렬 해석

고구려어

功木: 工木: 能間 〉功戌

류렬 고구려, 백제어 공통읽기 – 고마/고모/구머/구무

백제어

熊 > 公(錦)

류렬 고구려, 백제어 공통읽기 – 고마/고모/구머/구무

〔곰의 류렬 해석에 대한 구길수의 분석〕

고구려어

功木: 工木: 能問 > 功戌

功(공) – 공을 세우다 등.

木(목) – 나무 등.

功木 – ‘공 나무’ 라고 해 가지고는 말이 되지 않으므로 공은 곰네(熊
女), 목은 환숫을 등장시켜야 아래 말들과도 연관이 되며 따라
서 이 글의 제목은 곰뿐만 아니라 환숫까지 말하는 곰, 환웅이
라 했어야 한다.

工木 – 위와 같음.

能(능) – 능하다, 가히 등.

問(문) – 묻다 등.

能問 – 가히 묻다. 누가 누구에게 왜?

먼저도 간략하게 말했지만 환숫은 화랭이인 남무(男巫)이고 곰네 역
시 무당이며 밝달임금도 남무(男巫), 즉 화랭이로서 천제를 지내며 정치
도 하는 제정일치(祭政一致)를 했으나 사회가 복잡해짐에 따라 3세 단군
가륵 때부터는 천제 등은 역대 단군들이 했고, 하느님 말씀을 전하는 것
은 삼시랑(三侍郎)이 했는데 그들이 삼시랑인 것은 그들은 천신인 하느

님, 지신인 곰네 그리고 인신인 밝달임금을 모셨기 때문이다.

그렇다면 여기서 환숫은 어떤 위치에 있는가가 문제인데 환숫은 하느님의 대리자이면서 또 웅녀의 대리자이니 천신 겸 지신의 위치에 있는 가장 중요한 위치에 있었다.

그러나 불교가 들어오자 불교도들은 이 삼시랑 당의 환숫(桓雄)상을 빼버리고 대신 불상을 세운 것이 지금 환숫보다 더 크다는 대웅전(大雄殿)인데 그래서 세계 불교국가 중 대웅전이 있는 나라는 오직 우리나라 뿐이다.

이 글에 대한 근거 문헌을 제시한다.

* 이맥의 신시본기 제삼(神市本記第三)에

밀기에 이르기를 … 산 계곡에 나무를 심고 토단을 만든 것을 신단(神壇)이라 하는데 지금 중들은 이것을 제석단으로 혼동하고 있으니 옛것과 다르다. 삼신을 수호하고 인명을 이치로써 하는 자를 삼랑(삼시랑)이라 하는데, 이 삼랑은 본래 삼신의 시종랑으로 삼랑은 본래 배달(밝달)의 신하이며, 또한 세습해서 삼신을 수호하는 직책인 것이다.

(密記云…在山谷而植木爲土壇者曰神壇今僧徒混以帝釋壇則非古也守護三神以理人命者爲三侍郎本三神侍從之郎三郎本倍達臣亦世襲三神護守之官也….)

* [고려팔관잡기]에 또한 말하되 '삼랑' 은 배달의 신하이다. 씨를 뿌리고 재물을 관리하는 자를 업(業)20)이라 하고 교화와 복을 비는 자를 랑(郎)21)이라 하고 무리를 지어 공 이름을 주관하는 자를 '백(伯)이라 하

20_ 업(業): 어비 – 아비(夫, 父) – 사내 – 사내의 상징물. 거대한 구렁이.
21_ 랑(郎)자가 붙으면 왜 모두 화랑, 즉 화랭이(남자무당)인가가 여기서 잘 설명되어 있다.

니, 즉 옛날에 쓰던 하느님의 풍습이다. 대개 강령(降靈)하는 능력이 있어서 예언하는 일이 많은데 신의 섭리를 받아 적중한다. 지금 혈구에 삼랑성이 있는데 성은 곧 삼랑이 머무르던 곳이다. 랑(郎)은 곧 삼신을 수호하던 관직이다.22) 불상이 처음 들어왔을 때 절을 세워 이를 대웅(大雄)이라 했는데, 이는 중들이 옛것을 세습하여 부르는 것이고, 본래 승가의 말은 아니다.23) 또 이르되 "승도나 유생들이나 모두 랑가(郎家)에 예속되어 있다."24)라고 함을 이로써 알겠다.

(高麗八觀雜記亦曰三郎倍達臣也主稼種財理者爲業主敎化威福者爲郎主聚衆願功者爲伯卽古發神道也皆能降靈豫言多神理屢中也今穴口有三郎城城者卽三郎宿衛之所也郎者卽三神守護之官也佛像始入也建寺稱大雄此僧徒之襲古仍稱而本非僧家言也又云僧徒儒生皆隷於郎家以此可知也….)

이 부분은 다음 것을 염두에 두지 않으면 문맥이 잘 연결되지 않는 부분인데, 당시 승도나 유생들의 풍속은 모두 낭가(郎家), 삼시랑당 즉 무당의 집으로부터 나왔다는 것을 말해주고 있다.

그래서 불교도들은 토속 신앙인 삼신을 그래도 보전하기 위하여 절

22_ 랑(郎)자가 붙으면 왜 모두 화랑, 즉 화랭이(남자무당)인가가 여기서 잘 설명되어 있다.

23_ 웅(雄)은 수컷 웅 자이며 환웅(桓雄)의 웅이다. 즉 생명 창조의 남근을 말하므로 불상(佛像)과는 전혀 관련이 없다. 즉 점잖거나 쓸모가 없는 것을 '부처님 가운데 도막(다리?) 같다'고 한다. 그런데 처음 불교가 들어와 우리의 솟터(蘇塗)에 있는 웅상(雄像)이 거룩하다고 여기에 큰 大 자 하나를 더 붙여 대웅전(大雄殿)이라 이름 하였으니, 이것을 해석하면 '거대한 남근이 있는 전각'이 된다. 물론 환웅의 '雄'은 정신적인 숫(남근)으로 생명의 창조섭리를 세운 것을 말한다. 그렇더라도 생사를 같은 것(生死一如)으로 보는 불당에 '거대한 숫이 있는 전각'이란 의미 심장한 미소를 짓게 한다.

24_ "승도나 유생들이나 모두 낭가(郎家)에 예속되었다라고 하는 것을 이로써 알겠다."라는 말을 유의해야 할 필요가 있다.

뒤 변소간만한 삼신각을 지어 둔 것이 지금 산신각이다.

그 후 삼시랑들은 더 이상 얼굴을 들고 다닐 수 없게 되자 그 부인이나 며느리에게 단군의 도를 전하게 하니 그 무당의 이름이 삼시랑 당의 당골이고 그 당골네는 뭇거리는 물론 고사 지내는 날, 자녀들의 혼삿날, 굴뚝 고치는 날, 그 외 동네에서 싸움이 벌어지면 판검사 역, 그리고 아이들이 곳불만 들어도 찾아가 물어 보는 의사 역까지 했다.

따라서 일반 백성들은 보리때 보리 한 말, 벼때 벼 한 말씩만 바치고 그 당골레 집을 새양쥐 풀방구리에 드나들 듯했으니 그 말이 지금 단골 집이 된 것이다.

그렇다면 위 能問은 당연히 당골네에게 묻는 것이다.

戌(술) - 개 등이나 여기 이두에서는 戌의 음을 취한다.

功戌 - 무당이 신이 들려 하는 말이 공수＞공술이다.

能問＞功戌 - 무당에게 묻다 보면 '공술' 이 나온다.

따라서 이런 삼국사기의 문장을 해석해 보면 당시 삼국인들이 고려 말 일연의 삼국유사에 의해 시작되는 환인, 환웅, 단군 소리는 하지 않았으나 환숫과 곰네를 말했다 아니 할 수 없고 따라서 이것을 우리 글자가 없던 당시 사관이 功木: 工木: 能問＞功戌 등으로 적어 놓은 것이며 삼국사기 김부식은 그대로 적어 놓은 것으로 보니 신채호 등이 "삼국사기는 우리 국조의 기록이 없으므로 차라리 삼국유사만 못한 사대주의 서적이다." 한 말은 이 삼국사기의 이두를 풀어 보지 못하고 한 말로 본다.

류렬 고구려, 백제어 공통읽기 - 고마/고모/구머/구무는 곰인 곰네인 감, 검, 곰, 굼인데 감은 신랑감, 신부감, 장군감 등으로 보아 토대인 땅을 말하고 검은 검은색, 곰은 곰방대, 고마댁(侤) 등으로 보아 작다는 뜻이며 굼은 구무(女陰), 구멍이 된다.

따라서 곰네는 땅이며 검고 작은 여음이라는 말이니 아마 곰족은 지금 마카오나 베트남 등 중국 남부 족이 당시는 황하 동쪽 요하에 백계 러시안 등과 뒤엉켜 살다가 환족과 동화했던 모양이다.

백제어

熊 > 公(錦)

公(공) – 공적인 것이나 여기 이두에서는 곰을 公의 음으로 변차한 초기 이두.

錦(금) – 비단 등이나 여기 이두에서는 곰은 ㄱㅁ이므로 錦의 음으로 변차한 초기 이두.

류렬 고구려, 백제어 공통읽기 분석 – 위 고구려와 같음.

– 중략 –

* 크다, 넓다, 높다, 깊다 등의 류렬 해석

고구려어

奈: 大: 內: 長: 漢: 乃

류렬 고구려, 백제어 공통읽기 – 나라~/나~/너러~/너~

백제어

難: 高

류렬 고구려, 백제어 공통읽기 – 나라~/나~/너러~/너~

〔크다, 넓다, 높다, 깊다 등의 류렬 해석에 대한 구길수의 분석〕

고구려어

奈: 大: 內: 長: 漢: 乃

奈(나) – 어찌, 나락 등의 뜻이나 ㄴ은 '천부인' 상 나려서 누워 있다는 뜻이고 원래 우리말의 뜻은 환숫의 햇빛이 누리인 곰네에게 내린다는 뜻이다. 따라서 훈몽자회에 日은 나 일(君王之表)이라 했으므로 우리말로 '나' 는 임금만이 쓸 수 있는 말이고 신하는 '저' 라고 해야 하며 그래서 지금도 어른 등 높은 이 앞에서 나라는 말은 쓸 수 없다.

따라서 임금은 크고, 넓고, 높고, 깊게 백성을 봐야 하니 奈의 뜻은 훈몽자회의 나 日과 같은 뜻의 이두 문법이다.

大(대) – 크다 등.

內(내) – 안 등의 뜻이나 여기서는 음차 내린다의 내로 이는 위 임금이라는 '나' 에 우리 약방이 감초격 접미사 이가 붙어 '내' 가 된 이두문법.

長(장) – 길다, 우두머리 등.

漢(한) – 漢나라, 한수(漢水) 등이나 여기서는 크다, 넓다, 깊다.

乃(내) – 이에 등 접미사이나 여기서는 위 內와 같다.

류렬 고구려, 백제어 공통읽기 분석 – 이 글의 뜻은 크다, 넓다, 높다, 깊다이고 글 내용도 奈: 大: 內: 長: 漢: 乃라면 분명 임금을 말하는 것인데 나라~/너러는 奈: 內의 단순한 음독이니 이 고구려어의 읽기는 아니다.

백제어

難: 高

難(난) - 어렵다 등. (1) 높은 자리는 아랫사람 돌보기도 힘들고 그 자리를 유지하기도 어렵다는 말. (2) 難의 음, 즉 임금인 나가 '나는>난'이 된 말.

高(고) - 높다 등.

류렬 고구려, 백제어 공통읽기 분석 - 이 글의 뜻은 '크다, 넓다, 높다, 깊다' 이고 글 내용도 '難: 高' 라면 이도 분명 임금을 말하는 것인데 '나라~/너러' 는 위 고구려 슈: 內, 또 이 백제어 難의 읽기의 음독도 아니니 류렬은 완전 남의 다리 긁는다고 생각된다.

＊ 넉넉하다, 풍족하다의 류렬 해석

고구려어

旦 : 豐, 廻: 足

류렬 고구려, 백제어 공통읽기 - 다라/도로.

백제어

甘: 豐: 稊

류렬 고구려, 백제어 공통읽기 - 다라/도로.

［넉넉하다, 풍족하다의 류렬 해석에 대한 구길수의 분석］

고구려어

旦: 豐, 廻: 足

旦(단) - 아침, 해맞이 등. 원시 조상들은 저녁에 해가 지면 그 해가 다시 떠오를지 걱정이 되어 지는 해에게 아침에 다시 떠오르기를 빌었고 밤새 추위와 호랑이, 늑대 등 산짐승 소리에 불안해 하다가 아침에 해가 솟으면 감사해서 또 절을 하며 빌었다는 기록은 먼저 말했다.

따라서 이 풍습은 고구려 때까지 이어져 旦은 해오름과 동시 넉넉하다, 풍족하다로도 볼 수 있다.

豐(풍) - 豐 자와 같은 뜻의 풍년.

廻(회) - 돌다, 머리를 빙빙 돌리다 등. 풍년이 들면 농악을 하며 빙빙 돌고 특히 상모 도리를 하는 모양.

足(족) - 발, 다리, 풍족 등.

류렬 고구려, 백제어 공통읽기 분석 - 다라/도로는 廻 자의 돈다는 뜻에만 집착한 읽기인 것 같은데 고구려인들이 왜 돌았을까를 전혀 생각하지 않은 읽기이며 또 이 글 내용 '旦: 豐, 足'과도 상통하지도 않는 잘못된 읽기라고 생각된다.

백제어

甘: 豐: 稊

甘(감) - 달다, 상쾌하다, 즐기며 지칠 줄 모른다 등이나 여기는 농악놀이를 하는 것으로 본다.

豐(풍) - 풍년의 뜻이나 여기서는 풍년놀이.

稊(제) - 돌다 등의 뜻이나 여기에서는 위 廻 자와 같은 농악놀이.

류렬 고구려, 백제어 공통읽기 분석 – '다라/도로'는 고구려의 廻 자
의 돌다와 백제어의 稊(제)라는 읽기인 것 같은데 고구려인들이 왜 돌
았을까를 전혀 생각하지 않은 읽기이며 또 이 글 내용 甘: 豐과도 상통
하지도 않는 잘못된 읽기라 생각된다.

이상 고구려인 말과 백제인들 말은 같았으며 신지녹도문 진본 천부경
하나, 둘, 셋 … 열을 말했고 따라서 우리 국조 이야기를 했다.

13 북한의 대표적 어문학자 류렬이 말하는 고구려, 신라의 자료에서 공통적으로 보이는 말마디들의 해석에 대한 구길수의 분석

– 중략 –

* 아가, 아기, 아씨의 류렬의 해석
고구려어
阿兮: 阿子 > 阿海
류렬 고구려, 신라어 공통읽기 – 아가/아기/아지/아희/아시.

신라어
阿海: 阿之: 閼智
류렬 고구려, 신라어 공통읽기 – 아가/아기/아지/아희/아시.

〔아가, 아기, 아씨의 류렬의 해석에 대한 구길수의 분석〕

고구려어

阿兮: 阿子 > 阿海

阿(아) — 어덕 등.

兮(혜) — 어조사.

阿兮 — 음차로 아이, 아혜, 아해 등 아기.

'천부인' 상 ㅇ의 뜻은 하늘의 뜻이 있다. 그 하늘은 누가 언제 만든 것이 아니라 처음부터 있었고 처음은 새로운 것이다. 따라서 사람의 처음도 ㅇ이며 새 사람도 ㅇ이니 아기는 우리말 아이, 아해, 아해이다.

阿子 — 阿弟(아제)는 아버지의 동생이지만 아자는 아자(我子)인 내 아들을 阿子로 적었다기보다 앗 > 앚 > 아지(송아지), 아자가 된 것으로 본다.

阿海(아해) — 음취하여 아이, 아혜, 아해.

류렬 고구려, 신라어 공통읽기. 아가/아기/아지/아희/아시 분석 — 아가/아기/아희는 모두 아기의 읽기이고 아지는 강아지, 망아지 등 동물의 새끼이니 아이로 볼 수도 있으나 이 글 阿兮: 阿子 > 阿海에 아시라는 말은 없다.

그러나 이를 '천부인 ㅇ ㅁ ㅿ' 으로 살펴보면 서로 연관되는 공통점은 있다. 즉 하늘 천부인 ㅇ은 언제 누가 만든 것이 아니라 처음부터 있던 것이며 이 음은 새로운 것이니 아사달(阿斯達) > 앗달이 밝달임금의 첫 도읍지이며 그래서 이 앗달에 처음 세워진 나라가 朝鮮이 아니라 아사선(阿斯鮮) > 앗선이라 해야 옳다고 했다.

또 다시 말하지만 생명의 정수는 하늘의 정기인 올인데 이 중 새는 '알'이 되지만 사람 '얼'(정액)이 된다고 했다.

그러나 현재 국어사전에 '얼'은 민족의 얼 등을 말하므로 정액과 관계가 없을 것 같지만 정수란 바로 정액에서 나온 말이고 또 우리말에 "얼싸 좋다, 얼씨구절씨구"는 생식을 최우선시하던 시대, 아니 현재도 이 땅덩이는 생식을 최우선으로 하니 정액을 싸면(사정) 좋다는 말이며 또 "어린 놈이 까불어" 한다면 "대가리에 피도 마르지 않은 놈이 까불어?"보다 더 과장된 "아직 정액인 놈이 까불어?"가 되니 얼은 바로 정액이며 따라서 어린 놈이란 아직 정액인 '얼인 놈'이란 말이다. 또 "얼라리 꼴라리"는 정액이 나왔네. 콧물이 나왔네이니 얼은 정액이라 했다.

따라서 아기, 애는 다 아직 '얼'인 아이이며 또 ㅇ은 처음이며 새로운 것이니 아시(아씨)는 새로 시집와 씨를 낳을 새색시로 위 류렬 읽기는 광범위하게는 다 맞는 말이지만 분해해 보면 문제가 있다.

신라어

阿海: 阿之: 閼智

阿海 (아해) – 아이, 아혜, 아해 등.

阿之 (아지) – 강아지, 송아지, 망아지 등 짐승새끼. 여기서 이상한 것은 이왕 한자로 우리말 아이를 말한다면 阿兮, 阿子, 阿海, 阿之 등 굳이 언덕이라는 뜻을 가진 阿자를 쓸 것이 아니라 아이라는 뜻의 兒 자를 쓰는 것이 좋았을 텐데 왜 밝달임금의 도읍지인 아사달(阿斯達) 등에나 써야 할 阿 자를 이런 데에도 쓰는가?

이는 고구려 초만 하더라도 중국의 한자가 그렇게 많이 들어오지 않았고 그저 음만 같으면 아무 글자나 쓰는 것이 이두라는 말도 되나 한편 밝달임금의 도읍지 아사달이 처음 땅, 새로운 땅이란 뜻이 있으며 그 땅 이름을 阿斯達로 쓰고 있으니 따라서 새로운 아이도 그 阿 자를 쓴 것으로 본다.

關(알, 연) – (1) 막다(塞也)알, (2) 흉노 왕비 알씨(單于嫡妻關氏 단우의 정실부인 알씨)연.

智(지) – 슬기 등.

關智(알지) – 여기에 신라 김씨의 조상이 될지도 모르는 김알지 기록은 [천부인 ㅇ ㅁ ㅿ]에서도 말했다.

류렬 고구려, 신라어 공통읽기. 아가/아기/아지/아희/아시. 분석 – 먼저 고구려 말 분석과 같이 阿海는 아이이니 읽기 아가/아기가 맞고, 阿之는 송아지, 망아지 등이니 아지가 맞는다. 그러나 關智는 위 김알지로 이 글과 전연 관계가 없으나 단 알지의 '알' 은 생명의 시원이므로 아기, 아지와 관련은 있다. 또 아시 역시 우리말 아시 빨래, 아시 가리처럼 처음의 뜻이 있고 아씨처럼 새색시일 수도 있으니 광범위하게는 맞는 말이나 협의로 분석하면 옳지 못하다.

– 중략 –

* 누리의 류렬 해석

고구려어

瑠璃: 類利: 奴閭

류렬 고구려, 신라어 공통읽기 – 노리/누리/노/누

신라어

儒理: 儒禮: 弩禮: 弩弩: 世理: 奴: 內: 世

류렬 고구려, 신라어 공통읽기 – 노리/누리/노/누

〔누리의 류렬 해석에 대한 구길수의 분석〕

고구려어

瑠璃: 類利: 奴閭

瑠(류) – 琉와 同字, 유리, 나라 이름. 등이나 여기 이두에서는 瑠의 음 류를 누리의 누로 변음.

璃(리) – 유리, 파리(玻璃) 등 보석 등이나 여기 이두에서는 '리'라는 음을 취함.

瑠璃 – 유리라는 보석이 아니라 땅인 누리.

類(유) – 무리, 일족 등이나 여기 이두에서는 누리의 누로 변음.

利(리) – 이롭다 등이나 여기 이두에서는 리의 음을 취했음.

類利 – 누리.

奴(노) – 종 등이나 여기 이두에서는 ㄴ이므로 누리라는 누.

閭(려) – 마을 문 등의 뜻이나 여기 이두에서는 누리라는 리로 변음.

奴閭 – 마을 문이 아니고 노려 > 누리로 볼 수도 있으나 한편 마을 문이라는 閭 자 하나만 보고 말한다면 과연 고구려 때 마을 문이 있었을까? 하기는 지금도 마을 문이라 하여 장승 같은 것을 세워 놓은 곳도 있지만 이런 문으로는 閭 자까지 생기지는 않는다.

이 閭 자를 설명하기 위하여 말을 잠시 돌린다.

지금 울산 반구대 8천년 전 암각화에 U자 형태의 씨족 울타리가 있고

그 안에서 남녀가 얼누(性交)
는지 엄마가 아기를 얼루는 그
림이 있는데 이는 그 울타리
안은 안전하다는 뜻이다.

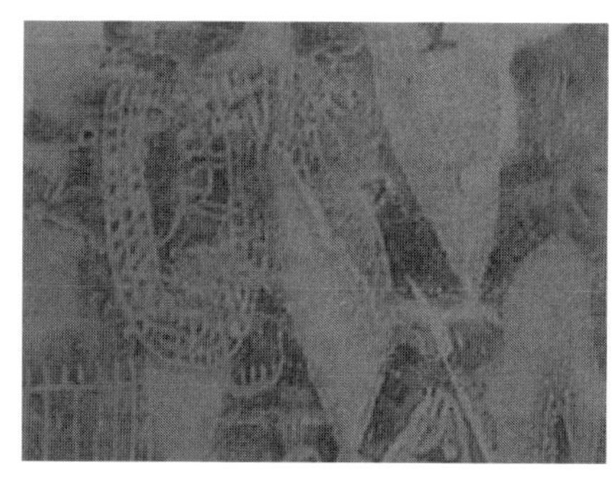

그 외 환숫의 고향, 즉 하느
님 나라인 지금 바이칼 호 부
근의 부라이트 족이나 나나이
족 등은 지금도 방이나 응접실 등에 역시 U자 형태의 장식품을 달아놓
고 안전과 복을 비는데 그들은 그저 전해오는 풍속이라는 것만 알 뿐이
고 어느 학자도 그 이유를 모른다.

뿐만 아니라 6.25 전후나 지금도 시골에서는 소 코뚜레를 안방이나 마
루에 걸어 두고 복이 들어온다고 믿는데 이도 전부터 그런 풍속이 전해
지니 그것을 따를 뿐 그 이유는 모르며 어느 학자 역시 모른다.

그러나 우리 하느님이 우리 민족에게 준 진본 천부경을 안다면 그 의
문은 쉽게 풀린다, 즉 하나 둘 셋 … 열 중에 아홉은 안전한 씨족 안의 울
타리를 뜻하고 그 울타리의 문은 위 그림과 같이 U자의 입구 같았으리
라.

그리고 하느님은 이 울타리를 마지막 열고 나가는 것이 홍익인간(弘益
人間)이라 했으니 이것이 신지녹도문 [진본 천부경]이다. 그렇다면 하느
님은 왜 이 안전한 울타리를 열고 나가라 했을까?

이 씨족의 울타리 안이 비록 안전하기는 하나 이는 바로 전쟁의 원인
이 되기 때문이다. 즉 씨족의 울타리 안에서 같은 씨족끼리 근친상간을
계속하다 보면 그 후손이 기형아가 생기고 왜소해져 결국 멸종하기 때
문이다.

따라서 지금 인류학자들은 우리 호모 사피언스와 같은 사람족인 네안데르탈인이 왜 멸망했는지 의견이 분분하나 그 원인은 바로 한 울타리 속의 근친상간에 있었다고 본다.

그 증거는 지금 인도네시아의 플로레스 섬의 리앙부아 동굴에서 화석이 발견된 호비족은 대략 9만 4천년 전에 출현해 만 3천년 전에 사라졌을 것으로 추정하고 있으며 그 이전 네안데르탈렌시스 종이 멸종한 원인, 그리고 지금도 생존해 있지만 수명이 40세도 못 되고 거의 멸종되어가는 피그미 족의 위기는 바로 근친상간에 있다고 보기 때문이다. 왜냐하면 그 작은 피그미 족 여인은 어쩌다 이웃 마사이 족한테 납치되어 가서 피를 섞으면 아주 키도 크고 건강한 사람이 태어나기 때문이다.

오랜 경험을 가진 원시인은 이 동족상간을 하지 않으려고 남의 씨족 여인을 강탈해 오고 그 씨족은 빼앗기지 않으려고 주먹질, 발길질, 돌멩이, 활 등으로 싸우던 것이 총, 대포로 발전되어 지금 피의 전쟁을 하는 것이고 또 그 뺏어온 여인은 먼저 씨족에 아기가 있으니 도망가지 못하게 목, 손목, 발목, 손가락에 족쇄를 채워 놓은 것이 지금은 목걸이, 팔찌, 반지 등 귀금속이 되어 장신구가 된 것이라 했다.

따라서 우리 숫자라는 하나 둘 셋 … 열이 숫자가 되기 전 아홉은 바로 위 씨족의 울타리이며 열은 열고 나가 다른 씨족과 혼혈해서 한 가족이 되란 말이다. 그러면 전쟁도 막고 모든 인간이 우수해지는 널리 인간을 이롭게 하는 홍익인간이 된다는 말이다. 그래서 하느님의 무리아들 환숫은 이민족인 곰네 족과 혼혈하여 밝달 임금을 낳고 환숫과 같이 왔던 무리들도 역시 곰족과 혼혈해 우리 민족을 세운 것이니 이것이 이 지상에 이루어진 첫 번째 홍익인간이고 이는 바로 우리 88올림픽 때 전 세계인이 외치던 We are the world가 된 다문화 가정이라 했다.

다시 본론으로 와 고구려 때만해도 이 씨족의 울타리가 있었던 것으로 보여지며 그래서 그 동네 문을 閭라는 글자로 표시한 것으로 본다.

류렬 고구려, 신라어 공통읽기. 노리/누리/노/누 분석 − 류렬의 본문 뜻 해석이 누리이고 글 내용도 瑠璃: 類利: 奴閭이니 류렬 읽기는 ㄴ리로 정확한 읽기이다.

신라어

儒理: 儒禮: 弩禮: 弩弩: 世理: 奴: 內: 世

儒(유) − 선비 등의 뜻이나 여기 이두에서는 누리라는 누로 변음.

理(리) − 이치 등의 뜻이나 여기 이두에서는 누리라는 리로 음차.

儒理 − 유리가 아닌 땅이라는 누리.

禮(례) − 예의 등의 뜻이 있으나 여기 이두에서는 누리라는 누로 변음.

儒禮 − 유례가 아니고 땅이라는 누리.

弩(노) − 노쇠(활 쏘는 기계)의 뜻이 있으나 여기에서는 누리라는 누로 변음.

弩禮 − 노레가 아니고 땅이라는 누리.

弩弩 − 누리의 변음.

世(세) − 세상, 땅위, 누리 등의 뜻이나 여기서는 세의 뜻 누리.

世理 − 누리.

奴: 內: 世 − 모두 누리가 생략된 말.

류렬 고구려, 신라어 공통읽기. 노리/누리/노/누 분석 − 류렬의 본문

뜻 해석이 누리이고 글 내용도 儒理: 儒禮: 弩禮: 弩弩: 世理: 奴: 內: 世
이니 류렬 읽기는 ㄴ리로 정확한 읽기이다.

이상 고구려어 瑠璃, 類利 신라어 儒理, 儒禮만 보더라도 고구려 초대
왕 주몽의 아들이라는 유리태자, 그리고 2대 왕이 된 유리왕의 호칭이
유리라는 것은 이두를 잘못 해석한 것이며 실은 곰네의 땅이라는 누리
태자, 누리왕이다.

이것으로 보아 고구려의 이상이 다물(多勿)이고 주몽은 그 아들 이름
까지 이 누리로 지어준 것은 그의 다물 정책이 얼마나 절실했는가를 말
해 준다.

따라서 이두를 제대로 알아야 역사를 말할 수 있다.

– 중략 –

* 보, 사람의 류렬 해석
고구려어
童: ?(山+童) 伏: 仇
류렬 고구려, 신라어 공통읽기 – 보/고

신라어
童: 宗: 夫: 福: 卞: 巴: 伏
류렬 고구려, 신라어 공통읽기 – 보/고

〔보, 사람의 류렬 해석에 대한 구길수의 분석〕

고구려어

童: ?(山+童) 伏: 仇

童(동) – 아이 등.

?(山+童) – 여러 옥편에 없는 죽은 글자이나 山+童으로 보아 제자 원리상 산속에 숨어 있는 아이, 즉 숨을 동 자로 추정한다.

伏(복) – 엎드리다, 숨다, 굴복하다(한자의 제조 원리인 금문상 개가 사람 옆에서 엎드려 눈치를 본다는 데서 나온 글자)이나 여기서는 숨는다는 뜻을 취한다.

?(山+童), 伏 – 숨어 있는 아이. 사람의 씨인 얼, 정액(精液).

仇(구) – 원수, 원망, 짝 등의 뜻이 있으나 여기서는 사내가 얼을 누려면(씨인 얼을 뿌리려면) 상대인 짝이 필요하므로 이 仇자는 여인을 말한다.

류렬 고구려, 신라어 공통읽기. 보/고 분석 – 보, 사람의 류렬 해석 글에 伏, 仇자가 있으므로 '보/고'라 한 모양이나 위와 같이 伏은 숨어 있는 사람인 정액을 말하고 仇는 짝, 겨집(계집)이니 류렬 읽기 보/고는 완전 남의 다리 긁기라 생각된다.

신라어

童: 宗: 夫: 福: 卞: 巴: 伏

童(동) – 아이. 얼 인이(어린이) 등.

宗(종) – 마루, 우두머리, 근본, 근원 등.

夫(부) – 남편, 사내, 남근, 씨, 씨족, 업구렁이 등.

福(복) – 복, 부자 등이나 우리말 업구렁이, 업둥이 등으로 보아 복의 우리말은 업이며 따라서 夫의 뜻도 '업'이 된다.

卞(변) – 조급하다, 맨손을 치다 등의 뜻이 있으나 신라인들이 사람을 말하면서 卞자를 쓴 이유는 다음과 같이 추정된다.

변한(卞韓)은 밝달임금 삼한 중 하늘, 해를 뜻하는 붉한이었고 붉은 불, 밝이다. 따라서 환숫(桓雄)은 햇빛을 누리(곰네)에게 뿌리는 사내의 대표이므로 신라인들은 사내, 씨(정액)를 말하자니 이 卞자를 쓴 것이라고 본다.

巴(파) – 땅 이름, 큰 뱀(구렁이) 등의 뜻이 있으니 여기서는 남근을 뜻하는 업구렁이로 본다.

이상 고구려 말이나 신라 말에서 역시 환숫과 곰네, 또는 우리말과 글자의 원리가 되는 '천부인 ㅇㅁㅿ' 이나 [진본 천부경]을 개입시키지 않고서는 해독할 방법이 없다.

류렬 고구려, 신라어 공통읽기 – 보/고.

분석 – 童: 宗: 夫: 福: 卞: 巴: 伏를 보/고라 읽는 것은 전혀 근거가 없는 언어도단이라 본다.

– 중략 –

* 흰의 류렬 해석

고구려어

奈兮 > 白

류렬 고구려, 신라어 공통읽기 – 나히/나시

신라어

熱次: 白

류렬 고구려, 신라어 공통읽기 – 나히/나시

〔흰의 류렬 해석에 대한 구길수의 분석〕

고구려어

奈兮 > 白

奈(나) - 어찌 등의 뜻이 있으나 여기서는 음취한 나로 햇빛이 나리는 뜻(나 日, 훈몽자회).

兮(혜) - 어조사이나 여기서는 여.

奈兮 - 햇빛이여!

奈兮 > 白 - 햇빛은 희다.

류렬 고구려, 신라어 공통읽기 - 나히/나시.

분석 - 奈兮의 음취로 나히/나시로 읽는 것보다 뜻하다, 해인 ㅎ라 해야 한다.

신라어

熱次: 白

熱(열) - 덥다, 따뜻하다 등의 뜻이나 여기서는 햇빛을 말함.

次(차) - 버금, 잇다, 뒤를 잇다 등이나 여기서는 햇볕의 따뜻함에 이어 흰 빛을 의미.

류렬 고구려, 신라어 공통읽기 분석 - 고구려와 같음.

* 해, 하늘, 위의 류렬 해석

고구려어

高: 解(日), 上: 車

한국 고구려, 신라어 공통읽기 – 가라/가

신라어

爲良: 斤烏 〉日, 上: 噚
류렬 고구려, 신라어 공통읽기 – 가라/가

〔해, 하늘, 위의 류렬 해석에 대한 구길수의 분석〕

고구려어

高: 解(日), 上: 車

高(고) – 높다 등의 뜻이 있으니 하늘, 해는 높다는 말인데 여기에서 고구려(高句麗)가 왜 고구려인지의 뜻이 밝혀진다. 이도 먼저도 말했지만 고구려를 세운 주몽의 아버지는 해부르다. 해는 日인 해이고 브르는 벌판이라는 벌이니 '햇 벌' 이 주몽의 아버지 성명이다.

그러나 주몽의 성은 고씨이고 주몽이 세운 나라도 고구려이니 주몽은 해를 이 이두도 高로 쓴 것이고 고구려도 같은데 자세한 내용은 [천부인 ㅇㅁ△]에 있다.

解(해) – 풀다 등의 뜻이나 여기서는 음차한 해, 대개 이두학자는 解가 해의 음차라는 것을 다 알 텐데 류렬은 친절하게 日이라는 토까지 붙여 줬으나 실은 햇빛을 전하는 환웅.

上(상) – 위 등의 뜻이나 하늘이나 해.

車(거, 차) – 차, 수레 등의 뜻이나 여기 하늘이나 해와 연관시키려면 천상 고구려의 신화, 즉 주몽이 하늘에서 오륜거(五輪車)를 타고 내려왔다는 설화를 인용해야 할 것 같다.

류렬 고구려, 신라어 공통읽기 – 가라/가.

분석 – 류렬의 뜻 해, 하늘, 위 나, 고구려말 본분 高: 解(日), 上: 車 내용에는 가라/가 소리가 들어갈 이유가 없으니 남의다리 긁기로 본다.

신라어

爲良: 斤鳥 > 日, 上: 喟

爲(위) – 하다, 만들다 등의 뜻이지만 여기서는 하다의 하 음을 취했다. 해는 원래 하인데 여기에 우리의 감초격 접미사 이가 붙어 해가 되었다.

良(량) – 어질다, 착하다 뜻이지만 이두에서는 어, 에, 를, 가 등 토씨.

爲良 – 해에, 해가 등.

斤(근) – 도끼, 나무를 베다 등.

鳥(오) – 까마귀, 검다 등.

斤鳥 – 위에서 神市가 검불, 검벌인 곰네의 땅이었고 여기에 해인 환숫이 뿌리를 내렸다고 했다. 그렇다면 류렬의 斤鳥 > 日은 그 해가 그 검벌에 빛을 내렸다는 말로밖에 볼 수 없으니 이도 신라인들이 환숫과 곰네 이야기를 그 당시 쓰고 있었다는 말이며 따라서 김부식의 삼국사기에는 우리 조상에 대한 말이 없으니 일연의 삼국사기만 못하다는 신채호 말은 이런 이두도 풀어 보지 못해 하는 말이다.

上(상) – 위 등의 뜻이니 하늘, 해

喟(위) – 한숨, 한숨 쉬다의 뜻인데 (1) 음차한 위(上), (2) 한숨의 한 취하여 환숫의 빛이 누리에 내리는 뜻의 한, 바로 우리 한민족의 한을 말하는 것으로 본다.

류렬 고구려, 신라어 공통읽기 – 가라/가.

분석 – 류렬의 뜻 해, 하늘, 위 나, 신라 말 본문 爲良: 斤烏 > 日, 上: ?
내용에도 가라/가 소리가 들어갈 이유가 전혀 없는, 남의 다리 긁기라
생각된다.

* 땅의 류렬 해석
고구려어

奴 > 內 > 壤

류렬 고구려, 신라어 공통읽기 – 나/노/누

신라어

奈: 蘿: 壤

류렬 고구려, 신라어 공통읽기 – 나/노/누

[땅의 류렬 해석에 대한 구길수 분석]

고구려어

奴 > 內 > 壤

奴(노) – 계집종 등의 뜻이나 여기 이두에서는 천부인 ㅇㅁㅿ상 누워
있는 뜻의 ㄴ을 취하여 나, 너, 노, 누의 복합음인 ㄴ > 누 > 누리.

內(내) – 안, 속 등의 뜻이나 여기 이두에서는 천부인 ㅇㅁㅿ상 누워
있는 뜻의 ㄴ을 취하여 나, 너, 노, 누의 복합음인 ㄴ > 누 > 누리.

壤(양) – 흙, 토지 등의 뜻.

류렬 고구려, 신라어 공통읽기. 나/노/누. 분석 - ㄴ로 다 땅의 뜻을
가진 누리이니 정확한 읽기이다.

신라어

奈: 蘿: 壤

奈(나) - 어찌 등의 뜻이 있으나 여기 이두에서는 천부인 ㅇ ㅁ △ 상 누
워 있는 뜻의 ㄴ을 취하여 나, 너, 노, 누의 복합음인 ㄴ >누. 누리.

蘿(나) - 소나무, 쑥 등의 뜻이 있으나 여기 이두에서는 '천부인' 상
누워 있는 뜻의 ㄴ을 취하여 나, 너, 노, 누의 복합음인 ㄴ >누. 누리.

壤(양) - 흙덩이, 토양 등.

류렬 고구려, 신라어 공통읽기. 나/노/누. 분석 - ㄴ로 다 땅의 뜻을
가진 누리이니 정확한 읽기이다.

* 나무의 류렬 해석
고구려어

主 > 長 > 樹

류렬 고구려, 신라어 공통읽기 - 나마라/나마/나모/니무.

신라어

七村 > 若木, 松 > 南

류렬 고구려, 신라어 공통읽기 - 나마라/나마/나모/니무.

〔나무의 류렬 해석에 대한 구길수 분석〕

고구려어

主＞長＞樹

主(주) ‒ 주인, 주체 등.

長(장) ‒ 길다, 크다 등.

樹(수) ‒ 나무 등.

主＞長＞樹 ‒ 주인(주체)는＞길고 큰 것인데＞그것은 나무다? 이거
말이 되지 않는다. 그러나 만약 이 [신지녹도문 진본 천부경]을 읽었다면
나무가 바로 사내의 대표 환숫임을 알 테니 환숫은 우리 미족의 주체로
서 큰 사람이고 그의 표상은 소나무가 된다. 따라서 이 글의 뜻은 나무
가 아니라 환숫을 의미하는 主＞長＞樹이다.

류렬 고구려, 신라어 공통읽기 ‒ 나마라/나마/나모/니무.

분석 ‒ 나마/나모/니무는 늠이니 나무의 읽기이나 나마라는 나무를
말하는 여기에 왜 들어갔는가?

신라어

七村＞若木, 松＞南

七(칠) ‒ 일곱 등.

村(촌) ‒ 마을, 시골 등.

七村 ‒ 일곱 마을? 일곱 시골? 말이 되지 않는다. 그러나 이 신지녹도
문 [진본 천부경] 일곱의 뜻은 사내가 일군다는 뜻이다. 따라서 七村은
사내가 일군 마을이라야 말이 되니 신라 초 사람들은 七村의 뜻이 무엇

인지 대개 알아 사내 마을이라 했던 것을 당시 우리 글자가 없던 사관이 七村이라 적은 것뿐이고 김부식이 그대로 쓴 것이다.

若(약) – 같다 등.

木(목) – 나무 등의 뜻이나 원래 이 신지녹도문 [진본 천부경]에서는 사내를 대표하는 환숫의 그림이 木자가 된 것이 금문상으로 밝혀지니 木은 바로 환숫이며 사내다.

七村＞若木 – 사내가 일군 마을은 환숫 나무와 같다.

참고: 이것만 보더라도 그간 글쓴이가 해독한 이 신지녹도문 [진본 천부경] 해독이 정확하다는 것과 따라서 신지녹도문 16자가 진본 천부경임을 증명한다.

松(송) – 소나무인데 환숫이 소나무인 것이나 또 궁궐 등이 소나무로 지어진 것을 보더라도 소나무가 나무의 대표이다.

南(남) – 남쪽의 뜻.

松＞南 – 환웅이 남쪽으로 갔다. '환웅이 남쪽 곰네 땅으로 갔다' 이다.

류렬 고구려, 신라어 공통읽기 – 나마라/나마/나모/니무.

분석 – 위고구려 분석과 같다.

– 중략 –

* 솔, 소나무의 류렬 해석

고구려어

夫斯: 夫蘇: 松: 釜

류렬 고구려, 신라어 공통읽기 – 보사/보소/부수/보/부/소/수

신라어

金: 松

류렬 고구려, 신라어 공통읽기 – 보사/보소/부수/보/부/소/수

〔솔, 소나무의 류렬 해석에 대한 구길수 분석〕

고구려어

夫斯: 夫蘇: 松: 釜

夫(부) – 지아비, 사내 등.

斯(사) – 이것, 사물을 가리키는 대명사 등.

夫斯 – 글쓴이가 장담하건대 이 신지녹도문 [진본 천부경]을 읽어 보지 않은 사람은 누구라도 고구려인들이 소나무를 말하면서 이 夫 자를 썼는지 모를 것이다. 이 하나 둘 셋 … 열 중 셋은 바로 소나무이며 이 소나무는 모든 사내(夫)를 대표하는 환숫(桓雄)이기 때문인데 그 이유는 환숫의 숫인 사내의 남근은 물론 그 정신도 솟과 같이 솟았기에 우리말 스승, 스님이 다 이 숫, 솟에서 나왔으며 그래서 그 환숫을 의미하는 나무를 솟나무 > 소나무라 한 것이다.

蘇(소) – 희다, 소생(蘇生)하다 등.

夫蘇(부소) – 백제의 부소산을 백제인들은 아무 뜻도 없이 지은 이름인 줄 아는가? 夫는 바로 환숫이고 그 환숫의 숫은 모든 생명을 솟아나게 하기 때문이다.

松(송) – 소나무, 환숫나무.

釜(부) – 가마, 가마솥 등의 뜻이지만 여기서는 뜻 가마를 취한다. 고구려인들 환숫을 소나무로 비유해 말하다 보니 곰네(熊女), 지신, 여음

을 가마로 표시한 것이다.

이상 글은 참으로 우리 민족의 시원인 환숫, 곰네 이야기를 고구려인 들이 잊지 않고 썼다는 말이다.

류렬 고구려, 신라어 공통읽기 – 보사/보소/부수/보/부/소/수

분석 – 모두 夫斯: 夫蘇: 松: 釜 등의 한자음만 따른 잘못된 읽기이니 류렬은 신지녹도문 천부경 해석을 모르는 것 같다.

신라어

金: 松

金(금) – 쇠 등의 뜻이나 신라인들은 소나무를 말하면서 왜 이 金 자 를 써야만 했는지에 대해서는 '천부인 ㅇ ㅁ △'으로 만든 ㅅ의 뜻이 서 고 솟는 것이라는 것과 이 [신지녹도문 진본 천부경]의 환숫이 소나무라 는 것을 몰라 가지고는 어떤 방법으로라도 해독을 못할 것이다.

즉 金의 뜻 쇠는 솟는다는 소에 우리말 감초격 접미사 이가 붙어 소고 기가 쇠고기가 되듯 한 말이다. 따라서 여기의 쇠라는 金의 뜻은 환숫 이다.

金: 松 – 환숫: 환숫나무.

류렬 고구려, 신라어 공통읽기, 분석은 고구려와 같음.

* 새, 풀의 류렬 해석

고구려어

東: 柴

신라어

草: 散

〔새, 풀의 류렬 해석에 대한 구길수 분석〕

고구려어

東: 柴

東(동) – 동녘, 새녁 등의 뜻. 고구려인들은 왜 새의 이두로 이 東 자를 썼을까? 이는 동쪽이라는 우리말 새를 취했기 때문이다(동풍 – 새파람).

柴(시) – 잡목, 불땔감, 섭 등이나 여기서도 뜻 섭을 취한다.

류렬 고구려, 신라어 공통읽기 – 사

분석 – 사 + ㅣ = 새이니 틀린 것은 아니나 그보다 사, 서, 소, 수, 스, 시를 동시에 말하는 ᄉ(사 – ㅣ =새), 습(섭)이 정확한 읽기이다.

신라어

草: 散

草(초) – 풀 등.

散(산) – 헤터지다, 풀어지다(산재) 등의 뜻이나 여기서는 뜻 풀어지다 의 풀을 택했다.

류렬 고구려, 신라어 공통읽기 – 사

분석 – 섭도 불 땔감으로 ᄉ일 수는 있으나 여기서 말하는 것은 모두 풀, 팔, 펄, 폴, 풀, 필을 동시에 말하는 폴 중 ‘풀’ 이 정확한 읽기이다.

– 중략 –

* 일곱의 류렬 해석
고구려어

難隱: 乃: 七

류렬 고구려, 시라어 공통읽기 – 나나/나마/나

신라어

七 > 若木

류렬 고구려, 시라어 공통읽기 – 나나/나마/나

[일곱의 류렬 해석에 대한 구길수 분석]

고구려어

難隱: 乃: 七

難(난) – 어렵다. 힘들다.

隱(은) – 숨다, 안보이게 하다(구부리다), 가엾다 등.

이상 難隱은 음이나 뜻으로 일곱과 연관시키기가 매우 어렵다. 그러나 이 신지녹도문 [진본 천부경] 하나 둘 셋 … 열에서 일곱의 뜻을 안다면 쉽게 알 수 있다.

〈1〉 難隱의 뜻을 음으로 보면 '난은 > 나는' 이 된다. 여기서 나(我)는 우리가 지금 생각하는 자신이 아니라 해(日)이며 임금이다(나 – 日, 君王之表 – 훈몽자회). 따라서 일반 백성은 감히 임금 앞에서 나라는 말을 못 썼고 자신을 말하려면 아롬(私)이나 저편이라는 저 자를 써야 한다. 그래서 지금도 어른 앞에서 함부로 나란 말을 못 쓴다고 했다.

그런데 이 해는 원래 환숫이고 사내들의 대표이니 임금은 바로 햇빛을 온 누리에 뿌리는 사내들의 대표이며 사내들이 여덟이라는 처자식의 집을 일구려면 일곱의 원말 일구부 > 일굽 > 일곱을 해야 한다.

〈2〉 상권 우리 숫자 생성에서도 말했지만 [천부인 ㅇ ㅁ ㅿ]에서 한 말이다. 환숫인 나가 일본으로 건너가 일곱 번째 숫자인 '나나' 가 되었다면 나나는 애초 우리말인 임금이다. 참고로 우리말이 일본으로 건너가 일본 숫자가 된 것이다.

 * 일곱: しち, なな(시찌, 나나) – 시찌 > 싯은 섯으로 우리말 사내가 서다는 말이고 나나의 '나' 는 사내의 대표 왕이란 말(日 – 나일, 郡王之表 – 訓).(자세한 내용은 [천부인 ㅇ ㅁ ㅿ]에)과 같으니 환숫이다.

乃(내) – 이에 등의 뜻이나 이도 나 + l 이나 결국은 환숫이며 임금인 나이다.

七(칠) – 일곱(일구부) – 일 구부려 하다, 계집의 집을 일구다.

難隱: 乃: 七 – 다 같은 임금인 사내의 대표 임금이다.

이 역시 '천부인' 과 신지녹도문 [진본 천부경]을 몰라 가지고는 이두를 해석할 수 없다는 말이다.

류렬 고구려, 신라어 공통읽기 – 나나/나마/나.

분석 – 나나/나는 일곱 읽기이고 나마는 木의 읽기이니 분리 읽기를 하지 않는 한 독자들이 헷갈릴 것이다.

신라어
七 > 若木
若(약) – 같다, 만일 등.

木(목) – 나무 등.

若木 – 나무와 같다는 뜻인데 왜 일곱이 나무와 같단 말인가? 이것도 이 신지녹도문 [진본 천부경] 하나 둘 셋 … 열에서 셋과 금문 글씨의 셋을 모르면 절대 이해가 가지 않을 것이다. 이 셋은 먼저 功木에서 제시했듯이 木 자의 원형이 그려져 있다.

다음 일곱은 사내가 일 구부려 일군다는 말이고 따라서 이는 여덟의 뜻인 사내가 아내와 자식의 집을 이룬다는 말이니 그래서 위 七 > 若木은 일구는 사내는 환숫 나무란 말이다. 따라서 難隱: 乃: 七이란 말을 쓰던 고구려인들이나 七 > 若木을 쓰던 신라인들은 그때까지만 해도 신지녹도문 [진본 천부경]을 알고 있었다는 말이 되고 따라서 글쓴이의 신지녹도문 [진본 천부경] 해독의 정확성은 또 한 번 증명이 되며 고구려, 신라인들은 우리 조상 이야기를 했다는 말이다.

류렬 고구려, 신라어 공통 읽기 – 나나/나마/나

분석 – 위 고구려어 분석과 같다.

– 중략 –

북한의 대표적 어문학자 류렬이 말하는 백제, 신라의 자료에서 공통적으로 보이는 말마디들의 해석에 대한 구길수의 분석

* 새벌, 서울의 류렬 해석

백제어

所夫里: 省津

류렬 백제, 신라어 공통읽기 – 사라바라/서러버러 /사바라 /서버러 /사보리/소보리.

신라어

徐那伐: 徐羅伐: 徐耶伐: 斯羅: 徐伐: 始林: 鷄林.

류렬 백제, 신라어 공통읽기 – 사라바라/서러버러 /사바라 /서버러 /사리/소보리.

〔새벌, 서울의 류렬 해석에 대한 구길수 분석〕

백제어

所夫里: 省津

所(소) – 바, 일정한 곳 등의 뜻이나 여기서는 음취 소.

夫(부) – 지아비, 사내 등의 뜻이나 여기서도 음취 부.

里(리) – 마을 등의 뜻이나 여기서도 음취 리.

所夫里 – 소부리＞솟부리＞솟벌.

省(성) – 살피다, 깨닫다 등의 뜻이나 여기서는 천부인상 솟는 뜻이 있는 소.

津(진) – 나루 등의 뜻이니 나루, 나라.

省津 – 솟나루, 솟나라, 섯나라, 선나라.

류렬 백제, 신라어 공통읽기 – 사라바라/서러버러/사바라/서버러/사
보리/소보리.

분석 – 所夫里 읽기는 사바라/서버러/사보리/소보리이고 省津 읽기
는 없다.

신라어

徐那伐: 徐羅伐: 徐耶伐: 斯羅: 徐伐: 始林: 鷄林

徐(서) – 평온하다 등의 뜻이나 여기서는 음취 서.

那(나) – 어찌 등의 뜻이나 여기서는 음취 나.

伐(벌) – 치다, 베다의 뜻이나 여기서는 음취 벌.

徐那伐 – 서나벌 > 서라벌.

羅(라) – 벌판 등의 뜻이나 여기서는 음취 라.

徐羅伐 – 서라벌 > 설 벌.

耶(야) – 어조사이나 여기서는 음취 야.

徐耶伐 – 서야벌 > 서라벌.

斯(사) – 이것, 저것 등의 뜻이나 여기서는 음취 사로 사는 것(生).

斯羅 – 사는 벌, 삶 벌.

徐伐 – 서벌 > 서는 벌.

始(시) – 시작, 비롯됨 등.

林(림) – 수풀, 사물이 많이 모이는 곳 등의 뜻이나 이 林 자의 [진본 천부경] 하나 둘 셋 … 열 상 제자 원리는 빛을 받는 나무가 겹쳐 있으므로 빛 받는 누리.

始林 – 빛이 시작되는 곳.

鷄(계) – 닭 등의 뜻이나 닭은 해숫음인 새벽을 알리는 새. 하루의 시작을 알리는 새.

鷄林 – 새벽 숲. 시작하는 숲, 새 숲. 여기서 부언하면 신라(新羅)가 새로 세운 벌이니 신라라 한다는 것은 사학자들이 다 아는 말이지만 그 신라가 또한 계림(鷄林)이라는 이유는 난해할 것인데 그 계림의 뜻은 이와 같기 때문에 신라와 같은 말이다.

류렬 백제, 신라어 공통읽기 – 사라바라/서러버러/사바라/서버러/사보리/소보리.

분석 – 사라바라/서러버러는 슬블이니 徐那伐: 徐羅伐: 徐耶伐 읽기이고 사바라/서버러/사보리/소보리는 斯羅: 徐伐: 始林: 鷄林의 읽기이니 옳은 읽기이다.

* 물, 맞은쪽, 남쪽, 북쪽의 류렬 해석

백제어

未冬 > 玄 > 南: 水

류렬 백제, 신라어 공통읽기 – 머두/머루/무르/미라/미도/미두.

신라어

推良: 三良 > 玄

류렬 백제, 신라어 공통읽기 – 머두/머루/무르/미라/미도/미두.

〔물, 맞은쪽, 남쪽, 북쪽의 류렬 해석에 대한 구길수 분석〕

백제어

未冬 > 玄 > 南: 水

未(미) – 아니다, 아직, 미래, 장래 등.

冬(동) – 겨울, 동면 등.

未冬 – 아직 겨울이 아니다?

玄(현) – 검다, 하늘빛, 멀다, 그윽하다 등.

南(남) – 남쪽, 남쪽으로 향하다. 등.

未冬 > 玄 > 南

류렬은 물, 맞은쪽, 남쪽, 북쪽의 뜻을 말하면서 이두 내용은 未冬 > 玄 > 南이라 했는데 이는 류렬이 창작한 말이 아니고 삼국사기에 그렇게 써 있기 때문에 그렇게 해석한 것일 것이다.

그러나 이런 난해한 이두풀이는 단언하건대 류렬은 그만두고 남북한 학자 누구는 물론 삼국사기를 쓴 김부식조차도 무슨 말인지 모르고 썼을 것이다.

왜냐하면 이 이두를 풀려면 금문, 신지녹도문 [진본 천부경] 하나 둘 셋 …열과 '천부인 ㅇ ㅁ ㅿ' 으로 만든 우리말과 글자는 물론 바이칼 호수 부근에서 환웅이 남쪽으로 간 까닭을 알아야 하기 때문이다.

다시 환웅 시대로 돌아간다.

신지녹도문 [진본 천부경]상 그 세 번째인 환숫의 글자와 木자의 원형을 다시 제시한다.

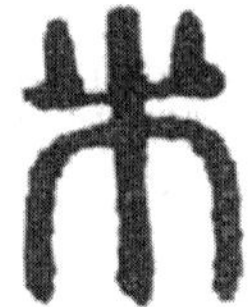

중국들은 이 금문 글자를 가져다가 木자를 만들었다.

출처: [圖釋古漢字](能國榮 著, 濟魯書社 刊)

다음 冬의 뜻은 겨울이 아니라 동그라미의 동을 음취하여 서클, 즉 동아리(성교)를 말하니 未冬은 않는다, 동아리를 … 즉 환숫과 같은 사내들이 동아리(성교) 안의 자매와는 짝을 지을 수 없다는, 지으면 안 된다는 말이다.

다음 玄은 검다이니 곰네이고 다음 南은 남쪽이다.

따라서 未冬 > 玄 > 南은 환숫 같은 사내는 누이와 얼룰 수 없으니 계집, 여음의 뜻을 가진 곰네 땅에 간다는 말인데 어디로?

이 신지녹도문 [진본 천부경]상 아홉은 씨족의 울타리이고 이 울타리가 완성되면 열고 나가라는 것이 바로 홍익인간이다.

따라서 환숫은 바이칼 호 부근 하느님 나라에서 남쪽 곰네 땅으로 간다는 말이 환웅이 남쪽으로 간 까닭이고 이는 누이로 표현되는 친족과 근친상간을 하지 않기 위해서란 말이다.

글쓴이가 이렇게 해석하면 또 천부인 천부경에 치우친다고 말할지 모르나 이런 해석이 이외에는 위 未冬 > 玄 > 南이라는 것을 해독할 수 없다.

水(수) – 물이지만 환웅이 세웠다는 神市가 검불이란 말이 증명된다. 즉, 검불이란 검부락지 등 초목이고 이는 대부분 사막인 중국땅에서 검불이 있으려면 물(水)이 있어야 하기 때문이다.

류렬 백제, 신라어 공통읽기 – 머두/머루/무르/미라/미도/미두.

분석 – 무르/미라만 水인 물의 읽기이고 나머지는 남의 다리 긁기이니 류렬도 이 未冬 > 玄 > 南의 이두 풀이를 못했다는 말이다.

신라어

推良: 三良 > 玄

推(추, 퇴) – 추천할 추, 옮길 추, 받들 추, 밀 퇴.

良(량) – 어질다 등의 뜻이나 이두에서는 어, 에, 를 등의 접미사.

推良 – 환숫이 북방 하늘나라에서 남쪽 곰네 땅으로 옮기다.

三(삼) – 셋 등의 뜻이나 여기서는 환숫.

良(량) – 어질다, 좋다의 뜻이나 이두에서는 어, 에, 를 등의 접미사.

三良 – 셋이 어질다라고 해가지고는 문장이 성립되지 않으니 이 역시 환숫의 셋을 등장시키지 않고는 말이 안 된다.

玄(현) – 검다, 하늘빛, 멀다, 그윽하다 등의 뜻이나 여기서도 곰네를 등장시키지 않으면 말이 안 된다. 곰은 검, 감, 굼, 곰이니 검은 검고, 감은 신랑감, 신부감 등으로 보아 토대인 땅이며, 곰은 곰방대, 고마 妾 등으로 보아 작다는 뜻이고 굼은 구무(여음)이니 곰네를 말한다.

三良 > 玄 – 환숫이 곰네에게 오다.

이 역시 '천부인' 과 이 [신지녹도문 진본 천부경]을 몰라 가지고는 해석할 수 없는 글이다.

류렬 백제, 신라어 공통읽기 - 머두/머루/무르/미라/미도/미두.
분석 - 위 고구려어 분석과 같이 무르/미라만 고구려 말인 水의 읽기이고 나머지는 없는 남의 다리 긁기.

 * 날, 해, 빛의 류렬 해석
백제어
良: 羅 > 陽
신라어
熱: 泥 > 日

〔날, 해, 빛의 류렬 해석에 대한 구길수 분석〕

백제어

良: 羅 > 陽

良(량) - 어질다, 좋다 등의 뜻이고 이두에서는 어, 에, 를 등의 접미사이나 여기에서는 해이다. 즉 이 세상에서 가장 좋은 것(良)은 바로 해이기 때문인데 여기서도 현대인들처럼 무엇이 좋은가의 무엇이 생략된 이유는 현대 말의 어원을 말하는 우리 뿌리말에서는 말이 적었기 때문이고 따라서 삼국 시대만 하더라도 그 우리의 뿌리말을 그대로 썼다는 말이다.

羅(라) - 벌, 벌리다, 새 그물, 깁 등

陽(양) – 볕, 빛, 양지, 밝다 등.

羅 > 陽 – 벌에 햇빛이 나리다.

류렬 백제, 신라어 공통읽기 – 나라/나리/나

분석 – 옳은 읽기이나 모두 日의 읽기이니 늘이면 다 된다.

신라어

熱: 泥 > 日

熱(열) – 덥다, 따뜻하다 등의 뜻이나 여기서는 해.

泥(니) – 진흙, 진창, 흐리다, 더러워지고, 썩다 등의 뜻이나 泥 > 日이니 왜 진흙이 해가 되었을까? 이는 泥의 음을 빌리면 '니' 이고 ㅇ과 ㄴ은 음이 넘나드니 니는 바로 '이' 와 같은 해이며 임금을 말한다. (자세한 내용은 [천부인 ㅇ ㅁ ㅿ]에.)

따라서 하, 히가 해라는 증거는 순수한 일본말의 80%가 우리에게서 건너간 말로 볼 때 일본 아사히신문이 朝日新聞이다. 즉 '아사' 는 웃이니 처음 새것이라는 우리말 아시, 아사이고 '히' 는 해이기 때문에 하루의 처음인 아침 朝 자와 날 日 자를 써서 朝日新聞이 되는 것이다.

또 ㅎ의 원형은 'ㅇ' 이니 이는 아, 어, 오, 우, 으, 이 되고 '이' 는 '니' 와 넘나드니 '니' 도 해, 임금이 된다.

이 말의 증거는 지금 해의 뿌리라는 뜻의 日本이 그들 말로 잇본, 닛본이다. 여기서 잇, 닛은 물론 해이고 本은 뿌리이다.

따라서 당시 신라인들까지 泥 > 日이라는 말을 쓰고 있었는데 일연의 임금의 어원은 이빨금인 잇금에서 나왔다는 말은 몰라도 너무 모르는 말이다.

류렬 백제, 신라어 공통읽기 - 나라/나리/나.

분석 - 日에 대한 읽기이나 ㄴ, 늘이면 泥의 읽기도 된다.

* 땅, 들의 류렬 해석

백제어

知六 > 地育, 知留(至留)

류렬 백제, 신라어 공통읽기 - 다라/더러/더루/다/더.

신라어

達 > 寧 等乙: 地: 智

류렬 백제, 신라어 공통읽기 - 다라/더러/더루/다/더.

〔땅, 들의 류렬 해석에 대한 구길수 분석〕

백제어

知六 > 地育, 知留(至留)

知(지) - 알다, 느끼다. 분별하다 등.

六(륙) - 여섯 등.

地(지) - 땅, 토지 등.

育(육) - 기르다, 자라다, 낳다 등.

知六 > 地育 - 여기서 地育의 뜻은 땅에서 낳고 기르니 쉽게 알 수 있다. 그러나 知六 > 地育이라면 知六은 여섯을 아는 것인데 이것이 왜 知六 > 地育이 되는가? 이는 뜻이나 음으로 봐도 말이 되지 않으니 이 역시 '천부인 ㅇㅁㅿ'으로 만든 우리말과 글자, 그리고 이 [신지녹도문 진본 천부경]을 모르면 어떤 이두학자도 풀 수 없는 말이다. 우선 이 하나 둘

셋 … 열 중 여섯의 뜻을 다시 알아보자.

이 역시 [진본 천부경]을 먼저 어슷(여섯)에 올렸던 글과 그림이다.

금문상 六은 여음이다.

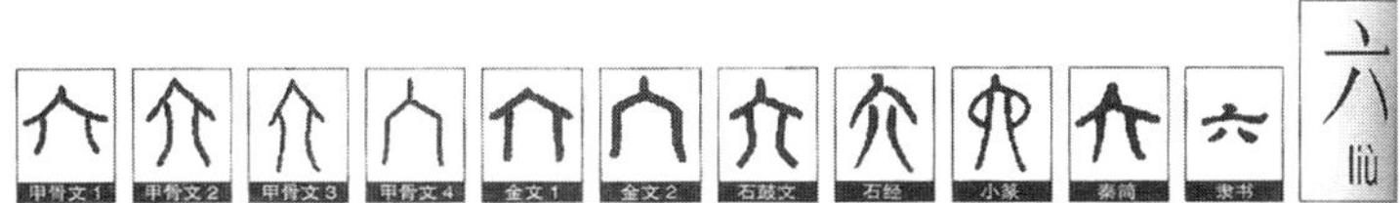

출처: [圖釋古漢字](能國榮 著, 濟魯書社 刊)

모두가 지붕아래 무엇인가 나오는 통로가 있으며 이것이 石鼓文, 小篆으로 갈수록 아예 양다리나 양팔 아래 통로로 표시되어 있다. 따라서 여섯이란 무엇인가 나오는 존재라는 것을 말하고 있으니 이는 여음이다.

다음 이 훈몽자회에 써진 六은 '여섯 六' 이 아니라 '어슷 六' 이라 했다.

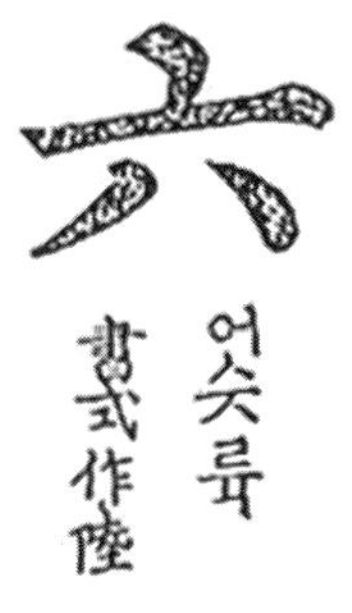

훈몽자회

이 '어슷' 을 단축하면 '엇' 이 된다.

더구나 토로 달아놓은 書式作陸은 서식으로 쓸 때는 陸地라는 陸으로 쓴다는 말이니 육지는 바로 빛을 받고 씨를 뿌리는 '누리' 라 했다.

그럼 이 '엇' 이 우리말 어디에 쓰이고 있을까? 이 '엇' 은 우선 '엇갈린다' '엇비슷', '엇나간다' 라는 말에 쓰이고, 목옆에 있는 것이 '어깨' 인데 이 어깨의 옛말은 '엇개' 이다. 즉 목의 정통 아래가 아니라 그 옆, 즉 '엇에 있는 것' 이란말이라 했다.

이상으로 보아 '엇' 은 정통이 아니라 '정통의 엇된, 즉 엇갈린 부분' 을 말한다.

그런데 고대에서는 아들에게 전해지는 씨는 어머니로부터가 아니라 아버지부터라고 생각했고, 이 증거는 [시전(詩展)]에 '父兮生我 母兮鞠 我…', 즉 '아버지 나를 낳고 어머니 나를 기르시니…' 만 보아도 알 수 있다.

그러므로 어미는 그저 씨를 기르는 밭에 불과했으니 당연히 어미를 '엇된 관계', 즉 '엇' 이라고 했다.

또 이 '엇' 이 어머니라는 근거는 어머니를 그리는 노래 '사모곡(思母曲)' 이 우리말로 '엇노리' 이다. 그런데 이 어미는 사실상 자식을 낳는다. 즉, 씨는 아비로부터 받을지 모르나, 그 씨를 낳고 기르는 밭은 어미로 보았던 것이다.

그렇다면 知六 > 地育은 신지녹두문 [진본 천부경]상 어슷(여섯)의 뜻을 알면 그것은 땅이 만물을 낳고 기르는 것이란 말과 같은 말이고 따라서 당시 백제 시대만 하더라도 이 신지녹두문 [진본 천부경]의 하나 둘 셋 … 열이 숫자가 아니었다는 것을 알았다는 말인데 그 후 고려, 이조 때 들어와서 불교나 중국 송나라, 명나라의 성리학을 받아들이다 보니 자신들의 조상의 道는 원수같이 알아 지금까지 신지녹두문 [진본 천부경]이 무엇인지 모르고 오직 외제만이 명품인 줄 아는 세상이 되어 불교, 기독교가 판치니 우리는 그 혼까지 잊고 있다.

留(류) — 머무르다, 기다리다, 변하지 않다, 오래되다 등.

知留 — 변치 않고 오래된 도를 안다는 뜻인데 무엇을? 知六으로 보아 당연히 이 신지녹두문 [진본 천부경] 여섯인 어미이며 땅이란 것을 안 것이다.

至(지) — 이르다, 도래하다, 지극하다 등.

至留 — 知留와 같은 말로 이 신지녹도문 [진본 천부경]의 여섯이 어미이며 땅인 도는 지극하단 말이다.

류렬 백제, 신라어 공통읽기 — 다라/더러/더루/다/더.

분석 — 위는 모두 地의 뜻 읽기이고 진짜 뜻 여섯인 어미 ㅇ(엇)의 읽기는 아니다.

신라어

達＞寧 等乙: 地: 智

達(달) — 통달하다 등의 뜻이나 여기서는 음달, 양달 하는 땅인 달을 음차.

寧(영) — 편인하다, 문안 등.

等(등) — 가지런하다, 등급, 차별 등.

乙(을) — 새, 어조사 등.

達＞寧 等乙 — 땅＞편안한 등급.

地(지) — 땅 등.

智(지) — 슬기 등, 땅의 슬기를 말함.

류렬 백제, 신라어 공통읽기 – 다라/더러/더루/다/더.
분석 – 모두 地의 뜻 읽기이다.

이상 백제 이두 知六 > 地育, 知留(至留)이나 신라 이두 達 > 寧 等乙:
地: 智는 누리, 어미, 번성의 뜻이 아니면 해독할 수 없는데 류렬은 이 글
의 뜻을 땅, 들이라 했으니 류렬은 당연히 신지녹도문 [진본 천부경]을
모르는 것이며 글쓴이의 신지녹도문 [진본 천부경] 해독의 정확성이 이
백제, 신라인들이 쓰던 이두로 또 한 번 증명되는 것이다.
– 중략 –

* 크다, 씩씩하다, 빛나다, 날래다, 어질다의 류렬 해석
백제어
夫里 > 雄: 賓: 斌 > 武 > 仁
류렬 백제, 신라어 공통읽기 – 바라/버러/보로/부루/보리/부리/바리.

신라어
火: 八: 仁 > 驍
류렬 백제, 신라어 공통읽기 – 바라/버러/보로/부루/보리/부리/바리.

〔크다, 씩씩하다, 빛나다, 날래다, 어질다의 류렬 해석에 대한
구길수의 분석〕

백제어
夫里 > 雄: 賓: 斌 > 武 > 仁
夫(부) – 사내, 지아비 등.
里(리) – 마을 등.

夫里 - 부리＞불＞벌로 벌판에서 일하는 사내 벌.

雄(웅) - 사내, 수컷 등이나 雄은 주로 환숫(桓雄)을 말한다.

夫里＞雄 - 불＞환숫.

賓(빈) - 손님 등의 뜻인데 이 손님이 크다, 씩씩하다, 빛나다, 날래다, 어질다와 연결되려면 천상 결혼 제도가 없던 환숫 시대로 거슬러 올라가야 한다.

먼저 업구렁이에서 말했듯이 당시 사내들은 자기 처자식 집이 없고 씨놀음(씨름)의 승자나 업구렁이처럼 남근이 큰 용감한 사내가 어떤 집단, 어떤 여인 집에 들어가면 그는 업(복)이 되는데 이 사내(사위)는 백년손님으로 그 집에만 붙어 있을 수 없다는 옛 풍속을 연상한 말 같고 글쓴이가 말하는 전에는 결혼제도가 없었다는 주장이 입증된다.

斌(빈) - 빛나다 등의 뜻이나 여기서는 위 賓(빈)과 같은 뜻.

武(무) - 굳세다, 병사 등.

仁(인) - 어질다, 만물을 낳다 등.

斌＞武＞仁 - 빛나는 사람＞굳센 사람＞생식만이 최우선의 시대에 여자에게 씨를 뿌려 아기를 낳게 하는 사내.

이 역시 '천부인'과 신지녹도문 [진본 천부경]을 알아야 삼국사기 이두를 해석할 수 있다는 말이다.

류럴 백제, 신라어 공통읽기 - 바라/버러/보로/부루/보리/부리/바리.

분석 - 위는 다 夫里의 한자음뿐이다.

신라어

火: 八: 仁＞驍

火(화) - 위 백제어 夫里와 같은 불.

八(팔) - 여덟 등의 뜻이나 여기서는 八의 음 팔을 인용하여 굳센 젊은이는 팔팔하다(?) 할 수 있으나 이 글의 모든 문장으로 보아 이 신지녹도문 [진본 천부경] 여덟의 뜻대로 자식을 낳는 어미의 집으로 본다.

이는 지금 우리와 사촌인 중국 광동성 여인국인 로고호 모우스 족 여인들이 사는 집의 형태로 아래층에서는 주로 돼지를 키우고 위층이 겨집(계집)들이 사는 집이다. 이 여인국은 결혼제도가 없으니 당연히 특정 남편이 있을 수 없고 따라서 2층 계단은 아무 사내건 먼저 들어오는 사람이 그날 밤 남편인데 자세한 내용은 이미 신지녹도전자 [진본 천부경] 여덟 풀이에 있다.

그러나 이 계집의 우리말은 세종 때만 해도 겨집이었는데 이는 남근, 또 그 남근의 씨인 아기가 쌀알 같은 알맹이라면 겨집은 왕겨와 같은 겨이며 또 남근이 칼이라면 여음은 칼집과 같은 남근의 집이니 겨집의 목적은 바로 사내의 씨를 받아 자식을 키우는 것이고 따라서 겨집은 콩깍지 같은 껍데기이니 겨집이 아이 낳을 때가 되면 눈에 콩깍지가 씌운다는 말이 있다.

이 여덟이라는 금문을 가져다가 중국인들은 八자를 만들었다.

출처: [圖釋古漢字](能國榮 著, 濟魯書社 刊)

여기서 보통 八자는 거의 '무엇인가 나오는 통로' 인데, 이 중 갑골문

3과 금문 3은 '사람이 나오는 통로'를 분명하게 그려 놓았으니 이는 분명 '계집의 음부에서 자식이 나옴'을 뜻하고 있다.

仁(인) – 어질다, 만물을 낳다 등.

驍(효) – 날래다, 굳세다 등.

仁＞驍 – 사내가 겨집의 집에서는 인자하게 자식을 낳을 짓을 해야 하는데 우리 조상은 아무나 여인의 집에 들어가는 것이 아니라 씨름의 승자만이 들어가게 했으니 그래서 그 유전자를 받은 우리는 지금 이렇게 건강한 것이다.

먼저도 제시했던 씨름의 우리말 뜻

씨름은 '씨놀음'이 단축된 말이다. 그렇다면 '씨'는 무엇인가?

지금 씨름은 황소 한 마리를 걸고 한다. 즉, 이긴 자가 황소를 타가는 것이다. 그렇다면 이는 황소 노름이지 씨노름은 아니다. 따라서 씨놀음이란 '씨를 다투는, 즉 씨를 누가 뿌릴 것인가를 경기화한 것'이고, 여기서 이긴 사내의 강인한 유전자를 전승시킬 목적이 있었을 것이다.

류렬 백제, 신라어 공통읽기 – 바라/버러/보로/부루/보리/부리/바리.

분석 – 위는 모두 夫里, 火의 읽기뿐이니 류렬도 이 신지녹도문 [진본 천부경]을 모르고 이두를 해석하고 있다.

이상 백제어 賓(빈)이나 신라어 八등을 류렬이 말하는 뜻 크다, 씩씩하다, 빛나다, 날래다, 어질다와 연결시키려면 이 신지녹도문 [진본 천부경]이나 금문 해독이 아니고는 다른 말로 해석이 되지 않는데 그렇다

면 신라인 등 삼국인은 하나 둘 셋 … 열이 진본천부경임을 알고 이런
이두를 썼다는 말이며 이 역시 하나 둘 셋 … 열이 진본 천부경이라는
글쓴이의 해독이 정확하다는 증거가 된다.

　* 길다의 류렬 해석
　백제어
　居知: 屈知: 系 > … 長
　류렬 백제, 신라어 공통읽기 – 가디/거디/고디/구디/기디/가리/거리/고
리/구리/기리/기/지다라/지더러/지도로/지두루/지.

　신라어
　吉 > 永, 智哲老: 智大路: 智度路: 智訂: 智證(長), 只 > ? > 長
　류렬 백제, 신라어 공통읽기 – 가디/거디/고디/구디/기디/가리/거리/고
리/구리/기리/기/지다라/지더러/지도로/지두루/지.

〔길다의 류렬 해석에 대한 구길수의 분석〕

백제어

居知: 屈知: 系 > … 長

居(거) – 살다, 거주지 등의 뜻.

知(지) – 알다, 분별, 기억 등.

居知 – 거주지를 알다.

屈(굴) – 굽다, 굽히다 등.

屈知 – 굽은 것을 안다.

系(계) – 이어지다 등.

長(장) – 길다, 크다 등.

系 >… 長 – 길게 이어지다.

위 居는 거주지이고 屈은 굽은 것이므로 居知: 屈知는 거주지가 굽은 줄 알라는 말이니 이는 굴 구멍이 굽었다는 말보다 그 거주지에 딸려 있는 길이 굽었다고 해독해야 다음 말과 이어진다.

즉 말이 적던 원시에는 거주지와 길이 같은 종류, 즉 같은 말이기 때문이다.

系 >… 長은 길게 이어진다는 말이니 바로 굴 구멍 등 집에 이어진 길을 말한다. 이 자세한 해독은 아래 신라어와 함께 한다.

류렬 백제, 신라어 공통읽기 – 가디/거디/고디/구디/기디/가리/거리/고리/구리/기리/기/지다라/지더러/지도로/지두루/지.

분석 – 가디/거디/고디/구디/기디는 居知의 한자음을 해석 없이 그대로 쓴 것이니 잘못되었고 가리/거리/고리/구리/기리는 屈知의 한자음을 그대로 쓴 것 같으나 한편 窟의 읽기일 수도 있다.

신라어

吉 > 永, 智哲老: 智大路: 智度路: 智訂: 智證(長), 只 > ? > 長

吉(길) – 길하다 등의 뜻.

永(영) – 길다 등의 뜻.

吉 > 永 – 吉한 것은 길다.

智(지) – 슬기 등.

哲(철) – 밝다, 총명하다 등.

老(로) – 늙다 등.

智哲老 – 슬기, 총명, 늙다 등.

智大路 – 지혜, 큰 길.

智度路 – 지혜 정도의 길.

訂(정) – 바로잡다, 머무르다 백성에게 부과하다 등.

智證(長) – 지혜, 증명(길다).

只(지) – 다만, 어조사 등.

(髟 밑에 老 밑에 曰) – 여러 옥편에 없는 죽은 글자인 듯하나 글자 구성상 음은 '표' 일 것이고 뜻은 오래된 사람 긴 머리를 말할 것 같다.

只 > (髟 밑에 老 밑에 曰) > 長 – 지다란 것은 오래된 사람 흰 머리처럼 길다.

여기서도 吉 > 永은 원시인이 다니던 길이 길다는 말이고 智哲老(지철로), 智大路(지대로), 智度路(지도로)는 요즘말로 제절로 생겼다는 말이니 길은 제절로 생겼다는 말을 한 것이다.

다음 智訂(지정), 智證(지증)은 길이란 지정(指定, 地釘)된 것이란 말이니 토로(長)을 붙인 것이며 只 > (髟 밑에 老 밑에 曰) > 長은 그 오래된 사람 머리털 같은 길은 길다는 뜻으로 봐야 이 문장의 해석이 되지 다른 방법은 없다.

위 백제 이두말 居知: 屈知: 系나 신라 이두 吉 > 永, 智哲老: 智大路: 智度路: 智訂: 智證(長), 只 > (髟 밑에 老 밑에 曰)은 류렬이 말하는 뜻 길다(長)와 그 음이나 뜻으로는 연관이 되지 않는다. 그렇다면 백제인, 신라인들은 왜 길이 길다는 의미로 이런 이두를 썼을까를 다시 한번 글쓴이 졸저 다시 [천부인 ㅇㅁㅿ] ㄱㄴㄷ…ㅎ 속의 뜻으로 우리 뿌리말을 찾아보자.

글쓴이는 우리 민족의 최초의 국가는 아사달 > 앗달에 세운 아사선 >
앗선(조선)이고 그 전 우리 민족의 이름은 ㄱ리(구리=고리)라 했다.

그렇다면 구리란 무엇인가?

먼저 한 말이지만 천부인상 ㄱ의 뜻은 가장자리라 했다. 이 말이 진화
하여 기름(長, 油)이 된 이유를 다시 말한다.

진서 [동이전]에 의하면 애초 우리 조상들이 살던 집은 '여름에는 나
무 위의 깃에서, 겨울에는 굴 속에서 살았다' 고 했다(夏則巢居冬則穴處
晉書 東夷傳). 그렇다면 깃(巢)은 새 깃들다의 깃처럼 새 둥지 같은 원두
막일 것이다.

다음 '굴' 은 당연히 동굴이거나 동굴처럼 판 것일 것인데 이 굴에서
우리 한아비들이 살았다는 증거는 위 진서 [동이전]에서도 말했지만 이
신지녹도문자 [진본 천부경] 하나 둘 셋 … 열 중 '다섯' 은 바로 굴에 사
는 사람 그림이다.

그러나 이 신지녹도문 역시 금문처럼 요점만 그린 그림이니 이를 다
시 그려 보면.

이렇게 산 속에 굴을 파거나 자연 동굴에서 살았을 것인데 그 산 굴

아래 ㅅ이 있는 이유는 천부인상 ㅅ의 뜻은 우선 서는 사람이기 때문에 굴속에 사는 사람이란 뜻이라 했다.

또 평지가 아니고 사다리를 타고 올라가야 하는 이유는 적이나 맹수를 피하기 위하여인데 이 말에 대한 근거는 [삼국지]에서도 나온다.

'…보통 거주하는 굴 구멍의 큰집은 깊고, 사다리는 아홉 개까지 있는데 이는 많을수록 좋다(常穴居大家深九梯以多爲好), 즉 한 동굴 속에서 많은 사람이 살면 더 좋다는 말이니 당시 사람은 요즘처럼 일 가구 일 주택을 선호한 게 아니라 여러 사람이 공동생활을 하는 것을 더 즐겼다는 말이다.

그렇다면 이 굴이나 깁은 모두 ㄱ으로 시작되고 ㄱ의 뜻은 가장자리인데 왜 굴이나 깁이 가장자리인가는 굴 안의 알맹이는 사람이고 굴은 가장자리이며 새들은 알맹이고 그 털, 또는 둥지를 말하는 깁은 가장자리이기 때문이다. 그렇다면 지금 자동차에 넣는 기름도 ㄱ으로 시작되는 말인데 이것이 왜 가장자리의 뜻과 연관되는가?

말이란 진화하므로 그 어원을 찾아보면 결국 뿌리말을 알게 된다.

즉 원시인이 살던 굴도 속이 비었으니 껍데기이고 여름에 살던 깃(巢)도 몸통이 알맹이니 가장자리인 껍데기이다.

그러나 이 주거지만으로는 사람이 살 수가 없다. 물이나 먹을 것을 구하러 다녀야 하니 제절로 길이 생기게 마련이라 말이 만들어질 무렵, 말이 적던 시절에는 길과 주거지는 사실 같은 것이다.

따라서 신라말 智哲老(지철로)는 뜻의 해석은 우리말 '제절로'를 말하는 이두이며 智大路(지대로), 智度路(지도로) 역시 제절로 만들어진 길이다.

이 굴이나 깁에 제절로 만들어진 길은 짧을 수 없으니 길어야(長) 한다.

따라서 길은 지다란(기다란) 것이기에 길음이라는 長자가 있는 것인데 이 길음은 아이들이나 식물을 길게(자라게) 하려면 기름진 음식 > 길음 = 거름(油, 長)을 줘야 한다.

이렇게 가장자리 뜻인 ㄱ이 기름이 되는 것인데 돌 기름(石油)도 기름 이니 석유나 휘발유 등 기름이 왜 가장자리인 ㄱ으로 시작되느냐고 묻 는다면 이는 이상과 같은 우리말의 진화과정을 알면 된다. 즉 굴, 깃 > 길 > 길음 > 기름(油) > 돌기름 石油(휘발유).

따라서 이 삼국사기 기사만 보더라도 백제, 신라인들은 '천부인' 원 리대로 만들어진 순수한 우리말을 썼지만 이 말을 기록해야 하는 당시 사관은 우리 문자가 없으니 위와 같은 이두를 썼고 김부식은 삼국사기 에 그대로 적을 수밖에 없었다는 것이다.

류렬 백제, 신라어 공통읽기 – 가디/거디/고디/구디/기디/가리/거리/ 고리/구리/기리/기/지다라/지더러/지도로/지두루/지.

분석 – 지다라/지더러/지도로/지두루는 智哲老: 智大路: 智度路의 한 자음 읽기 같은데 한편 智哲老: 智大路: 智度路의 이두문 읽기이니 옳다 고 본다.

– 이하 생략 –

이상과 같이 삼국사기에는 비록 桓因, 桓雄, 熊女, 檀君 소리는 써 있 지 않지만 당시 사관이 우리 글자가 없으니 이두로 쓴 삼국인들의 말을 보면 그들은 분명 그때까지 [진본 천부경] 하나 둘 셋 … 열의 의미를 알 았다는 말이고 따라서 글쓴이가 해독한 이 해독은 틀림이 없다고 보며 삼국사기는 삼국유사만 못하다는 말은 수정되어야 한다. 또 지금까지 一始無始一 … 一終 無終一이 천부경인 줄 알고 이두로 써진 문자를 한 자 뜻으로 풀다가 자신이 생각해 봐도 말이 안 되면 각종 음양 오행설이 나 이상한 도표로 푼다는 것이 얼마나 코미디인가도 말한다.

여기서 분명히 말한다. [진본 천부경] 신지녹도문은 최치원 이래 글쓴 이가 처음 밝힌 것이니 하나 둘 셋 … 열이 진본 천부경이지 최치원 81 자는 그 예찬시에 불과하다.

[진본 천부경] 하나 둘 셋 … 열을 끝내며 하는 말

　이상으로 우리 '숫자 하나 둘 셋 … 열' 은 우리 민족뿐 아니라 전 세계인이 나가야 할 교훈으로 처음엔 숫자가 아니었으나 자주 외우다 보니 숫자가 되었다 했다. 따라서 우리는 그 미신과 같고 이 땅이 만들어진 원인도 모르는 외래종교에 미쳐 들 것이 아니라 보배와 같은 우리 [진본 천부경] 하나 둘 셋 … 열을 세계만방에 펴서 인류의 평화를 찾고 다시 한 번 홍익인간을 하자는 것이다.

　따라서 이 글에 문의할 점이나 의심이 가는 분, 또는 의견이 다른 분이 있다면 아래 글쓴이 카페 게시판 독자질문 토론란에 글을 올려 주시기 바라며 이 글을 읽어보신 분들께 감사한다.

　천부경.net

　http://cafe.daum.net/chunbuinnet 우리 : 구길수

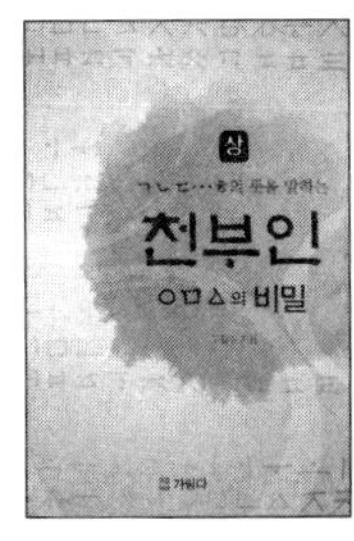

ㄱ ㄴ ㄷ … ㅎ**의 뜻을 말하는**
[천부인 ㅇ ㅁ ㅿ 비밀] 상, 하

하느님이 우리 민족뿐 아니라 전 세계인이 쓰라고 역시 천부경과 함께 내려주신 하늘과 땅과 사람이라는 [천부인 ㅇ ㅁ ㅿ]에서 ㅇ은 ㅎ 등을 만들고 ㅁ은 ㄱ ㄴ ㄷ ㄹ ㅂ 등을 만들며 ㅿ 에서는 ㅅ ㅈ ㅊ을 만들었으므로 우리 글자 ㄱ ㄴ ㄷ … ㅎ 속에는 각자 뜻이 들어 있고 그 뜻만 알면 우리의 희미한 상고사는 물론 왜 目, 雪이 같은 눈인지, 또 言과 馬도 같은 말인지 알게 되며 이외에 우리말에서는 수도 없이 同音異義의 말들이 많은데 왜 그런지? 또 우리의 순수한 말인 생식기 이름이 왜 욕에서나 쓰게 되었는지 알게 되며 그 외에 천지만물이 왜 그렇게 이름이 지어졌는지 알게 된다. 특히 이 글에서는 중세어와 현대어를 포함한 말 글의 뜻을 풀었으며 세종은 자방고전이라 하여 옛 조상의 글자를 본받았다는데 옛 조상의 글이란 유기에 나오는 신지신획으로 훈민정음과 같은 글자이다. 또 기계화된 이때 한자는 올려놓을 자판도 없어 알파벳을 빌려 전환 키를 눌러야 하는데 처음 배우려면 한자와 같이 어렵고 알파벳 역시 글자와 음이 달라 어려운데 우리 글자는 너무 쉽고 못 적을 소리가 없는 훈민정음으로 아직 글자가 없는 민족은 물론 사라져 가는 말들을 그대로 적을 수 있으며 또 세계 공용 문자를 만들어 다시 한 번 홍익인간을 하자는 것이다.

(책 구입방법: 전국 유명 서점이나 천부경.net 또는 http://cafe.daum.net/chunbuinnet 안내)

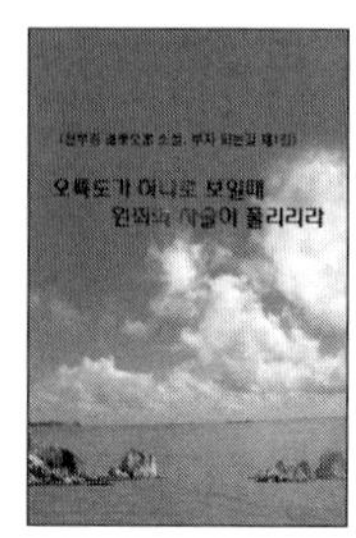

도학 공안 소설
[오륙도가 하나로 보일 때 원죄의 사슬이 풀리리라] (전자출판)

시골에 부모님이 짓던 작은 전지만 있던 주인공 진호는 1960년대 제대 후 건축자재상을 하는 사촌형을 찾아 가는 길이었는데 그때 어쩌면 숙명적 운명 같은 너무나 아름다운 아가씨를 길에서 만나고 공사장 잡역부를 하면서 숙명 같은 아름다운 아가씨를 잊지 못하나 그녀와 결혼이라도 하려면 우선 돈을 벌어야 한다고 생각하고 피나는 노력을 한다.

一切唯心所造이고 네 믿음대로 되리라 하듯 그는 산꼭대기 무허가 땅을 싸서 집을 지은 다음 3년 만에 그 동네 부자가 되고 건축업자가 되는데 또 우연히 그렇게 그리던 그녀와 만나 어렵게 결혼까지는 하지만 …. 결혼 후 그는 귀여운 딸과 아들을 낳아 천국 같은 결혼생활을 하지만 아내는 "나는 나일 뿐이다"라는 생각으로 저지른 실수가 엄청난 불행의 씨앗이 되어 누구보다도 행복한 무한 천국 생활에 빠졌던 주인공은 무한지옥으로 빠져 헤맨다. 이때 어떤 신부의 천국의 열쇠는 주만이 가지고 있다는 쓰잘잖은 말보다 복수를 해야 한다는 창녀의 말을 듣고 복수도 돈 버는 것처럼 철저히 하지만 복수의 허무함을 느낄 때 밥이나 얻어먹던 거지 스님의 공안을 돈 벌 때처럼 피나는 노력으로 풀어 결국 그 원죄에서 벗어나 다시 행복한 생활을 한다는 실화 같은 도학 공안 소설.

(책 구입방법: 천부경.net 또는 http://cafe.daum.net/chunbuinnet 안내)

천부경 도학소설
**넘세누나의
부자 되는 길**

천부경 도학소설
[넘새누나의 부자 되는 길] (전자출판)

이 글은 글쓴이 카페에서 몇 년간 전체 메일로 보내던 실화 같은 글로 너무 아슬아슬하고 재미있다 하여 정리한 것이다. 넘새누나는 딸들뿐인 가난한 집 막내로 태어나 개울에 버려지려는 순간 한학자이었던 글쓴이의 엄친 때문에 살아난다. 글쓴이를 봐주며 자연 섭리를 살피고 한학을 공부하여 홍수 등 재난에 빠진 사람들을 살려주고 좋은 신랑을 만나 결혼하나 6.25가 터져 그 시아버지는 인민재판을 받아 죽고 시어머니는 쓰러져 중풍에 걸린다. 신랑과 인근 연평산으로 피신했으나 생존훈련으로 못 먹는 벌레가 없었으며 심지어 자신의 똥이나 오줌까지 먹는 훈련을 하지만 그곳 도사 굴에서 하느님의 도를 닦던 연평도인이 남겨준 글을 읽고 하느님의 도학을 공부한다. 그러나 국군이 다시 오고 결국 동네에 내려가 참혹하게 저지른 인민군의 만행과 역시 빨갱이를 잡느라고 같은 짓을 하던 국방군, 또 초콜릿이나 캔을 가지고 여자를 유혹하던 미군과 병자호란이나 일제 정신대 같은 양공주 여자들과의 생활이나 그녀들의 캔이나 양주를 양공주 취급을 받으며 시장에 팔기….
결국 남편은 1.4 후퇴에 전쟁터에 끌려가고 중풍 맞은 시어머니와 낳치 부치 모르는 부산에 피난 가서 남들이 돈 버는 방법이 아닌 [진본 천부경] 방법으로 6개월 만에 큰 재벌이 된다는 진본 천부경 도학 소설이다.

(책 구입방법: 천부경.net 또는 http://cafe.daum.net/chunbuinnet 안내)